第二版
行為改變科學的實務設計

Designing for Behavior Change
*Applying Psychology and
Behavioral Economics*

Stephen Wendel　著

林玠里　譯

目錄

第二部分　行為改變的藍圖

前言

八年前，當我開始寫本書的第一版時，行為科學領域（Behavior Science）主要由幾位傑出的研究人員，和遍布在商學院和心理學院的博士生所組成。很少企業試圖成為學術理論與真實產品之間的橋樑，並幫助人們解決生活中實際的問題。當時，我花費許多力氣，尋找這類跨領域的專家；然而，其中有些人也未必受過非常專業的訓練。多數的人都認為，單靠「設計」就能改變使用者行為是非常荒唐的。幸好開始有些小組織為這個創新的領域投入了心血，例如英國政府的 Nudge Unit、BJ Fogg 的 Persuasive Technology Lab 和 ideas42 行為顧問公司。不過，當時的社會環境下並未普及，一般民眾對於這些團體還是不熟悉。

現在，一切都不同了。我和 Action Design Network 和 Behavioral Science Policy Association 這兩個非營利組織合作，致力於研究行為科學和其相關應用發展。我們在這個領域擁有超過 200 個團隊、1,500 位會員，而我們樂觀的相信，未來將會有更多人才加入。

這些專業團隊運用行為科學來開發新產品、溝通和擬定策略，從卡達到華盛頓州的斯波坎市，可說是遍及全球。從美國矽谷中表現傑出的 Google 和 Uber，老字號公司 Walmart 和 Aetna，還有一些遍布在美國、歐洲及其他地區的顧問中心等等。

他們在做什麼呢？儘管每個團體的任務不同，但這些團隊都在開發新產品、溝通和制定政策上努力著，藉此為用戶帶來生活上的改變。更明確的說，他們透過「設計」來改變了用戶的行為習慣。這和傳統的設計概念——幫助使用者解決一個問題，有異曲同工之妙。行為科學設計是透過「改變一個人的行為習慣」進而完成「解決問題」。

這也是我撰寫本書的重點。本書將提供你一些自我學習指南：如何判斷用戶面臨的行為問題，發展出巧妙的解決方法，幫助他們克服障礙；並在過程中不斷學習，建立一個能履行以上的團隊，為組織帶來成功。除此之外，還要在符合倫理道德、周全的考量下執行此工作，以避免犯下嚴重的錯誤。例如一些實踐者的濫用，而威脅了這個領域的發展。

在閱讀此書的同時，我也會試著讓你對行為科學家的思維有基本的了解：古怪、優雅，在必然不完美的決策過程中，指導你幫助用戶做出決定和採取行動。我會教你核心課程和了解研究文獻的架構。但是，這本書不是在講述行為科學理論的基礎（對我而言，諾貝爾得主 Daniel Kahneman 的著作《快思慢想》（*Thinking, Fast and Slow*），是我目前認為在介紹行為科學基礎上，最好的一本書）。此外，我會把重點放在「行動」討論上：你能做什麼？如何運用在工作中？而且就是現在！

寫作緣起

在 2019 年，O'Reilly 出版社問我是否可以編寫該書的第二版，並為該書自首次問世以來大幅成長的領域，補充一些內容並更新。我當然非常樂意的答應了——盡我一份心力，來幫助這個領域日漸茁壯！

我在這裡討論的想法和過程，主要來自過去 11 年在該領域工作的經驗：我從私人金融公司 HelloWallet 開始，到目前任職的 Morningstar 投資理財公司。透過與該領域其他實踐者無數次的對話，豐富了這個領域的從業者：包括已經在團隊的人和正想進入該領域的人。在 2013 年，我也投入了一個非營利組織——Action Design Network，在北美協助舉辦了許多推廣行為科學的活動，而這遠遠超出了我最初的夢想與原本的目的。我也會將我先前提到，這個被認定是目前規模最大、最全面的行為科學研究結果編入課程中。

就我個人而言，我是在完成博士學位和開始在 HelloWallet 工作後，才開始致力於行為科學的研究。HelloWallet 就和很多創投公司一樣：充滿熱血、有明確的問題要解決，當然還伴隨著從根本上就被誤導的概念。我們希望幫助美國人改善財務狀況，所以編寫了能鼓勵他們建立預算、節省開銷的應用程式。但是，最後我們發現人們最大的問題，並不是他們不了解這個問題的所在，而是在於他們不知道要怎麼採取行動。原來，人們的意圖和行動之間存在著巨大差距。

我也很慶幸在 HelloWallet 的那段時間裡，除了有一個很棒（但被誤導）的想法，我們還有能力衡量我們是否成功。我們觀察人們是否使用我們的產品，然而他們沒有；我們也觀察我們的產品是否對少數使用過的人有所幫助、改善他們的財務狀況，依然沒有。我很感謝當時這些困境，能夠「提早」讓我們知道什麼是不可行的，藉此從中學習，並做得更好——而這也會是本書中反覆探討的主題。

在 HelloWallet，我們為行為實驗設置了一個引擎：在應用程式的平台上，建立科學實驗。我的座右銘是「使測試比爭論更容易」。當產品經理或產品設計師不同意哪個版本的功能可以更有效地改變行為時，最好的方法是當場做測試，而不是爭論哪種版本可能是正確的。最後，我們成功了。不單使進行測試變得容易，也讓產品達到了我們預期的結果。

我們發現可以藉由改變人們在銀行的一些行為習慣，幫助他們減少 25% 在 ATM 和其他銀行的損失；對低收入戶來說，相當於每個月差不多一天的工資。透過一個簡單易懂的提示，就能成功地輕輕催促（nudge）他們較其同儕省下一筆錢。我們還發現，透過一些努力，像是祝賀人們成功完成預算編制，反而會讓他們花更多錢！所以，我們趕緊停止該功能。本書的第一版，在許多方面描述了我們在經驗裡不斷學習，並詳細介紹我們在實踐中的過程。事實上，這本書也是我為我公司內部團隊所寫的一本指南。

從那時開始，我不斷挑戰設計幫助人們改變行為的產品，也從中得到更多經驗。同時，我也印證了這些方法是合理的；時值今日，我仍在使用書中列出的四步驟（儘管我將步驟的名詞做了些修正）。修改後，我依然在實際的工作中用到，且變得更有效率、靈活。第一版之後，我隨後也了解到許多團隊也獨立開發了類似的迭代方法。

約莫五年前，我和一些夥伴一起加入了 Morningstar，並有機會建立一個更大的研究行為科學小組。我們在公司內部展開工作，範圍從有效投資到退休儲蓄和支出，以及應對內部決策挑戰等等。我們不僅在公司內部成立專門的研究小組，也和學術界知名的行為科學家合作。

在第二版中，我將分享更多我在 Morningstar 的最新作品，以及我在其他組織進行過的正式和非正式諮詢顧問，當然還有在 Action Design Network 的經驗分享。Action Design Network 已經從我們最初在華盛頓特區的每月聚會，擴大到廣泛的志願者組織活動，橫跨北美 15 個城市。藉此，我能從中學習到每個團隊實際面臨的挑戰，以及他們所使用的方法和解決方案。

在此新版本中，我試圖將這些來自四方八方的洞見，整合為一本有連貫性的實用指南。本書提供該領域的知識，並藉此更有效地設計自己的產品，幫助用戶改變自己的行為！

本書適合的對象

你們大概也猜到了，這本書是專門針對實踐者——為了特定行為目標來創建產品的人所設計的。而這些為行為改變而設計的團隊組合通常包含以下角色，不論你擔任哪個角色，都可以在本書中找到實用的指引：

- 互動設計師、資訊架構師、使用者研究員、人因工程專家、人機介面設計師，和其他從事使用者體驗的相關人員

- 產品經理、產品負責人、專案經理

- 行為科學家（包含行為經濟學家、心理學家、判斷與決策專家）

負責設計行為改變的人，可能是以上的任一個職位。在 Morningstar 公司，我們有以上所敘述的職位，不過在我負責的團隊裡，多數由行為研究者組成。這項工作，通常使用者體驗設計師也可以做得很好，由於他們對於產品的外觀和手感（look and feel）最了解，而這也是一個產品能否成功的關鍵。這些方法都需要經驗的累積，並在理論的基礎上做出一些設計假設和測試。

產品負責人和產品經理，也非常適合整合設計行為改變的一些技能，好讓產品更有效率。最後，也有（和我一樣的）行為科學家，專門負責產品開發和提供諮詢

顧問的服務，如 ideas42 和 Center for Advanced Hindsight。所以，從事設計行為改變的人員，可能同時也有其他頭銜。

此外，這本書也非常適合創業家和經理人。如果你也曾讀過《推力》（Nudge）、《決斷 2 秒間》（Blink）、《誰說人是理性的！》（Predictably Irrational）[1]，想知道如何把這些知識應用在自己產品和用戶上，那麼，你也會喜歡這本書！雖然這本書是關於幫助用戶在生活中採取行動的，但是，這並不表示行為改變和盈利性（for-profit）商業模式不相容。企業要獲利，這是生存法則。所以我也對建立一套自願行為改變（volunteer behavior change）的成功商業模式，提出了一些建議。如果你不僅僅想為公司帶來收入，還想幫助你的使用者採取行動、改變他們的行為習慣，那麼，本書將會對你有幫助。

非營利組織和一些政府機構，通常特別注重協助用戶改變行為；本書能提供實質上的幫助。如：英國的行為洞察小組（Behavioural Insights Team），就把行為科學廣泛運用在英國的公共政策與服務條款上。在相對應的地方，我會註明對非政府組織（nongovernmental organizations，NGOs）特別重要的部分。為了內文簡潔，我人部份採用「公司（companies）」一詞；不過，在普遍的情況下，公司還是代表一般公司行號、組織和政府機關。

最後，我的專長是軟體開發，所以我會使用一些日常工作的專業術語 —— 應用程式、軟體、程式。你不需要身處軟體開發界，也能體會到這個本書的內容與你息息相關。事實上，說服力設計（persuasive design）中的某些創新設計，也是本書的啟發領域之一，它們就出現在日常生活物件的設計上[2]。各位務必要把這本書運用在你的工作上，無論是軟體設計或是其他領域，我都非常樂意和你分享、交流一番！你可以透過 steve@behavioraltechnology.co 與我聯繫。

結合研究、數據與產品專業

在本書中，我將反覆談論其中一個主題：了解人類大腦的運作方式，還不足以創造出影響行為的產品。

---

1 Thaler and Sunstein（2008）、Gladwell（2005）、Ariely（2008）

2 Dan Lockton 有一系列的論文，對於刻意行為改變所運用的領域，提供了大規模的評論。參見：http://architectures.danlockton.co.uk/dan-lockton/#workingpapers。

除了行為科學研究，我們還需要具備兩種技能，才足以完善支持整套建造產品的流程。首先，我們需要為數據分析做準備（質性、量化研究並重），並根據數據分析的結果，進行精煉（refinement）和產品迭代（iteration）。這也表示，我們需要在應用程式上加入指標（metric），來進行使用者研究 —— 從分析數據中了解使用者的行為，並藉此改善產品。

其次，我們需要打造讓大家使用起來愉悅的產品。你一定想說這不是廢話嗎？但事實上，當我們在教育、鼓勵和幫助我們使用者的過程中，卻經常忘記這一點。我們傾向關注於行為改變（及其重要性），但卻忘記了，使用者終究還是保留了最終要使用我們產品與否的權利！使用者會排斥無趣、易產生挫折感、不美觀的應用程式。所以，切記，我們要學習打造好的產品，從中分辨使用者的需求和痛點，設計出直覺、美觀的使用者介面。

當我們把這些元素組合在一起：行為研究、產品設計或市場行銷專家，以及數據分析師，那麼就構成了設計行為改變所需要的一切。

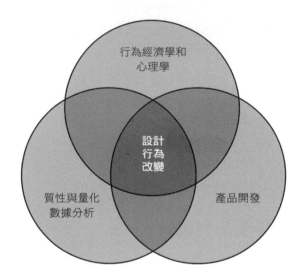

如何從本書中獲益

本書針對上述的三個領域提供了足夠的知識，幫助讀者有方向地著手實體的產品設計。本書也涵蓋了你所需要完成設計產品的行為研究知識。不過，在某些時候，

你還是需要和有經驗的質性或量化研究人員，或產品設計師合作。第十七章詳述了一個團隊在設計行為改變所需要的技巧，包含你可以從哪裡發現（或開發）它。

如果你本身是上述其中一個領域的專家，那就更好了。在學習「設計行為改變」後，你會在原本的專業基礎上更上一層樓。你將了解如何利用現有資源，在開發具有行為影響力的產品中發揮領導能力，並在組織內部有效地溝通。

本書能幫助的行為型態

我在書中討論到的技能，是假設開發的產品將支援某種使用者渴望去做、卻難以做到的行動。例如：學習某種語言、堅持某種飲食控制、認識新的朋友，這些技能乍看之下似乎只能應用在很狹窄的產品範圍內，但我卻發現有兩大類行為符合這種標準：

- 使用者想要在*日常生活中*改變的行為

- *產品內部*的行為，有效地成為產品的一部分

或者，從公司創造產品的角度，行為改變也可以是：

- 產品對使用者的核心價值

- 使用者提取產品價值的必要手段

在第一種情況下，使用者在日常生活中有些行為上的難題，所以透過購買產品來幫助他們。第二種情況下，產品提供了使用者某些需求，但使用者必須要適應和改變自身的行為，才能達到產品所宣稱的效果。

第一類包含：

- 控制糖尿病

- 償還卡債

- 恢復身材

- 參與社區活動

通常，這類行為與更大的社會議題有關，像是健康與財富。當我們設計產品來支援這些行為時，我們不僅在幫助使用者，同時也在影響社會。例如：Oracle 的 Opower、Google 的 Nest，就是透過產品來改變使用者的行為：不僅為自然環境減少了能源的浪費，也幫助使用者省錢。其他類似的產品，還有養成運動習慣的 Fitbit，和幫助飲食控制的 Weight Watcher。

當我在完稿之際，新冠肺炎 COVID-19 正在全球肆虐。我們看到了醫療界的快速動員，包括行為科學家的工作，幫助宣導社群安全距離和勤洗手的習慣[3]。研究人員進行了大規模、快速的周轉研究、測試技術，以確保全體人民的安全 —— 這就是將行為科學運用在設計能改變行為的產品[4]的體現。這令人印象深刻的事件，展現了行為科學如何幫助人們採取行動。整體來說，它可以幫助人們採取符合個人和社會最大利益的行動[5]。

第二類行為改變，相較之下平凡許多。例如：使用者想要學習某種新語言，因此購買了一套軟體產品。簡單的學習使用軟體，即可以幫助自己得到務實的改變 —— 透過在軟體中建立新習慣：登入，並按時學習語言。使用者想要採取行動（學習語言）卻掙扎了。一個設計優良的產品，要能幫助使用者改善這些問題。

第二類型產品的要求，要比第一類型來的廣泛。第二類型涵蓋人們為了從他們已經選擇使用的產品中受益，而可能做出的一系列自願行為改變。此類型觸及了一大片消費產品的領域，從 Yelp（找餐廳）、Square（理財分析），到 Rosetta Stone（語言學習）都是此類例子。以下列舉一些在**軟體產品中**，我們可能會想要加以改善的行為：

- 整理電子郵件的聯絡人清單

- 繪製合適的流程圖

- 將文件整理成良好的格式

3　參見 Irish government（*https://oreil.ly/PPEYJ*）

4　Kwon（2020）（*https://oreil.ly/GwXA4*）；Jachimowicz（2020）（*http://osf.io/4m2vh*）

5　我們也看到了，當不完整的行為科學經驗教訓與科學流程分離時（包含嚴格的測試和經驗驗證）會發生什麼事：眾人對英國政府怨聲連連，最初抵抗嚴格執行社會安全距離，是對於行為概念的疲乏。參見：Yates（2020）（*https://oreil.ly/KdYx2*）進行的政治辯論。另外，UK Behavioural Scientists（2020）（*https://oreil.ly/XwQgN*）也做了周全的回應，要求將行為科學運用於政府政策前，要經過適當的科學測試。

和許多行為科學家和設計師一樣，我也相信沒有設計能完全保持中立[6]。任何設計，只要牽涉到人（溝通、產品、服務等） 都會對行為產生影響，最終為生活帶來成果。在這裡，我們討論如何有意地改變行為過程，並期望從中獲得利益。

這兩種行為類型的改變，目標都是幫助公司開發產品，幫助使用者採取行動，並傳遞出公司的價值。這種自願、透明對行為改變的支持，也能夠幫助公司成功。

本書不會涉及的內容

如果你只是在尋找一本教會你如何讓群眾做你希望他們做的事情（即使是他們不想做的），那麼你找錯地方了！我並沒有要評論你的動機和目的，只是我幫不上忙。

特別要注意的是，這本書不是用來教你如何提升說服力。當然，勸說還要顧及到許多道德上的用途 —— 在日常生活中我們也經常試圖說服別人。儘管這個和自願（voluntary）行為改變有許多相似之處，還是會出現其他問題，例如：教育用戶關於產品的知識、建立一個令人信服的論點、言辭交流、隨著時間推移建立和睦關係等等，本書不會討論這些內容。自願（意即說服前）行為改變的主題，已經夠大了！

此外，本書並非旨在幫助欺騙或脅迫（無論是基於實踐和道德的原因）。可惜的是，儘管如此，仍有許多公司試圖這樣做 —— 這對我們的領域來說是危險的。在第四章中，我將深入研究整個領域正在發生的一些細節，以及我們如何面對來自政府監督機構和思考嚴謹的技術專家當之無愧的強烈反彈。

章節導讀

接下來，我將帶大家認識「設計行為改變」所需要的一些技能；一開始先紮下穩定的基礎，了解人類大腦如何做決定。接著我會介紹開發一個新產品所要用到的每個步驟，從發現（discovery）問題、到設計（design），再到執行（implementation），最後是精煉（refinement）。我會在每次某個概念初次出現時加以介紹。在第三部分，我會回顧並給予一些實作的建議（這會對你的職涯有所

6　在《推力》（*Nudge*）中，Thaler 與 Sunstein 做了個案研究。討論無意和有意的設計影響力，早已成為設計界的一部分。

幫助）。例如，如何在你的公司內部組織一個行為研究小組，還有一些你可能會遇到的問題。

不過，如果你想要了解更多細節，這邊有一份更正式的章節概要：

第一部分：了解大腦如何運作

第一章：我將帶領你學習第一項技能：了解人類的心智如何做決策。你會看到最新相關文獻的概述，還有許多經典的課程和整套設計過程的實作案例。

第二章：本章我將接續介紹六個高階因素（six high-level factors）。這些因素必須同時發生才能驅使人完成動作。這些因素形塑了 CREATE 行動漏斗：提示（Cue）、反應（Reaction）、評估（Evaluation）、能力（Ability）、時機（Timing）和經驗（Experience）。如果將此理論套用在應用程式產品上，我們可以檢視哪些需求是要被解決的，以及使用者在哪些環節遇到阻礙，而離開（或卸載）了此產品。

第三章：從另一個角度來看問題。如何幫助使用者停止他們不想要的習慣，或改善不良的決策。

第四章：鑽研有關倫理議題的細節。為什麼有這多的實踐者用這些技巧，操控使用者購買（或過度使用）他們的產品。而我們又怎麼被引誘，如果我們覺得在好（與壞）的狀況下，我們不會做出一樣的事？然後我們如何應對這些問題並繼續前進。

第二部分：行為改變的藍圖

第五章：介紹設計行為改變的更大流程 —— 如何實踐關於大腦中的新知識 —— 使用首字母縮寫 DECIDE：定義（Define）問題、探索（Explore）情境脈絡、刻意製造（Craft）干預、在產品中執行（Implement）、判定（Determine）影響力、評估（Evaluate）下一步。

第六章：藉由定義問題，開始把你的課程圖表化，繪製出你所期望的產品結果和產品目標群眾。從這裡可以引導出我們行為潛在想法，為行為做出改變。明確的來說，你的使用者適不適合你的產品。

第七章：探討使用者的行為會受行為地圖影響：敘述產品設計小組，預見使用者如何和產品互動，和使用者會為產品改變哪些行為習慣。這多多少少也包含了使用者的需求、興趣、過去的經驗。

第八章：認識 DECIDE 流程：自己設計干預（intervention）。從策略來幫助使用者改變行為，並以一條擱淺在沙灘上的魚為故事案例。

第九章和第十章：我們學習如何刻意地製造干預。根據行為研究，支援此使用者開始行動。在第九章中，介紹了當使用者面臨：提示（Cue）、反應（Reaction）、評估（Evaluation）的問題時，適合干預。第十章中，談論干預：能力（Ability）、時機（Timing）和經驗（Experience）。

第十一章：總結刻意製造干預，並有兩個延伸討論：你要如何處理多重複雜的干預；以及如何幫助使用者阻止他們不想要的行動。

第十二章：介紹在產品上執行干預。運用行為科學不需要特殊的工程開發或技術，但是，它卻需要高質量的數據結果。我們討論在工程開發初期，如何建製指標（metric），並有能力測量和做出改變；而非在被駭客入侵後。

第十三章：判定產品的影響力是否成功，我們將從一個最具威力的影響力評量工具：A/B 測試開始談起。大部分的讀者可能已經很熟悉 A/B 測試，所以我將重點討論放在如何有效地取得嚴謹的數據資料，和一些實踐者常會碰到的陷阱。

第十四章：當 A/B 測試或其他隨機抽樣測試不適用時，如何從其他角度去判斷產品的影響力。本章介紹用統計模型從中獲得洞察，並討論在現實社會中，我們會面臨到哪些棘手的問題，以及如何克服。

第十五章：總結行為設計的 DECIDE 藍圖，能幫助你再執行（Implement）後去評估（Evaluate）下一步。你會學習如何發現是哪些問題限制了你的產品影響力；質性、量化資料在這邊都是必須的，而且相互關聯。

第三部分：創建你的團隊並邁向成功

第十六章：提供從行為小組的問卷資料中得到的一些結果。案例分析在本書中無所不見，但我們會鑽研更多「數字」，這個領域多大、工作職缺都在哪裡，以及其他公司面臨的挑戰或成功。

第十七章：如何在一個 20 人，甚至只有 1 人的小團隊裡執行「行為科學」。我們會針對公司內部的利益相關人做探討，並教你和你的團隊所需要學習的技巧。

第十八章：最後，第十八章快速回顧了「設計行為改變」的流程，以及如何在團隊中實現這一目標的關鍵要點。同時，也涵蓋了將這些經驗教訓付諸實踐時可能出現的許多問題。

本書末，我將針對想要更深入了解此領域的讀者，提供一些參考資料：

- 關鍵詞彙表：關鍵術語，例如「行為地圖」、「數據船橋」。

- 參考書目：本書中引用的書目完整列表。

在本書的第一版中，列出了線上資源（附錄 B）。而此版本中，我們已將其轉移至線上學習（*https://www.behavioraltechnology.co/resources*）。在第一部分中，每個章節末都有「小結」，提供簡短的核心思想和建議。如果你趕時間，也可以透過這非正式的過程，先粗略的了解本書內容。

第二部分的核心章節中，每個章節末以「自我練習」結尾。具體的範例和練習，能幫助你學習各個章節的思想，並付諸實踐。

我們來聊聊

我希望這本書能促成關於自願行為改變的對話，建立能幫助有效改變行為的產品所需的工具。但是，即使在寫了兩個版本後（甚至可能在 20 個版本之後），我還是很清楚的知道這工作還不夠完整。我們將不斷學習，而且還有大量的工作要做。

就我而言，我一直在學習、分享和尋找合作的機會。所以，如果你有一個有趣的故事要分享，一個能幫助這個領域有所成長的研究項目想法、希望彼此交流一下，都歡迎與我聯絡。你可以透過 Twitter、LinkedIn 和 AngelList 上找到我的帳號「sawendel」；或是我的網站 *http://about.me/sawendel*，裡面有我最新的聯絡方式。

如果你認為這本書有什麼可以改進的地方，請務必告訴我。當出版社是 O'Reilly Media 時，眾多的好處之一就是很多讀者會閱讀線上的電子版本，可以很快速的取得更新資訊；對於正在閱讀紙本的讀者，我會在網站上 behavioraltechnology.co 提供更正清單、補充說明，以及其他線上更新。

版權說明

自第一版發表以來，我一直在建構並完善本書中提及的理論和實踐工具。我與我的團隊一起使用的工具和方法，也用來訓練其他公司和組織，這些都是從我最初想法的延伸而來（事實上，第一版的內容就是我在 HelloWallet 的做法和方法）。在這個版本中，又經過了六年，我搜集了更多應用此技巧的經驗和教訓，特別是：

- 第六到十四章的「自我練習」中，整合了我為 HelloWallet 團隊設計所要學習的概念，以此建立的一份練習題本（*https://oreil.ly/behavior-change-wkbk*）。

- 第十三章 整合了我為 Morningstar 寫的一份從指南到實驗的紀錄。

- 第一、三、四章，結合了我為探索行為科學在個人和精神生活中的應用，而編寫的行為科學導論的一部分。

- 第十六章 介紹了我在 2019 年與非營利組織（Behavioral Science Policy Association 和 Action Design Network）進行的一項調查，並已經在我們的網站上單獨發布。

上面的案例，都以原始資料為起點，並伴隨著大幅的修改。以上資料，均經過許可使用。

誌謝

從本書的第一版本開始到本書，我要感謝與我分享想法和提供建議的朋友。至今，要感謝的名單只有更多。

在第一版本後，我持續和最初一起合作的人交流，並從中增加靈感 —— 從 Rob Pinkerton 和 Katy Milkman 到 Action Design Team，特別是 Zarak Khan、Matthew Ray 與 Erik Johnson。在這裡，我要向大家說明，自第一版以來，更多影響我、點出我想法的朋友。列表的頂部開始是我的智囊團 Ryan Murphy 和我在 Morningstar 的團隊：mika Bhatia、Sarwari Das、Jatin Jain、Sam Lamas、Sagneet Kaur、Alistair Murray、Sarah Newcomb、Shwetabh Sameer、Stan Treger 和 Leon Zeng；以及 Ray Sin，非常感謝你嚴謹的研究。除了 Morningstar 的夥伴外，我還要特別感謝 Paul Adams、Julián Arango、Florent Buisson、May C.、

Jesse Dashefsky、Clay Delk、Barbara Doulas、Darrin Henein、Fumi Honda、Peter Hovard、Anne-Marie Léger、Jens Oliver Meiert、Brian Merlob、Shafi Rehman、Neela Saldanha、Nelson Taruc 和 Mark Wyner，對本書內容的意見和指教。

就我以上名單提到，有豐富行為研究的人實在太多了，在此不勝感激。即使這不像是當前暢銷書慣用的作法，我還是特別標示作者和引用出處。對某些讀者來說，這似乎過於學術化；但，這並非是我的目的。事實上，由於很多嚴謹的研究人員所付出的努力，我和作為本書的讀者才能從中受益。

最後，我要謝謝 Alexia、Luke 與 Mark —— 對我的愛，以及忍受我對寫作的痴迷。

第一部分

了解大腦如何運作

第一章

做出決定和採取行動

回想起我結婚的那天，我躺在教堂的浴室地板上，因為我的背痛到無法移動。當時的我已經有將近三個星期臥在床上無法工作。但是，我知道我的未婚妻 Alexia 正在外面等著我，我的好兄弟 Paul 也把我從地板上扶起，把我帶到教堂大廳，去完成我的結婚誓言。幾週前我的背開始不適，因為沒有足夠的運動而緊縮。

我出生時就很瘦，這掩蓋了我先天就有肌肉骨骼的問題——下背部、手和脖子的神經緊繃問題伴著我一生。我看過了很多醫生，他們都說了同樣的話：如果你保持運動習慣，那就不會有這些問題了。

所以，我很早就知道運動的重要性，我也具備了充分的動機。畢竟再也沒有其他事比要取消你的婚禮更具緊張性了！我當然試著要鍛鍊好身體，但我和大多數努力的人一樣，總是做的還不夠。

對於我和其他人而言，在我們企圖要做出行動前到實際結果之間，總是有一段距離。在我們的腦海裡有更多事情在運轉，而這些事總是比一個簡單的成本效益分析來得更精彩——即使好處超過了成本，我們還是不斷地猶豫思考。為了改變這種模式，幫助我和其他人在需要時採取行動，因此，我們必須要了解人類的思路。

在我和其他行為科學家的研究中，我們發現人們並不總是以直接了當的方式做出決定和採取行動。人們努力將自己的意圖變成行動，為了做出更好的決策而費盡心力 —— 即使某些時候他們已經做得夠好了。

我們在自己和自己的生活中意識到這一點，但是當發生在用戶身上時，我們往往會忘記這一點。我們假設如果用戶喜歡我們的產品，就會使用它；如果用戶想做點什麼，他們會找出方法。但是，他們並沒有。

我不是唯一因缺乏運動而掙扎的人，你的許多用戶可能也一樣。通常，動機不是問題所在：就拿我來說吧，我知道我想做什麼、甚至要去做，但是有其他的東西跑進腦中了。這本書是關於如何幫助你的用戶，以及我們所有人，在我們需要的情況下改變我們的行為。

行為的改變

在我們的周遭環境裡，人們試圖改變自身和他人的行為。負面例子多半較為明顯：從誘使我們購買不需要東西的廣告文宣，到試圖佔據我們時間和注意力的應用程式。當然，也有正面的例子（雖然不像負面例子那麼明顯），例如：有愛心的父母教孩子如何分享、一些支持計畫幫助吸毒者擺脫毒癮；還有可以幫助我們記錄體重的應用程式，鼓勵我們要控制飲食和養成運動習慣。

從某種意義上來說，我們每天都在面對「行為改變」。當我們達不到自己的目標，想要改變自己的生活時，這意味著我們的行為必須先改變。再者，因為人是群居動物；不管是為了實現自我目標，或是要幫助其他人成功的利他目標，在這個群體之中，通常都必須要有人做出改變。去做出改變即是產生行為改變。

但是，我們很少這樣談論它。在產品設計的世界裡，我們討論新功能的發布、滿足用戶的需求等。這些當然很重要，但是除非人們接受並使用我們的產品，否則以上這些都與他們無關。更明確的說，我們需要我們的用戶，以更有意義的方式改變其行為。

也許我們不應該那麼直接的討論行為改變，因為這令人不太舒服：人們都不想被視為「具操縱性」或「可強制性」的。所以，我們得到不完整的討論內容，而這是與現實生活中使用我們的產品而改變行為的人相差甚遠的。我們應該要參考關鍵績效指標（KPI，Key Performance Indicators）中的採用率（adoption）和留存

率（retention），以及點擊率（click-through rate）和使用率（usage）中的目標和關鍵結果。

不應該這樣的。當我們不談論我們實際在做什麼時，不僅在幫助他人時不太有效，而且更有可能以不正當的方式試圖來改變行為。這本書是講述設計產品，並藉此改變行為。如何在符合倫理和周全的思考下幫助他人成功，而非用一些狡猾的騙術或操縱法。

本書將會以開放討論的方式，探討如何幫助人們做出決定，以及幫助人們按照自己的意圖和個人目標採取行動。我們也會討論如何創建產品及其流程，以及如何組織和經營一個團隊。當然世事無完美，但我希望這本書能幫助你做出更好的產品，為你的用戶提供更棒的服務！

行為科學

要完成有目的地設計行為改變這類任務，其中最好的工具之一，即是來自行為科學。除了有實用性之外，行為科學實在令人著迷！

行為科學是一門將心理學和經濟學結合在一起的跨領域學科。比起其他學科，更細緻的探討人們如何做出決定，並轉化成行動。行為科學家研究了廣泛的人類行為，從退休儲蓄到運動健身[1]。一路走來，行為科學家也發現了一些巧妙的方法，幫助人們在掙扎中採取決策行動。使人們不再猶豫，往前跨出那艱難的一步。

行為科學研究最活躍的領域之一，即是環境如何影響我們的選擇和行為；而環境中的一個改變，又怎麼接續影響我們下一個的選擇和行為。環境是可以被謹慎設計的，藉此來幫助我們更了解自己的選擇，制定我們的決策。一旦做出選擇後，就會促使我們採取行動。我們稱這個過程為選擇架構（*choice architecture*）或行為設計（*behavior design*）。

在過去的十年中，此領域迅速的發展，也有許多暢銷書分享講述此內容。包含了 Richard Thaler 和 Cass Sunstein 的《推力》（*Nudge*），Daniel Kahneman 的《快思慢想》（*Thinking, Fast and Slow*）和 Dan Ariely 的《誰說人是理性的！》

1　市面上若沒有上千、至少也有上百種論文和書籍可以讓我們參考。Benartzi and Thaler（2004）（*https://doi.org/10.1086/380085*）是研究退休的一個很好的開端。

（*Predictably Irrational*）[2]。他們對該領域進行了有趣的介紹，其中也包括了一些趣事：

- 設計者在小便斗的中央刻上一隻蒼蠅，讓多數如廁男士自動瞄準。這比起用勸說的方式更有效！

- 將爆米花分成裝小包後，能使人吃得更少，有助於減重[3]。

事實上，Thaler 與 Kahneman 之所以各自獲得諾貝爾獎，主要是因為他們對行為科學的貢獻。

不過，本書並不是要重述前面推薦的書籍《推力》（*Nudge*）或《誰說人是理性的！》（*Predictably Irrational*）。這本書是關於如何將行為科學的經驗教訓應用到產品開發中。特別是，如何幫助我們的用戶做他們很掙扎，但非常想做的事情。無論是生活中的節食、與孩子共度時光，還是日常中用到的社群媒體。這是一個明確易懂的過程，來協助你執行行為改變設計。

其中有一些經驗教訓是你期望的：設計產品時，留意不可預期的阻礙，又或者注意用戶在哪個點失去了繼續使用產品的自信。在一致的脈絡下重覆行動，進而建立習慣。其中有一些經驗教訓可能始料未及，甚至很多你可能不想聽到。例如：某些產品在大部分的時後，並不會對其用戶的生活帶來獨特的影響。因此，我們需要在產品開發早期經常地做測試，並且在測試工具上嚴格把關。其他也有一些非常的有趣且令人驚艷的經驗教訓，例如：我們把內文變得**更艱澀**，這樣能使讀者在閱讀時更加謹慎，且深思熟慮的做決定。

有鑑於此，讓我們一起深入探討行為科學吧！

2　Ariely（2008），Thaler and Sunstein（2008），Kahneman（2011）

3　Krulwich（2009）（*https://oreil.ly/D_iSB*）；Soman（2015）

行為科學與設計

除了行為科學方面的研究之外，設計社群裡還有許多傑出的方法論。從以使用者為中心的設計（user-centered design）到設計思考（design thinking），這些都能幫助我們做出改變行為思維的設計。事實上，這本書在很多地方都討論到行為科學，你可以很容易地從很多設計論壇中找到替代術語。因為是人，所以會人們會用自己的方式，去理解以使用者為中心的設計方法與行為科學。也因為這個原因，很多設計師正開始研究心理學與行為科學，並將其特別作為訓練自己的一部分。許多行為科學家，包括我在內，都企圖從中學習並汲取經驗教訓。

在本書中，我們將尊重此設計領域現有的專業和技能，並介紹一些尚未在此領域中形成規範的獨特工具與技術。

我認為行為科學對人類大腦有特殊的見解，而範圍超出了當前設計的研究。同時，行為科學的驗證對實驗測試來說是無價的。因此，透過本書我將探討在這兩個領域中常見的課題與技術，但我的重點會放在較少被討論與更獨特的行為科學部分。正如你將讀到的，行為科學與設計在許多分面是以一種重疊又互補的美妙方式呈現。

行為科學入門：了解我們大腦的思路

去年夏天，我和我的家人正在享受一段美好的假期。有一天下午，由於我們這段時間外食太多，所以想吃一點便宜的東西，尋找一些比餐館更熟悉的味道，於是我們去了雜貨店。

我們到雜貨店的第一件事就是尋找玉米穀片。找了很久才找到擺放玉米穀片的地方，也發現有太多種類的玉米穀片可以提供選擇。一如往常，我們的孩子在商店的通道跑來跑去、彼此推擠。不知何故，孩子在當下無法聽到我們勸告他們停下來。身為父母的我們，想要避免在孩子撞上東西之前，趕快做出要買哪個穀片的決定。

不幸的是，我的孩子和我都有過敏體質。我的過敏是有致命性的，而我孩子的過敏好些，頂多引起身體上的疼痛。所以，當我和我的妻子在賣場通道上想要同時快速的做出買哪個廠牌的穀片，同時要避免孩子惹上麻煩時，我們幾乎快要瘋了。

所幸，我們有些過去的經驗可以幫上忙：第一，若是盒子上印有卡通圖案的穀片，通常都含有過量的糖分。第二，不含麩質的麥片（我兒子所需要的穀片），會在包裝上清楚的標示。第三，經過了多年來的訓練，我已經能快速的掃過包裝上的原料組成成份，並知道哪些原料可能會引起我致命性的過敏，這只需要一瞬間。除非我看到有問題的東西，否則我幾乎不會去多花時間思考。

過了一會兒，我們拿起一包玉米片，抓了一盒類似穀麥脆片的東西，然後轉到下一個賣場通道，不幸的是，我們忘了去拿牛奶和同樣在那個通道上的一些其他東西。我們是有意願要買那些東西的，但在當下，我們卻錯過了那些在我們心中清單上的東西。

後來我們回家了，那一盒類似穀麥脆片的東西超棒的，然而，玉米片卻糟透了。在匆忙之下我們忽視了一個重要的訊號：包裝上的灰塵。可見，這包東西已經放在架上很長一段時間了，其他的人應該都有發現，所以沒人購買這項產品。

在日常生活中，與此類似的真實故事很多，其實，只要我們用心，皆可以在生活中實踐行為科學。我喜歡從基本的開始，身為人類，我們是受限的，且經常忽視一些細節。光是用想的，我們無法立即知道哪個穀片是最好的，我們必須耗費時間和精力進行分類，透過經驗做出決定。如果我們花太多時間成本，也會衍生出其他問題（例如，我前面所舉的生活例子，我的孩子可能會撞到貨架等等）。同樣地，我們的注意力、意志力和做事能力也很有限，你可以想像得出來。

不過這也不完全是壞事，他們只是反應生活中的現實。又如，我也很難想像若這些能力不受限會發生什麼事 —— 同時間注意到所有的事情 —— 這並不是我們被創造出來的目的。

有鑑於這些限制，我們的大腦思維確實擅長於善用自己的能力。透過使用簡單的規則，我們可以藉由經驗做出決定，並且節省時間、精力和體力。例如，前面我舉的例子，帶有卡通圖案包裝的玉米穀片。身為一個使用者研究員，我們稱這些為啟發式經驗法則（results of thumb heuristics）。另一種大腦有效運作的方式是，在無意識下瞬間做出一些決定。例如，我在每次購買未知食物時，會很自然地掃描新產品的成分標示。習慣讓我們有意識的大腦休息，而使我們可以去思考其他事情。

儘管這些能力令人印象深刻，然而並不完美；在兩大方面尚有缺陷。首先，我們並非總是做出正確的決定。例如，有時候我們注意不到一些重要的提示，像是我前面提到的包裝上的灰塵。又如，身為研究人員，我們經常將經驗法則或其他捷思誤認為是認知偏誤（*cognitive bias*）：一種人們在被預期的特定情況下的行為，與實際行為之間存在的系統差異[4]。其次，即使我們有能力做出正確的選擇，我們固有的人為限制，意味著我們並不總是遵循我們的意念（像是前面拿牛奶的例子），我們稱其為意圖行動差距（*intention-action gap*）。

最後，前後的脈絡非常重要。前面我所提到在商店裡挑選玉米穀片的例子。因為我的孩子在四周奔跑，導致我很難專注於完成購買的任務。例如我可能已經看到了放在另一條走道的牛奶，但卻受到我孩子的影響而忽略了它。所以，我們可以將數十年的行為研究，歸納為以下幾個要點：

- 我們在專注力、時間上、意志力等方面皆受到限制。

- 我們有兩種思想：我們的行動取決於有意識的思想和無意識的思想反應，像是習慣。

- 在這兩種情況下，我們的思維都因為受到限制，**使用捷徑**來節省成本並做出快速決策。

- **我們所處的環境會嚴重影響**我們的決策和行為，從而加劇或減輕我們的偏見與意圖行動差距（intention-action gap）。

- 可以巧妙、周詳地設計環境，以改善人們的決策與縮小意圖行動差距（intention-action gap）。

讓我們一起探討更多細節。

我們是受限的

誰沒有在生活中的某個時刻忘記什麼？健忘是我們人類其中一個弱點。就我個人而言，我年齡越大，這個問題似乎就越嚴重。可惜的是，有很多方法使我們的思維受到限制並導致我們做出非最佳選擇，包括注意力有限、認知能力和記憶。

4　Soman（2015）。並非所有偏見都是由經驗法則導致錯誤的，但是很多偏見可以追溯到大腦為了節省時間或節省能量耗損而導致的結果。一種與經驗法則無關的類別，是身份認同的偏見（對自己感覺良好的心理怪癖），例如過度自信偏見。

這些限制環環相扣。以**注意力**來說，有太多事情時時刻刻在攫取我們的注意力。例如，我們可能是注意自己的心跳聲，或正在我們附近進行有趣對話的人，或已經逾期但我們還未繳交的報告。不幸的是，研究員一次又一次地說明了我們有意識的大腦一次只能專注一件事情。儘管也有很多媒體報導說明人可以同時做好幾件事，但我認為這始終是一個謎[5]。我們可以**轉換注意力**，我們可以從專注在一件事情上，移到另一件事情上，並且不斷循環這個過程。但實際上，注意力的轉移很耗費時精力，它會使我們的速度慢下來，然後使我們的思考變得不清晰。有鑑於此，我們只能一次專注在同一件事情上，不過由於可能同時發生許多緊急或有趣的事情，因此，很多時候我們經常無意識的在做事。

同樣地，我們的**認知能力**（*coginitive capacity*）是受到限制的：我們根本無法同一時間在大腦中容納許多無相關的想法，或同時出現很多訊息。你可能聽過一個故事：美國電話號碼的組成是七個數字再加上區碼，是因為研究人員發現，人們最多可以一次記下七個毫無關聯性的數字，然後加減二個，上至九位數，下至五位數[6]。當然，生活中還有許多認知能力受到限制的例子。舉例來說，我們在處理可能發生之事、不確定事件，以及理智地預測未來發生某事的可能性方面傷透腦筋。我們往往會過度預測一些罕見但受到生動、廣泛報導的事件，例如鯊魚攻擊、恐怖份子攻擊、閃電雷擊等等[7]。

另外，面對各種各樣的事情，我們可能會變得不知所措或面臨選擇的癱瘓，即使我們有意識地尋找更多的選擇。研究人員將此稱為**選擇駁論**（*paradox of choice*）：我們有意識的頭腦，認為擁有更多的選擇項總是比較好，但實際上當我們要做出決定時，卻受限於認知能力和選擇上的困難[8]。

最後來討論我們的記憶，很多時候並不完美，而且這是無法改變的。對於大多數的我們，擁有一個不完美的記憶是很正常的。我們的記憶並不像高畫質影片，大多數的時候比較像是影像碎片的重組。我們以程式化的方式記住頻繁發生的事件

5　Hamilton（2008）（*https://oreil.ly/90J55*）

6　Miller（1956）

7　參見 Manis et al.（1993）。這些實際上是我們大腦理想的結果，但卻是不完美的捷徑；我們在短期內會討論這些捷思的結果。

8　參見 Schwartz（2004, 2014），Iyengar（2010）and Solman（2014）（*https://oreil.ly/iVV7f*）。正如我們在所有的行為機制和經驗教訓中所期望的那樣，選擇的悖論不是普遍存在的或不是沒有分歧。

（像是吃早餐），而遺忘個別事件的細節內容，但卻記住了混合的重複經驗。此外，在某些情況下，我們只會記得開始和結束，卻記不清楚中間過程[9]。

所以這些認知限制（cognitive limitation）是什麼？它們對產品工作者很重要是出於以下兩個原因：首先，這些認知限制，意味著有時我們的用戶即使在符合自己的興趣下，也沒能做出最好的選擇。他們可能分心、忘記事情了，或者當下不知所措。我們不應將一些錯誤的選擇解釋為他們不願意做得更好（或使用我們的產品）；相反的，這只是他們的人性弱點在起作用。所以，我們可以設計產品，避免使用者因受限的能力而負擔過重。[10]

第二，我們的限制很重要，因為我們聰明的大腦運用兩個獨立的系統，並使用了很多捷徑的方式。在開發產品和溝通時，我們應該了解那些捷徑，並運用捷徑來幫助、協助我們。

從我們的限制談起：只會變得更好

如果你對行為科學早有基礎的研究，那麼你可能也會注意到本書討論的行為科學有些不同。很多事情從我們日常一些愚蠢的行為開始：我們的認知錯誤和心理偏見。作為一個開發產品的人，這並不是一個很好的出發點。它提供了一個錯誤的印象，讓人覺得我們的用戶很遲鈍，但這其實不是行為研究員看這些人和他們的心智的方式。我的目的是幫助你對於如何做出決定與行為如何運作有更深一層的了解，和為什麼自己會有看似愚蠢的決定產生。其實，在給予適當的限制下，你的用戶（和你）是很聰明的！

9　Kahneman et al.（1993）

10　正如許多設計師所爭論的那樣，也包括 Krug（2006）。

我們的大腦分成兩部份

你可以把大腦想像成兩種類型的思考：一種是有經過審慎思考，另一種則是依靠直覺反應來完成。這是一個對於複雜流程很有用的方式[11]。我們的直覺反應（又稱為直覺，或系統一），是快速且自動的。但是我們通常不了解內部運作的方式。這是利用了我們過去的經驗和一套簡單的經驗法則，幾乎可以立即為我們提供對情況的直觀評估——透過我們的情感和周圍的感覺，我們的身體產生一種「直覺」（gut feeling）[12]。在熟悉的情況下，與我們過去的經驗相關的地方，通常非常有效。相反地，在陌生的情況下則表現不佳。

我們的審慎思維（又稱為意識，或系統二），是緩慢且專注的，具有自我意識，以及我們大多數的人所認為的思想。我們可以理性地使用系統二，應對不熟悉的情況並處理複雜的問題。很可惜，系統二能處理的資訊量受到一定的限制（人類的短期記憶力，要同時處理七位以上的數字就很困難了！），因此，我們需要依賴系統一負責大部分的思考工作。這兩個系統可以平行獨立運作，而且可以互不同意——所以，有時我們認真思考的結果雖然沒有問題，但還是可能覺得自己的決定「有些地方不對勁」[13]。

這意味著我們在行動時通常不會思考，至少不是有意識的選擇。我們大多數日常行為都由我們的直觀模式控制。我們習慣養成和直覺，是根據我們過去的經驗對情況做評估或使用經驗法則（我們的心理機制中內置的認知捷徑或啟發式方法）[14]。研究人員估計大約有一半的日常生活花費在習慣養成，和在無意識的情況

11　在心理學中被稱為**雙重歷程理論**。雙重歷程理論為我們基礎大腦過程的巨大複雜性提供了一種有效的抽象方法（一種簡化但準確的思考方式）。

12　Damasio et al.（1996）

13　這裡有很多關於雙重歷程理論和我們大腦的兩個部分如何運作的書。Kahneman 的《**快思慢想**》（*Thinking, Fast and Slow*）（Farrar, Straus and Giroux, 2011）和 Malcolm Gladwell 的《**決斷 2 秒間**》（*Blink*）（Back Bay Books, 2005）是兩本不錯的學習起點；我已經創建了一份參考資料（http://behavioraltechnology.co）說明大腦如何運作（包含雙重歷程理論）。

14　「習慣」與其他過程（直覺等）之間的界限有些模糊；但是這些術語有助於找出系統一的回應類型之間的差異。請參見 Wood and Neal（2007）習慣與其他系統一自動化行為之間的區別；參見 Kahneman（2011）討論系統一之概論。

下做事 [15]。通常只有當我們處於一種新的情況下時，我們的意識才會活躍起來。或者，當我們有意識地將注意力放在某個任務上 [16]。

很可惜的是，我們有意識的思想認為他們一直在工作。一位哲學家 Joathan Haidt 在他的書《象與騎象人：全球百大思想家的正向心理學經典》（*The Happiness Hypothesis*, Cambridge 2006）中，以佛祖提及的騎象人和大象來比喻，並解釋這個想法。想像一下，有一頭巨大的大象，上面有一位騎象人，大象是我們強大的力量，不囉唆又直覺；騎象人是我們的意識自我，試圖指引大象去哪裡。騎象人認為他總是在負責，但這是大象在做動作。也就是說，如果大象不同意騎象人，大象通常會贏。

要了解這一點，你可以閱讀左右腦做了分離手術的人，且左右腦從此（生理上）不能交流的有趣研究。左腦會針對右側所做的事，編出有說服力卻是捏造出來的故事 [17]。這正是騎象人站在失控的大象背上，高喊著一切都在他的控制下 [18]！或者更確切的說，騎象人大吼著宣告大象做的每個動作都是出於騎象人本人的意志──而騎象人還真的相信這點。

因此，我們可以做一件事，卻同時在想不同的事情。我們可能正在前往辦公室的路上，但實際上我們在思考所有在到達目的地時所需要做的事情（圖 1-1）。騎象人正在準備未來的任務，而大象正在做走路的工作。為了要產生行為改變，我們需要騎象人和大象一起合作 [19]。

15　Wood（2019）；Dean（2013）

16　我要感謝 Neale Martin 強調有意識的大腦確實更活躍的情況。請參考他的書《習慣決定一切消費行為》（FT Press, 2008）以獲取有關何時展開直覺和審議過程的文獻摘要。

17　Gazzaniga and Sperry（1967）

18　這並不是說騎象人相當於大腦的左側運作，而大象相當於右側。我們的審慎思維和直覺思維並沒有完全分開。相反地，這只是當我們審慎思維想解釋其意義和控制範圍之外發生的情況時，合理化如何發生的眾多案例之一。非常感謝 Sebastian Deterding 抓出了這段意外的（錯誤的！）含義。

19　Heath and Heath（2010）

圖 1-1 當我們的大腦正在以有意識的方式思考工作上的事情時，潛意識部分的大腦則保持身體繼續行走（習慣與技能）、避免暗巷（直覺反應），還有聞著麵包店的香味前進（習慣）

當使用捷徑，第一部分：偏見和經驗法則

我們有意識與無意識的思想，兩者皆重度依賴捷徑來最大化其有限的能力。我們頭腦中無數的捷徑（經驗法則）幫助我們整理每天所面臨的各種選擇，並迅速做出合理的決定。

以下的經驗法則是綜合我們在生活中一些規則的結果：

維持現狀偏見（*status quo bias*）

如果你面臨多種選擇，卻沒有足夠的時間和精力去思考他們，或者你不確定如何處理他們，一般來說，最好的處理方式是什麼？不要改變。我們通常應該假設人們會維持現狀。不管是堅持過去的現狀，或任意選擇作為現在狀態：改變就有損失的風險 [20]。

20　參見 Samuelson and Zeckhauser（1988）中有關維持現狀偏見的初步工作。

描述性規範（*descriptive norms*）—— 我們深受社群訊號的影響

我們在決策中處理不確定性的另一種方法，是查看其他人正在做什麼，並跟著做同樣的事情（又名**描述性規範**）[21]。這是我們其中一項最基本的捷徑方式。例如：「這裡的人正在喝酒、享受美好時光，所以我也可以。」

確認偏誤（*confirmation bias*）

我們傾向於尋找、注意並記住已經符合我們要求的訊息[22]。例如，如果某人有強烈的政治立場，他們可能會注意到且記住那些支持該觀點的新報導，而忘了那些不相關的。從某種意義上說，這種偏好思考模式使我們能夠在一片巨量訊息中，專注於跟自身觀點相關的訊息。但是，它有一個副作用：它使我們忽略了可能有助於我們從世界或新事物獲得更多訊息的機會。

高估現狀偏誤（*present bias*）

我們有限的專注力也受制於時間：我們一次只能專注在一個時刻。我們的大腦使用了一個簡單的捷徑：什麼是最重要的？就是現在。我們對當下和有價值的東西會十分關注，即使它可能對我們長遠的健康或福祉帶來風險。自 1990 年開始，經濟學就對此有正式的研究，而這個概念也相當悠久：對及時行樂的渴望[23]。

錨定效應（*achoring*）

通常我們很難對答案做出清晰而透徹的評估。因此，當我們不知道數字時，例如發生事件的概率或物品的價格，我們通常從初步估算開始（無論是自己估算或是其他人提供給我們的），並根據額外的資訊與前後脈絡進行調整訊息和回饋。可惜的是，這些調整通常是不夠的，初始錨點對結果的影響很大[24]。錨定效應是一種我們判斷基準的方式。

其他還有一些有趣且看似狹隘的思考捷徑，可以引導我們的行為，例如以下這些：

21　Gerber and Rogers（2009）

22　Watson（1960）

23　有關經濟學的初始運作模型請參見 Laibson（1997）；O'Donoghue and Rabin（2015）的相對近期摘要。

24　Tversky and Kahneman（1974）

易得性捷思法（*availability heuristic*）

當事情特別容易記住時，我們相信它們更有可能發生 [25]。例如，如果我剛聽到有關學校槍擊案的新聞，我自然就會覺得它比實際結果更加有可能發生。

宜家效應（*IKEA effect*）

當我們投入時間和精力（即使我們的付出，客觀地來說相當小），我們所期待的完成項目或成果就會更高 [26]。比起他人組裝的同類傢俱，我們通常會更看重並珍視自己所組裝的宜家傢俱（即使他人組裝的同類傢俱品質更好）。就市場價值而言，我們的汗水勞力可能不重要，但對我們自己而言卻非常重要。

光暈效應（*halo effect*）

如果我們對某人（或某物）整體有很好的評估，我們會給這個人過於正向的評論，就好像他們擁有的技能和素質散發著「光暈」[27]。例如，如果我們喜歡某人的個性，我們很可能高估他的舞蹈技巧，即使我們對他的舞蹈能力一無所知。

研究人員已經確認有數百種捷思（經驗法則）或心智（偏見）的類型。可惜的是，即使可以利用捷思幫助我們在生活上做出明智的選擇，有時這些捷徑也會帶我們誤入歧途。例如，如果你是一個有宗教信仰的人，居住在一個人們不談論宗教的地方，描述性規範可能會帶來輕微（或不太適當）的壓力讓你避免談論宗教。或是一個無家可歸的人，可能看起來很髒，他的（負面）光暈效應可能導致其他人對他產生消極看法；他們可能會覺得這個人比其實際上來的不聰明或不誠實。這裡我提到了一些負面結果，來自我們的捷思和偏見，了解我們的捷徑是用來處理腦中有限資源的明智方法是很重要的。

讓我們研究另一種大腦可以省力的方式：習慣。

當使用捷徑，第二部分：習慣

我們在日常口語中，常泛濫的使用「習慣」一詞來表示各種事。但是，一個思考何謂習慣的具體方式應該是：習慣是一種藉由環境中的提示觸發的重複行為。

25　Tversky and Kahneman（1973）

26　Norton et al.（2011）（*https://oreil.ly/nPot9*）

27　Nisbett and Wilson（1977）

這是**自動的** —— 行動發生在有意識的控制外，而我們甚至可能未意識到它的發生[28]。習慣節省了大腦的工作量；我們有效地將對行為的控制**外包**給環境中的提示[29]。這使我們有意識的大腦可以自由地進行其他更重要的事情，給那些真正需要思考的事情。

習慣以兩種方式出現[30]。首先，我們可以透過簡單的重複來養成習慣：只要看到 X（提示），就執行 Y（慣常行為）。隨著時間的流逝，你的大腦會建立提示與規律行為間強烈的關聯性，無需考慮提示發生時該怎麼辦 —— 而會直接行動。例如，每當你早上醒來（提示），你就會從同一個地方起身下床（慣常行為）。你很少有當早上醒來時，要從哪一邊下床的煩惱。這就是習慣的運作方式 —— 它們非常普遍，並深植於我們的生活中，且我們鮮少察覺習慣的存在。

有時，除了提示和慣常行為，還有第三要素：**獎勵** —— 在慣常行為結束時後發生的好事。獎勵使我們有前進的動力。這些給了我們做出重複行為的理由。這應該是令人愉快的，好比說美味的食物；達成目標的成就感，把碗盤都歸位整理好[31]也是個好例子。又或者：每當你走經過咖啡店、聞到咖啡香（提示），就會忍不住走進去，買杯加了鮮奶油的雙倍卡布奇諾（慣常行為），然後享受咖啡因加上巧克力的成果（獎勵）。我們有時會注意到比較明顯的習慣 —— 像是喝咖啡，但可能不會注意到其他較不明顯但附有獎勵的習慣（檢查郵件，獎勵則是不曉得會收到什麼有趣的訊息）。

一旦習慣養成，獎勵就不再直接驅動行為；習慣是自動且不受意識控制的。不過，我們的大腦可以用某種微妙的方式「記憶」先前獲得的獎勵；直覺上會想要（渴望）先前的獎勵[32]也是個好例子。事實上，人類的大腦可能持續想要一個永遠不

28　參見 Bargh et al.（1996）討論自動化行為的四個核心特徵，例如習慣：無法控制、無意、無意識和認知有效（不需要認知努力）。

29　Wood and Neal（2007）

30　在 News in Health（*https://oreil.ly/0Kspd*）和 CBS 新聞（*https://oreil.ly/u4XaL*）中都有不錯的摘要。

31　Ouellette and Wood （1998）

32　該領域有個爭議。關於習慣養成後，獎勵究竟會不會對人有影響。參見 Wood 與 Neal（2007）的討論。

會再收到的獎勵，而在真的再度收到獎勵時也不會覺得享受[33]！我就曾經遇過這種奇怪的狀況——在我養成吃某家洋芋片的習慣很久以後，我依然習慣地會想再吃這個品牌，雖然我在吃的時候一點也不覺得好吃，而且還會不太舒服[34]。但也不是說，獎勵在習慣養成後就不重要了——獎勵可以推動我們有意識地重複行為習慣，甚至使行為習慣更難改變。

讓習慣難以根除的特徵，也可能非常有用。請用另一個角度思考，一旦形成「良好」習慣後，「難以根除」反而提供了最有彈性、最能持續的新行為保持法。Charles Duhigg 在《為什麼我們這樣生活，那樣工作？》（*The Power of Habit*, Random House, 2012）中舉出絕佳的案例：1990 年代早期，廣告人 Claude C. Hopkins 就在十年間，將美國從很少刷牙的社會，變成絕大數人都會刷牙的社會。他協助美國人民養成刷牙的習慣：[35]

- 他教大家一個提示——感覺牙膜有層好像黏黏的、又不太乾淨的東西覆蓋於牙齒表面（顯然地，這種東西其實是無害的）。

- 當人們對自己的牙齒表面有感覺後，他們的反應即為慣常行為——刷牙（本案例中為使用 Pepsodent）。

- 獲得的獎勵是散發薄荷清香的口腔——刷牙後立即有此感覺。

長期下來，習慣（感覺牙齒黏黏，就去刷牙）就養成了，再由結果帶來的獎勵予以強化。而且「渴望」也一併強化了——想得到 Pedsodent 為口腔帶來的清新感受——因為人們已經把這種感受與擁有清潔美觀的牙齒形成聯繫了。

33　參見 Berridge et al.（2009）（*https://doi.org/10.1016/j.coph.2008.12.014*）討論了「渴望」（wanting）和「喜歡」（liking）之間的差異。渴望與喜歡之間的區別最可能的解釋，說明了為什有些藥物雖然不再使人們感到愉悅，但卻仍對成癮者產生強烈的渴望。

34　是的，對於那些從本書第一版中回想起這個例子的人來說，仍是如此。

35　Duhigg 的故事也是行為改變的複雜倫理學的一個案例。霍普金斯大學取得了對美國人和美國社會極為有益的成就。他還成功銷售了一種商業產品，該產品的需求部分建立在虛構的「問題」上（虛構問題是指潔齒影片提出的問題，其黏黏的感覺是無害的，不像蛀牙是有害的）。

圖 1-2 1950 年代 Pepsodent 廣告，強調用一個提示觸發習慣：養成刷牙的習慣（版權屬於 Vintage Adventures，見 http://Vintage-Adventures.com）

回顧 Duhigg 提供的案例，我們一起來看獎勵驅動習慣的三步驟。

- 提示告訴我們應該立即行動。提示是清晰且不模擬兩可的訊號，出現在環境中（像是咖啡香）或身體上（像是飢餓感）。BJ Fogg 與 Jason Hreha 根據提示影響行為的方式分成兩種：提示行為（cue behavior）與循環行為（cycle behavior），兩者區分的方式為：若提示是發生某事，讓你知道該行動了（比如說：吃完早餐要刷牙），此為提示行為；如果是按照時程出現的提示，像是每天特定時刻都會出現的提示（每天五點準備下班），此為循環行為 [36]。

- 慣常行為可以是簡單的行為（聽到電話鈴響就接聽），也可以是複雜的行為（聞到咖啡香、轉身、走進 Starbucks、買咖啡、喝咖啡），只要情境中發生的行為有連貫性即可。只要是無需刻意思考的地方（也就是連貫性可使我們重覆先前的行為，而不需做出新的決定），行為即可轉變為習慣。

36　Fogg and Hreha（2010）（*https://doi.org/10.1007/978-3-642-13226-1_13*）

- 獎勵可以每次都出現——例如喝杯自己最愛的咖啡；或是以更複雜的獎勵時程表（*reward schedule*）的方式出現。獎勵時程表是指每次行動時，出現獎勵的頻率和變化度。例如，拉下吃角子老虎機的把手（或按下按鈕）時，我們會收到隨機的獎勵：有時贏錢，有時沒有。人類的大腦超愛隨機的獎勵。至於獎勵的時機，以執行慣常行為後立即發生的獎勵為最佳——有助於強化提示與慣常行為的聯繫。

研究人員正積極研究獎勵的運作方式，但最有可能的一套情境是這樣的：結合以下三項元素，持之以恆，提示就會與獎勵產生聯繫[37]。每當我們看到提示，就會期待獎勵，誘使我們執行慣常行為以取得獎勵。不過，這套過程需要時間——依個人與情況的不同，可能從數週到數月不等。話又說回來，想要得到獎勵的慾望，可能在獎勵消失很久後，依然長期持續[38]。

我們深受情境脈絡影響

我們回到最後一個重要主題：情境對我們的行為的重要性。我們的行為明顯是由情境脈絡決定的，舉例而言，建築物構成的結構，可以讓我們的注意力和活動集中於中央庭院。透過交談與傾聽的對象（我們的社交環境）、我們所見與互動的對象（我們的生理環境），以及透過時間推移所習得的習慣與反應（我們的心理環境）的隱晦方式形塑。即使問題的措詞稍有變化，非顯而易見的影響也會顯示出來。在整個過程中，我們將研究環境如何影響人類行為，但讓我們從一個著名的例子開始：

- 假設爆發了一種罕見疾病，預計會有六百人死亡。而你要負責幫政府想對策。

你有兩種選擇：

- 選擇 A 將幫助兩百人得救。

---

37 這是一種「激勵提示」的形式，在情境中散布動機，做為提醒習慣的提示（Wood and Neal 2007）。關於動機如何影響已經形成的習慣，目前尚有爭議。

38 持續時間在 Lally et al.（2010）中介紹，和延遲在 Berridge et al.（2009）（*https://doi.org/10.1016/j.coph.2008.12.014*）中介紹；Wood（2019）。

- 選擇 B 將有三分之一的機會讓六百人全體得救,有三分之二的機會無人得救。

你的決定是哪一個?

現在,假設又有另一種疾病爆發,預計也會有六百人死亡。而你有以下兩種選擇:

- 選擇 C 將導致四百人死亡。

- 選擇 D 將有三分之一的機會無人死亡,三分之二的機會全數死亡。

你的決定是哪一個?

通常在第一種情況下,人們比較喜歡選擇 A;在第二種情況下,人們偏向選擇 D。在 Tversky 與 Kahneman 的早期研究中[39],有 72% 的人選擇 A(B 則是 28%);但只有 22% 的人選擇 C(D 則是 78%)。正如你想的一樣,這可能不太合乎邏輯,因為對於 A 和 C 而言,一樣是四百人要面臨死亡,而兩百人獲救。理論上來說,如果某人喜歡 A,那麼該人也應該會選擇 C。但是普遍來說,並不會發生這種事。

許多研究人員認為,人們對這兩個數學上是等價的選項(A 和 C)有如此明顯的差異,是由於這些選項被描述的方式。一個被描述為兩百條性命獲救,另一個可以想像為四百條生命殞落[40]。選項 C 的文字敘述方式,使我們將焦點放在損失四百條生命(而不是同時救了兩百人)。當有正面或受益的觀點時(A 相對於 B),人們傾向於避免不確定或冒險的選擇(B 和 D);面臨負面或損失描述時,則會尋求風險(C 相對於 D)。

很神奇吧!改變一點文字的敘述方式,就可以造成這麼大的改變。特別奇怪的是,這不是人們自我解釋的方式。如果他們面臨兩種選擇,他們不會說:「嗯,我知道 A 和 C 的結果完全一樣,但是我只是直覺上不喜歡想到關於損失這回事,即使我知道這只是一種文字遊戲。」相反的,此人可能只是說:「知道可以救人是很重要的(A),我真的不喜歡提到讓人們死亡的語句(C)。」

或再次使用騎象人和大象的比喻,騎象人認為一切都在自己控制之下,但是大象才是做動作的人。我們大腦那位有意識的騎象人會在不知道真正原因的情況下,

---

39　Tversky and Kahneman（1981）

40　Kühberger and Tanner（2010）

解釋我們的行為。社會心理學家 Tim Wilson 曾言：「我們是自己的陌生人[41]。」如果把這個案例帶回到產品開發，就能了解很多使用者在當下並不知道為什麼會做出那個動作，但會在事後為自己解釋背後的原因。

缺乏自知之明也擴展到了我們將來要做的事。我們不擅長預測我們在未來處境下的情緒層面，也不擅長預測自己未來的行為[42]。例如，人們會大大高估離婚或醫療等未來負面事件對他們情緒的影響。我們不僅會受到環境細節的影響，而且通常不會意識到我們所處的環境，在過去已對我們產生了影響。因此，當我們考慮在未來要做什麼時，並不會考慮這個。在產品開發中的情境脈絡中，這意味著詢問人們他們會做什麼或他們在想什麼，和他們未來會發生什麼問題。

Tversky 與 Kahneman 的研究中，展現了行為科學的一個重要關鍵：參考點依賴（reference dependence）。以絕對項（absoulte term）來看，選擇 A 和 C 的結果完全相同。但是第一個文案，在會有人死的情況下，展示了能拯救人們的可能性。第二個文案，則是將情境設置在可以拯救人的情況下，放任他們死亡的可能性。到底是損失，還是受益，都取決於我們的參考點。根據 Tversky 與 Kahneman 的研究，該參考點具有可塑性：這是可設計的主題。

我們可以設計情境脈絡

由於我們的環境會影響我們的決策和行為，因此若重新設計環境，可以改變決策和行為。我們可以嚴謹地開發產品，運用這些知識，幫助人們做出更好的決定、聰明的運用習慣，然後依隨他們的行動意圖做出行動，這就是我們這本書接下來要討論的內容。

有什麼可能會出錯

我們已經談到了一些大腦在做決策時的一些怪癖。既然了解是讓事情更好的基石，能將這些領域解釋得更清楚將會很有用。我們可以把此研究區分成兩塊，這兩個分支對於我們的目的都是有用的。廣義上來說，行為科學可以幫助我們了解我們做出決定和行動的怪癖。

41　Wilson（2002）；參見 Nisbett and Wilson（1997b）來獲得早期總結。

42　情感和其他案例在 Wilson and Gilbert（2005）提及，而行為討論在 Wilson and LaFleur（1995）中提及。

做決定的怪癖

我們的大腦使用捷徑，使我們能夠做出快速、整體上來說最好的決定。這是必要的，讓我們在有限的資源下，做最好的選擇——直到這再也不是最好的選擇。

想一想當你來到一個新的城鎮，你到處繞繞，想要找東西吃：

- 你可能會拿起手機，看看哪間餐廳有最高和最多的好評。或者，你可以從窗戶偷窺——看看裡面的人在吃什麼。這是社會認同（*social proof*）法則：如果你不確定你要做什麼，就跟著大眾的腳步吧！

- 你可能發現了一張某餐廳的亮眼廣告，在你經過那家餐廳的招牌時，它會攫取你的目光。如果你之前聽過這間店就更好了。這是**易得性捷思法**（*availability heuristic*）在支持你的感覺。

- 你可能會根據你最近覺得是個好餐廳的特徵，帶入到這家餐廳的選擇，覺得這家餐廳也一樣會很不錯。這是一個近因偏誤（*recency bias*）在幫你做選擇。

- 你可能會看到他們的價格，一間餐廳的漢堡賣 10 塊美金，另一個賣 2 塊美金。當然你會想省錢，但是你又會覺得這個價差太大了：這個 2 塊美金的漢堡是不是有問題？這是一個價格上所帶來的**質量信號**（*signal of quality*）。

在每種情況下，捷徑可以幫助我們快速做出決定。當然，這不會都是完美的。我們可以找到方法，使其變得更好，但是整體來說，這些都是合理的選擇。最重要的是，這樣速度很快：能幫助我們節省時間，避免花費數小時去分析城市裡每間餐廳的利弊。大腦捷徑的運作方式，幫助人們更快速的做出決定，來避免發生做不出決策或遲疑不前的狀況。

我們改變一下情境，如果現在是在股票市場裡做投資，你已經收到一筆意外之財，並打算為未來做一些投資。不過你並沒有太多投資經驗，這時候你會怎麼做？

- 你可能會上網查看其他人在談論和投資的內容，用社群去佐證你的想法。讚啦！這就是投資泡沫所被預期的方式：想想這不就是比特幣或網際網路泡沫（dot-com bubble）形成的方式嗎？

- 你可以使用**易得性捷思法**（*availability heuristic*），對於聽說過的事情進行投資。很棒，再度可預期投資泡沫的產生。

- 你可以查看過去投資的效果，然後使用近因偏誤（*recency bias*）進行投資。不過，過去的表現並不能完全的預測未來的表現，所以這不是一個好的方法。

- 你可能會看價格。如果股票真的很高，那一定是好的投資吧？好吧，這樣你就有方向了。

以此類推，你就得到了概念。

當大腦快捷方式運作良好時，我們通常不會注意的「它」的存在；我們能夠不費力地做出決定。或者，在少數的情況下，我們意識到它的存在，我們將其稱為明智的決定。在研究群裡，我們把它視為快速節儉啟發式（*fast and frugal heuristic*），這也是啟發式方法在捷思上的另一個名稱[43]。

但是，當相同的快捷方式使我們陷入困境時，我們會認為這是為愚蠢的：為什麼我這麼傻，要去跟隨群眾？不過既然你正在讀這本書了，你可能聽說過「偏見」一詞，它與這些快捷方式密切相關。嚴格說起來偏見是一種看法或行動的趨勢，它既不積極也不消極，它就代表了它，如此而已。大多數人（包括很多研究人員）特別使用它來形容負面的感受，就像是一個「偏離客觀的標準，例如規範性模型（normative model）」，一個關於人們應該如何行事的標準[44]。錯誤的捷徑或啟發式會造成偏見。

一旦我們將其稱為偏見，就很容易做出合乎邏輯的結論：好吧，我們只是想要擺脫它們！消除人們的偏見沒有那麼簡單。因為這些快捷方式非常清晰明確，以致於我們很難改掉大腦這個慣用的習慣。要是我們做了愚蠢的事情，我們最終會學會不要去做（無論是我們自己的生活或綜觀整個物種的歷史）。但是這些快捷方式一點也不愚蠢：它們是非常有價值的。雖然這些快捷方式有時候會脫離上下脈絡且不合時宜，但是不能因此就否定這些快捷方式的可用性，因為這樣會造成更大的破壞而非解決之道。

現實情況是，**我們無法完全避免使用思維捷徑**。相反地，透過了解細節以及如何觸發我們有意識和無意識的捷徑，在我們的環境中可以學會避免某些負面結果。因此，行為科學的第一個挑戰——設計改變行為，考慮到有價值但不完善的情況，旨在幫助人們做出更好的決策。

43　Gigerenzer and Todd（1999）；Gigerenzer（2004）。

44　Soll et al.（2015），以 Baron（2012）為基礎。

行動的怪癖

> 我自己是由很多缺點組成才完整，並用良好的意圖來拼接這些缺點。
>
> —— 美國知名作家 Augusten Burroughs

行為科學還可以幫助我們了解行為的怪癖何以高於我們的決定，尤其是為什麼我們決定做一件事而實際上卻在做其他的事情。這種理解始於與決策相同的基礎：我們是受限的人 —— 專注力、記憶力、意志力等都有限。但我們能巧妙的運用捷徑來幫助我們節省資源。但是，在我們做出決定後，這些事實會以不同的方式呈現出來。特別是，我們有不行動與無意圖行動的偏差。

在研究文獻中，**意圖行動差距**（*intention-action gap*）是不行動的主要偏差之一。我們所有的人都曾以一種或其他方式感受到這種差距。例如，你有沒有過一個朋友有健身房會籍或是一套健身器材在家中，但卻不常使用它們？你覺得他們喜歡白繳費給健身房嗎？當然不是。起初在他們報名健身房或買了很酷的健身器材時，他們非常享受，只是他們就是沒有做這件事。健身房的好處一直都顯而易見，撇開之前的怠惰，人們總是會期待自己會去的很規律勤奮，但卻有一些沒有動力的想法跑進腦海裡，所以造成沒有去健身房運動的結果。

在意圖行動差距（intention-action gap）下，人們有了行動的意圖，卻沒有遵守完全採取行動。這並不是說人們缺乏誠意或缺乏動力。之所以會產生差距，是因為我們的思考是環環相扣的。這說明了行為科學的主要重點之一：**光靠良好的意圖和希望能做某件事的心願是不夠的**。

至於無意圖的行動？我的意思不是狂歡後隔天早上的空虛感。相反地，我的意思是即使我們在沒有意圖下做這些行動，是因為我們的大腦沒有意識到或考慮這些行動。原因之一是因為我們已經習慣了。我們的習慣能使我們能夠不加思索地採取行動：例如輕鬆的騎腳踏車，使用一般的手機應用程式，或做體育活動等等。當然，習慣也可能會出錯。

你知道有人無法停止吃垃圾食物嗎？每天晚上，當他們疲憊不堪的回家想休息，走去沙發的路上，他們順道拿起一袋糖果和一包薯片，坐在筆電前看影片。一個小時後，他們才注意到皺巴巴的包裝袋，然後起身拿去丟掉。他們還是很餓，而且幾乎沒有注意到零食正被無意識的送入嘴巴中。

還有許多其他的案例，例如，當我們迷上香菸（事實上，這種*習慣*比尼古丁更強大 [45]）、深夜的電視劇，或不斷查看社交媒體應用程式。習慣，作為習得的行為模式，本質上是中立的。我們學習壞習慣就像習得好習慣一樣：透過重複。我們的大腦使它們自動化，以節省我們的認知工作。拿吃垃圾食物的這個人做比方，也許對他來說這是一個特別艱難的時期，又或者是他第一次搬到城市，不知道從哪裡買到好的雜貨，所以無法建立買好雜貨的自動慣性行為。不論來源是什麼，如果曾經有吃垃圾食物的習慣，那麼就很難擺脫了。

如同我們做決策走捷徑一樣，試著想像一下我們在一個沒有習慣的世界——我們必須謹慎思考每個決定、每個行動，這就好像我們是一個十幾歲的少年第一次學開車一樣——我們會筋疲力盡。我們不能依靠習慣，也不能要求我們產品的用戶不要這樣做；相反地，作為改變行為的產品與溝通的開發人員，我們需要了解習慣並懂得運用。走偏的捷徑，人們不想要養成的習慣，以及人們意圖與行動之間的巨大差距：這些都是我們要解決的問題。這就是為什麼我們要用設計來改變行為。

為什麼要重點放在問題上？

你可能已經意識到我們將重點討論放在做決定的問題上，而非一般人們會如何做決定。也就是說，我們沒有要討論當人們做出完美、適合他們的好決定。我是刻意這樣安排的，因為本書的主旨為運用設計來改變行為，藉此來幫助用戶能變得更好：如果他們的決定和行為已經步上正軌，那麼他們就不需要幫助了！

即使某家公司可能希望人們做出不同的決定（例如購買自家產品），但如果這不是該人自己深思熟慮後將要進行的決定，我們就不宜牽涉在其中。我們不應該嘗試改變任何內容。只有當一個人在可能想要選擇和做的事情，與要犯錯之間存在只有一點差距時，我們才應該介入其中。因此，我和許多行為科學家都專注於討論做決定的問題，而不是在不顧及他人的意願之下，說服或「使人做某事」，在第四章中將詳細介紹行為改變設計的倫理道德。

45　Wood（2019）

決策過程圖

我們已經討論過人類心智決定待辦事項的許多方式——從習慣與直覺反應，到經驗法則（heuristic）與有意識的選擇。我們可以把這些心智工具作為檢視的光譜，看有多少思考涉及了這項過程。在不熟悉的狀況下（例如，對多數的人來說，數學難題）需要大量的專注思考，至於走去你停車的地方則不用。同樣地，像是「我應該從事何種工作？」之類的高風險決策的問題，也比「我應該吃哪個貝果？」需要更多專注思考。低風險決策，例如「今天早上我應該用哪種方式拿牙刷？」這種經常重複的問題，根本不需要太多思考，就可以轉變成習慣。

圖 1-3 中的光譜提供了我們頭腦中默認的，最低耗能的方式。如果我們不故意做一些不同的事情，它將做出回應。

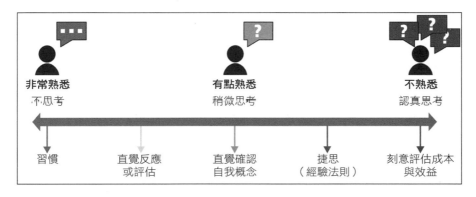

圖 1-3 在熟悉的情況下，我們的心智可以使用習慣與直覺反應，以節省心力。

以下有一些例子，以想要節食瘦身，卻沒有太多瘦身經驗的人為例：

從袋子裡拿洋芋片吃

　　非常熟悉。不太需要思考：習慣。

在自助餐吧檯上挑選想要的食物

　　熟悉。需要一點思考：直覺反應或評估

報名辦公室召開的節食瘦身班

　　有點熟悉。需要一點思考：自我概念引導選擇

判斷起司漢堡是否會超出今日飲食的熱量限制

　　不太熟悉。需要思考，但有簡易的方式幫助簡化思考過程：捷思（經驗法則）[46]

為家庭成員訂定本週飲食計畫，根據數以百計的各種食物所含的熱量與營養成分

　　不熟悉。需要大量注意力與思考：有意識地成本與效益評估

表 1-1 提供了更多詳細的訊息。

表 1-1　人類大腦選擇正確行動的各種工具

機智名稱	最可能使用的地方
習慣	熟悉的提示會觸發已學到的規律行為
其他直覺反應	很熟悉與還算熟悉的狀況，根據先前經驗做出反應
啟用中的心態傾向或自我概念	模糊不清的情況，有幾種可能的解釋方法
捷思（經驗法則）	需要意識注意，但選擇可能被暗中簡化的情況
專注、有意識的估算	不熟悉、需要有意識選擇的情況，我們要特別注意。或是非常重要的決定。

這並不意味著我們總是在熟悉的情況下使用習慣，或者我們只會在不熟悉的情況下使用我們的意識。我們的意識可以（而且確實會）控制我們的行為，並專注於是否會導致慣性行為。例如，我可以坐在電腦前面，非常仔細地考慮如何改善我的姿勢；那是我通常不會思考的行為，因為非常熟悉。但是，還是要付出努力。記住，我們的意識注意力和能力非常有限。我們只有在理由充分時，才會拿出終極手段（有意識的、成本效益評估）：像是有個不尋常的事物吸引了我們的注意力，或當我們真的非常關心結果並嘗試改善我們的表現等等。

身為一個行為改變的實踐者，幫助人們採取行動——例如使人「從袋中拿起另一片薯片」比「認真思考計畫下一頓晚餐」要容易得多。但是，要停止人們去停止拿起薯片的這個動作，遠遠更難。接下來的兩個章節，我們會討論這兩者：如何創造好的習慣，以及如何停止不好的習慣。

46　一種常用的啟發式方法是食物的份量。賓州大學人類攝食行為研究室主任 Barbara Rolls（*https://oreil.ly/7Sh5p*），發明了一種飲食方式，可以利用這種啟發方式來幫助人們減重（參見 Rolls 2005）。

小結

行為科學提供了一套強而有力的工具，了解人們如何做出決定並採取行動，並幫助他們做出更好的決定，或是在他們原本的意念下接受了我們的協助。

以下有些我們必須要知道的事：

我們是受限的

> 我們的注意力、時間、意志力等都有限。例如，以一個用戶來說，可能會在一個時刻同時注意到無數的事情。

我們大腦喜歡走捷徑（又稱捷思或經驗法則）

> 由於我們受到限制，我們使用捷徑來節省時間精力，並能快速的做出決策。在錯誤的脈絡中運用經驗法則是產生偏誤的原因之一：在行為或決策中消極或非蓄意的傾向。通常由於這些偏誤，人們的意圖和行為之間存在很大的差距。

我們有兩種思維模式

> 我們的決定取決於思想和無意識的反應，例如習慣。這意味著你的用戶經常在採取行動時，不需要思考。至少，他們是沒有自覺地做出選擇。

決策和行為受到情境脈絡影響很大

> 這加劇或減輕了我們的偏誤與意圖行動差距。你的用戶所做的工作是由我們營造的環境決定的。例如，當網站中的資訊架構，將用戶導向首頁中央或儀表板上。這個形成方式是不明顯的：透過交談與傾聽（社交環境），根據我們所看到和互動（的物理環境），以及隨著時間的推移所學習到的習慣和反應（他們的心理環境）。

我們可以巧妙地設計情境脈絡

> 我們這樣做是為了改善人們的決策能力，並減少意圖行動產生的差距。就是本書設計改變行為思維的重點。

第二章

產生行動

美國人背負了超過 1.5 兆美元的學生貸款債務，但每年有超過 200 萬的學生有資格獲得政府的免費援助卻沒有申請[1]。他們不期待錢從天而降[2]。

當被問到此事時，學生說他們不申請是因為他們不知道自己符合申請的資格。但是，哈佛大學的研究人員進行了一項實驗，他們發現即使少了有關補助資格的訊息，也不會影響申請。這個案例說明了行為科學的核心：人們其實並不知道為什麼自己要這樣行事，然後真正的原因也不明確。

Irrational Labs 的聯合創始人 Kristen Berman 與她的團隊致力於協助增加申請補助的應用程式。他們知道學生必須要花將近一小時，並大概要做 20 項動作才能完成申請。他們認為這樣的認知超載（cognitive overload）會影響學生們的申請意願。這些學生會審慎地考慮是否要完成申請，並避免做出一些複雜的決定。也因為複雜性，學生們總是會一拖再拖，一天拖過一天。

為了對付這樣的超載（和拖延），Irrational Labs 進行了一項實驗，他們向學生發送了簡單的短訊。告訴他們申請補助是註冊過程的一部分（實際上，這只是一個許多學生都跳過的步驟），並提醒他們在截止日期之前完成。換句話說，在這裡「決定」已經完成。

1　紐約聯邦儲備銀（2019）（*https://oreil.ly/ME9bU*）；Kantrowitz（2018）（*https://oreil.ly/MND3w*）。

2　此案例研究來自電話訪談，以及隨後與 Irrational Labs 的 Kristen Berman 所進行的電子郵件交流。

對於前一年沒有申請過的學生，簡單的短訊使申請增加了兩倍。如果把其擴大到美國學生的人口，估計有 230,000 多名學生受益於這項經濟補助。因此，行為科學的另一個核心課程是：當我們了解人們的障礙時，我們可以協助他們採取行動。

從發現問題到解決方案

對思維怪癖的這種理解，將把我們帶到何處？它給了我們所需的工具，去幫助我們做出更好的決策和改變其行為。

為了讓你有先近一步的了解，我們將提供兩套工具來幫助我們的用戶。第一個是意圖行動差距（intention-action gap）。只是僅此動作還不夠。相反地，我們需要一併考慮所有的過程來創造一個行動。有一個核心課程是行為干預措施的基礎：超過某一點後，動機不是唯一的，甚至不是主要的決定因素。有很多事情我們可能想做或有意願做，而我們選擇做哪一件事高度取決於情境脈絡 —— 也因此取決於特定時刻。

人們在特定時刻採取行動（或不採取行動）。我們的意志和渴願當然重要 —— 但這還不夠，尤其是當我們正在尋求為行為改變作設計（即與當前不同）。我們需要了解是什麼推前了一個動作而非其他動作。

為此，我們有一個 CREATE 框架，從提示（Cue）開始，是一個自動的直覺反應過程。反應（Reaction），可能會逐漸演變為對成本和受益的有意識的評估（Evaluation），行動的能力（Ability）與時機（Timing），以及過去的經驗（Experience）。

這些是產生有意識行動的先決條件。

我們將使用第二組工具，來幫助思考欠佳的決策與無意識的行為：我們將透過干擾習慣和放慢一些倉促的決定，使其能在更有意識的情況下產生行動。你可以想像替換一個習慣或停止心理捷徑 —— 用一種反向的方式來使用 CREATE：刪除一個或多個導致負面的決定或行為的關鍵因素。特別是，我們將避免使用提示（Cue），替換反應（Reaction），重新考慮評估（Evaluation）或移除能力（Ability）。

基本模式：「何時」以及「為何」我們有此舉動

在某一時刻，我們為什麼會採取某一項行動而非另一項？行動的產生必須要有六個 CREATE 條件，而這六個 CREATE 條件必須要同時產生，然後我們才能開始有意識行動。行為改變的產品，透過影響一項或多項的先決條件，來縮小意圖行動差距（intention-action gap），以幫助人們開始行動。這些條件是：提示（Cue）、反應（Reaction）、評估（Evaluation）、能力（Ability）、時機（Timing）和經驗（Experience）。

為了勾勒出行動的六項先決條件，想像你正坐在沙發上看電視，你的手機裡有一個前一週下載的應用程式，可以幫助你為全家規劃並準備健康的飲食。請問，你會在什麼時候、又是為了什麼緣故，站起來找到手機，並開始用這個應用程式？

我知道這個問題很奇怪。一般不會用這種方式來思考使用者的行為 —— 我們通常假設使用者能神奇地找到我們（的產品）、熱愛我們做出的成品，而且只要想到就會回頭使用我們的產品。但是，根據心智決策方式的研究成果，研究人員已經學到事情不只如此。所以，請想像你正在看電視；請問，需要發生什麼事，才會讓你立刻使用規劃飲食的應用程式呢？

提示（*Cue*）

使用應用程式的可能性，以某種方式撩過你的腦海中。需要某種東西暗示我們聯想到應用程式：或許是覺得肚子餓了，或是在電視上看到關於健康食物的廣告。

反應（*Reaction*）

其次，是使用者在瞬間對於使用應用程式的直覺反應。使用應用程式有趣嗎？我有其他熟人在用嗎？上次體驗應用程式的感覺好嗎？還有哪些其他選項會出現在心中，我又有什麼感覺呢？

評估（*Evalution*）

第三，我們有可能短暫以意識思考，評估行動的成本與效益。從行動中，我會得到什麼？這個應用程式為我提供了什麼價值？值得讓我起身開始擬定飲食計畫嗎？

能力（*Ability*）

第四，我們會確認現在使用應用程式是否可行。我知道手機放在哪裡嗎？我記得應用程式的帳號與密碼嗎？如果不記得，使用者將需先行解決這些後勤問題，才能使用應用程式。

時機（*Timing*）

第五，我們會判斷何時該採取行動。行動值得現在就做嗎？或是等到電視節目看完也可以？行動緊急嗎？還有更好的時機嗎？這一項可能發生在確認行動能力之前或之後。但兩項條件都必須發生。

經驗（*Experience*）

第六，即使在邏輯上此應用程式是值得馬上用的，但是如果我們之前就用過（或類似的）應用程式，卻讓我們感到不滿足或困惑，我們就不會再試一次。我們特有的個人經歷會壓倒我們可能會有的任何「正常」反應。

這六個心理過程 —— 偵測提示，對提示做出反應、做出評估、確定行動能力，以及時機是否正確，並通過我們過去的經驗阻止或促進行動。你可以把它們想成是任何行動必須通過的「考驗」。為了讓我們有意識地、刻意地投入行動，每一項條件都必須成功完成。而且，它們必須同時發生[3]。例如，如果你不急著停止觀看電視並立即行動，你也可以稍後再做。但是當事情「稍後」再做，你還是要面對這六個項目。你將會重新評估當時是否需要採取緊急措施（或是否優先考慮做其他事情，例如遛狗）。或者，也許是提示在「稍後」已經消失，你將完全忘記要使用這個應用程式。

因此，鼓勵用戶採用特定行動的產品，必須以某種線索提示我們思考下一行動，避免對其產生負面的直覺反應，說服我們從意識認為該行動是有價值的，說服我們該立刻採取行動，並確保我們可以採取實際行動。有太多事要做了！這本書有很多時候都在談論如何組織、簡化和架構這個 CREATE 流程（然後測試是否正確）。

3　我很感謝 BJ Fogg 特別強調，行為先決條件必須同時成立。他在「 Fogg 行為模型」（Fogg 2009a）中談到了這一點，也讓他的研究工作有別於其他有目的行動與行為模型 —— 後者太過聚焦於行為的原始素材（例如資源、動機），而忽略了行動所需的時機。

如果某人已經養成習慣，並僅僅是執行該動作，這個過程會很快。前兩個步驟（提示和反應）是最重要的行動，當然，行動仍然需要可行。而評估、時間和經驗可以發揮一定的作用，但是是比較次要的，因為我們有意識的大腦已處於自動導航狀態。

讓我們更詳細地了解有意識行動的六個先決條件。

不同的框架適用於不同目的

除了 CREATE 以外，還有很多理論在行為改變世界中被運用。例如：行為洞察小組的 EAST 理論和 Michie 等人的 COM-B 行為改變軸[4]。這些方法通常藉著相同的基礎文學和心智課程，但力求解決一些不同的問題。我要在這裡解決的問題，是實用的產品開發。

例如，EAST 是一個簡單的框架，注重強調人們如何採取容易的（Easy），吸引人的（Attractive）、社會的（Social）和及時的（Timely）的行動。這絕對是對的 —— 只不過對於產品開發的細微差別而言，這不是一個很好的指南。我也去過許多會議，常常聽到人們說「我們就把它變得社會化吧，這樣通常有效！」這是出於一個錯誤目的使用 EAST。同樣地，一些關於行為的悠久學術理論，對於預測有意識的、蓄意的行為非常有用；但這卻對於創建產品來支持有意識（或無意識）的行為沒有太大的幫助。

在本書中，我介紹了兩個概念工具：CREATE，用來幫助我們理解需要什麼來產生行動；還有 DECIDE，幫助我們發現使用者面臨的障礙，然後決定要使用哪些方法解決（大約 30 種）適合這些問題。我們現在從這裡開始查看CREATE，然後接續會在第三章和第四章中討論，和在本書的第五章中討論DECIDE。

4　Service et al.（2014）（https://oreil.ly/3pc0O）；Michie et al.（2011）

提示

每日每時每刻，我們都在決定接下來要做的事；可以花時間做的事情，實在多到數不清。人類大腦無法處理那麼多資訊，於是用一套心理過濾機制，以免資訊超載。例如說，**不注意視盲**（*inattentional blindness*）正好表示當我們非常專心時，「看不見」非尋找目標的事物。這正是 Chabris 與 Simons 的著名研究中所發生的狀況 —— 半數受測者注意的是一群在來回傳籃球的人，而沒有看到一個穿著大猩猩裝的傢伙經過螢幕[5]！出於必要，我們的心智過濾（mental filter）讓我們只考慮有可能的一小部分而已。當我們參加嘈雜、擁擠的聚會時，也會發生類似的情形 —— 我們可以專注於與我們交談的人，否則不論是其他任何事情都會引起我們的注意力[6]。

此外，**確認偏誤**（*confirmation bias*）會影響我們在環境中所注意到的內容。當面對一個複雜的環境或大量訊息時，我們經常想到又同意的概念會引起我們的注意。我們可以在社群媒體或政治討論中看到這一點，人們似乎只專注於支持自己的方案或政治觀點的事情。這和我們的心理怪癖一樣，是一個很好且有用的機制卻導致了問題：我們的大腦幫助我們從海量的訊息中，聚焦在可能要關注的重點。但這也讓我們在談論政治時，成為一個思考狹隘的傢伙。

行動的浮現有兩種途徑[7]：

外部提示（*external cue*）

　　外在環境中的事物（像是郵件或訊息）可以觸發我們想到某個動作。可能是一雙鞋，讓我們想到跑步；或是更明顯的事物，例如朋友來電，問我們為什麼沒到公園和他們一起跑步。

5　Chabris and Simons（2009）

6　又稱「雞尾酒會效應」。感謝 Peter Hovard 建議將其包在此處。

7　由於缺乏更好的用語，我使用思考（thinking）來代表前意識的感覺處理和反應，以及後來的意識思維。

內部提示（*internal cue*）

　　人類大腦可以出神到自己想起某個動作，透過的是有關連的想法編織成的某種不知名的網（可能是受到外部提示的刺激，或是內在狀態──例如飢餓的影響）[8]。

有時候，提示無論如何都能抓住我們的注意力──例如快要撞上我們的車。也有些時候，我們會刻意尋找行動的線索提示──像是快速瞄過收信夾中的信件主題，或是查看寄到手機中的通知。甚至有可能我們真的不曉得為什麼會想到某種行動。

對於行為相關產品的經驗教訓

使用者開始採取新的行動時，外部提示至關重要。例如說開始晨跑的人，把慢跑鞋放在門邊，就是一個不錯的提示。以下是一些可以從外部提示的產品策略：

- 把產品放在使用者的日常環境中

- 每次使用的提示都有點不同，以免被忽略

- 與使用者現有慣常行為的某部分建立強烈聯繫

隨著日漸熟悉某項行動，產品可以協助使用者在內部提示（例如飢餓或無聊）與行動間建立強烈的聯繫[9]。

當設計行為改變時，各位也應避免（慎選）在同一時間會吸引使用者注意力的分心提示。例如，郵件的收件夾在早上這個時段常常信件爆滿，充滿許多觸發的行動提示。

我們還應該意識到，我們的大腦處理訊息並不是「從全新的白紙開始」；使用者的注意力會自然地被吸引到特定項目而不是其他項目，是因為透過（自然地）設計。同時，也是透過大腦中已經在發生的事──使我們能夠藉此學習和觀察。

8　感謝 Nir Eyal 提醒我內部提示的重要性，並向我介紹隨著時間的推移，產品如何依賴外部提示轉變為內部提示。

9　Eyal（2014）

反應

一旦我們的大腦開始思考潛在的可能的行動時，會有來自「系統一」（System1）的自動反應 —— 這是個快如光速、直覺，且大多為無意識的大腦反應，在本書第一章和 Daniel Kahneman 的《快思慢想》（*Thinking, Fast and Slow*）（FSG，2011）中均有討論過。在某些情況中，系統一的反應使我們驚訝，而且強而有力，例如在聞到瓦斯味後，火速逃出建築物。在較常見的情況中 —— 例如脫掉慢跑鞋或使用某個應用程式 —— 自動反應則沒有那麼突兀，但仍能引導我們的行為。我們的大腦意識並不能真正了解我們的自動回應系統中發生的事情。

雖然研究人員並不完全了解這個過程，但我們有一些重要的線索，以便了解是什麼驅動了我們無意識的反應。

強烈的社會性

在許多方面，我們都致力於關注社群互動。我們會直覺的用其他人是否贊成自己去做某件事情，來判斷這件事情是否對自身來說是正確的，對於同儕可能反對的行動，我們躊躇不前。我們保持試圖自身對社會的認同感與自我認同，兩者都取決於並且受我們與他人互動的影響。我們的社群連結在一個更深層次、更少深思熟慮的層面上影響著我們，而不僅僅是對預期成果的成本效益分析。

透過相似性連接

我們的大腦會根據我們對於熟悉的事情，來快速評估與陌生事物相似性及我們的感受（亦稱為相似性經驗法則）。有時候那些相似之處表示基本的內容，例如書籍或電影的類型。但通常，這些區別是基於粗略的分類：形狀、顏色、味道。這種區別法對水果和人類都是可行的：這是陳規定型觀念的根本原因，並且像所有的思維捷徑一樣，它是一種有價值的認知工具，也可能會出錯[10]。

由熟悉決定的

我們接觸如思想或事物之類的東西越多，我們越傾向於喜歡它（在其他所有條件都一樣的前提下）。研究人員稱這僅僅是暴露效應[11]。例如，廣告客戶在購買廣告時，會遵守此原則，以向你展示品牌形象。只要看到廣告，人們就會更

10　Pomeroy（2013）（*https://oreil.ly/OqOhl*）

11　Zajonc（1968）

喜歡這個品牌（同樣地，所有條件都相同）。更籠統地說，我們的大腦會把簡單易記的事物誤認為是真理，當我們可以很快的聯想到的時候，大腦就認為那是對的。

透過經驗訓練的

我們的直覺反應經常被切入我們心靈的最深處。隨著時間的流逝，我們的大腦開始學習聯想。我們享受過去，我們學會對未來做出積極的反應（營運條件）；甚至與過去的良好經歷相關的事物，也可以使我們做出積極的反應（經典條件）[12]。即使沒有正式的條件，我們的大腦會學習在熟悉的情況下預期會發什麼事。例如，如果我們考慮要走 10 層樓梯，我們會想起上次我們走樓梯時，幾乎心臟病發作，這會影響我們再次爬樓梯的感覺（所以會幫助我們在執行這個動作之前有意識的思考）。先前的經驗，也會以更直接的方式影響我們：如果我們生氣了，我們可能在解釋一個不明確的情況時，比我們心情愉快時更具敵意[13]。

還記得前面行為科學中所學習到的課題之一：參考點依賴（reference dependence）嗎？我們的經驗能幫助我們設置我們的參考點。它們告訴我們在某種情況下會發生什麼事。因此，即使是在餐廳享受一頓佳餚也可能被視為負面經驗，因為我們預期（基於我們自己的經驗或其他人過去告訴我們的）會是登峰造極的一餐[14]。

透過這種反應會發生什麼事？首先，我們的無意識頭腦可以對行為做出判斷或「直覺」：一種使我們的思維通滿色彩的情感。這個直覺反應，並不會全然地影響我們的行為。我們有意識的頭腦可以超載（或忽略）我們的直覺反應系統 —— 但這會讓你覺得怪怪的。而且如果直覺感到有問題，你很難維持行為的改變。

這種反應還可能會引發其他記憶和想法：當我們開始思考時，關於一個動作，我們也會激發對其他相關概念的記憶和想法。如果我們在考慮特殊需求（例如飢餓），我們的頭腦會尋找可能性的答案並進行評估。例如，如果我看著樓梯，我的

12　有關此廣泛研究的總結和連結，請參見維基百科中有關操作條件的文章（*https://oreil.ly/_ISN7*），和典型條件（*https://oreil.ly/Z3NPr*）。

13　參見 Litvak et al.（2010）的總結。

14　參見心理學中的對比相應；例如，參見 Cash et al.（1983）（*https://doi.org/10.1177/0146167283093004*）早期的研究。

大腦會自動地，不受我控制地想像使用電梯或手扶梯 [15]。我們的心智網絡，也可能使我們朝著完全不同的方式前進，而分散了我們對原先提示和手上任務的注意力。

最後，反應可能直接觸發動作。如果是習慣性行為，反應可能會根據提示異動啟動操作。假設我每天搭乘電梯，我可能會自然而然的走向電梯，在沒有意識思考的情況下按下按鈕。

對於行為相關產品的經驗教訓

使用者會評估你的產品，以及產品支援的活動，且都在一瞬間完成。正如第一章的討論，你無法避開這段評估，它是自動發生的。但從行為改變的角度來看，你應該特別注意這段自動評估過程中的某些面向：

信任感

> 你的產品會鼓勵使用者去做某些行動。就算使用者真的想採取該種行動，但如果他們不信任鼓勵行動背後的公司，使用者仍然會有所遲疑。使用者信任產品，以及出品的公司與否，通常是來自直覺反應。

觀察從何處取得產品訊號

> 如果詢問人們想要做什麼，或是詢問人們是否有使用應用程式的動機，都是在介入意識心智的部分；但你必須先通過直覺心智的阻攔，偏偏在研究調查中，人們無法清楚表達這個部分。理想中，請觀察使用者的行為，別聽信他們的自述。

使用者的初體驗很重要

> 各位或許能說服或誘哄使用者第一次嘗試產品與活動。但如果活動越需要重複使用，就越依賴直覺反應。這種反應建立在使用者的實際體驗上、所產生的聯繫上，以及使用者對你的產品與行動的情緒感受上。

15　非常感謝 Keri Kettle and Remi Trudel 對本章的初稿提供的意見，並提出了直覺的需求評估和尋找替代方案。

評估

在人類大腦接受提示、想到特定行動後，假設未受直覺反應所干擾，則該項行動有可能上升到意識覺察的層面。這在我們面對新奇情況時特別容易發生，而且此時不會有自動行為可供觸發。我們的意識心智接手管理工作，並根據各種成本與效益來評估是否該採取行動。

試著改變行為時，很容易先想到這個階段。我們試著教育使用者關於行動的好處，以金錢或其他獎勵增加使用者動機；同時減少採取行動所需要的成本（能察覺到的成本）。

再次以選擇走樓梯或搭電梯為例（圖 2-1）。假設意識心智參與決策，常見的鼓勵走樓梯的策略將注重在：

圖 2-1 當潛意識心智看到樓梯，並想著「喔，這也行啦」。意識心智思考的卻是成本與效益：「效益：不錯的運動。成本：只要三分鐘。反正電梯也擠得要命。就這麼決定了！」

強調效益

走樓梯有助於保持身材，也能延長壽命。

成本最小化

走樓梯只需要三分鐘，而且只要慢慢走，就不會累得跟狗一樣。

貶低其他方案

這個時段的電梯不僅很難等又人很多。

當然，在我們慎重決定是否採取某個行動的背後，還有無比複雜的考量。像是我們真的清楚知道行動的成本與效益嗎？這些資訊從何得知、又是否可以採信？值得另外努力取得更多資訊嗎？或是應該運用現有的資訊就好了？在我們做決策的瞬間，哪些動機最強烈能影響我們？

這些都是很重要的問題。不過，暫且先這麼想：如果我們認為這個動作值得付出心力，**而且優於其他替代方案**，我們就會行動。我們做出「起而行」的選擇。

請注意，此處發生的「思考」或許極端受限而且非常快速。如果行動不重要、或是非常熟悉，意識心智可能決定不要想太多、直接做就對啦！當我們不熟悉某項行動，或是刻意決定多花一點注意力時，才會發生密集的思考過程。

一個敦促使用者採取「應做」重要行動的產品（而且使用者也有點想採取行動）是不夠的。產品必須在當下立刻提供使用者實際需要的東西，而且必須想得比其他替代方案更周全。行為改變類的產品就像任何產品，必須為使用者解決問題；否則的話，其餘關於它的討論都幫不了忙。如果意識心智不覺得這項行動有付出心力的價值，它就不會刻意使用我們的產品，也不會採取這項行動。所謂價值，不需要純然是工具性的 —— 也可以是社會性的、環境的，或是對於行動的內在享受（稍後將另外討論此種動機），總之需要有價值。

請注意，對習慣行為而言，這種有意識的覺察與評估，通常完全不會發生。但我們的意識心智很樂於編故事，解釋為什麼我們有某種習慣行為。這些故事只是雜訊（noise），而不是行動的真實映射 [16]。

16　請參考 Dean（2013）的概要說明。

能力

假設在衡量成本與效益後,決定要採取某項行動。那麼行動在此時此刻是否確實可行(feasible)?假如你終於決定要儲存一些養老金,你現在真的有能力儲蓄嗎?行動者必須能夠立即採取行動,而行動共有四個面向[17]:

行動計畫(*action plan*)

行動者必須了解行動所需要的步驟。例如想要開設一個退休帳戶,需要連上指定網站、輸入雇主提供的某些資訊等等。

資源(*resources*)

行動者必須確實擁有行動所需要的資源。假如要設定退休帳戶,需要有可動用的錢,以及使用電腦、登入退休規劃網站的能力。

17　在一般對於「能力」的概念中,我結合了不同的元素,這些元素來自 —— 自我效能(Bandura 1977)(*https://doi.org/10.1037/0033-295X.84.2.191*)、努力目標與實踐意圖(Gollwitzer 1999),以及資源限制下「脆弱」的理性選擇模型,例如 Civic Volunteerism Model(公民自願模型,Verba et al. 1995)。另外,大家應該也熟悉法格行為模型(Fogg Behavior Model)所說的「能力」(ability)。但我的使用方式稍有不同,意為:個人對於能否採取行動的感知與實際「可行能力」。Fogg 對「能力」一詞的用法,則是指行動的輕鬆或簡單程度,例如,不需成本(Fogg 2009a)(*https://doi.org/10.1145/1541948.1541999*)。

技能（*skills*）

行動者必須具有行動所需的必要技能。例如，要登入線上退休帳戶，他必須要知道如何使用電腦，並瀏覽帳戶的使用者介面（通常都很難用）。

相信會成功（*belief in success*）

沒有人喜歡失敗。行動者需要確信自己可以成功執行動作，而不是到最後像個呆瓜一樣被愚弄了。這種現象稱為「**自我效能感**」（*self-efficacy*）。

如果此人沒有清楚的行動計畫、沒有立即行動所必須的資源，或因行動令人生畏而猶豫；這些都是可以克服的挑戰，但表示行動時間會延後。如此表示行動者不會立刻採取行動。從行為改變的角度來看，這是部分的失敗。

在學術界，我們稱這些時刻為**決策點** [18]：當某人已經決定要做某件事情，此時他需要停下來思考一下接下來的步驟，包括行動的計畫，需要為了做這件事所蒐集的資源，或是他個人所需付出的代價。此人已經創建了一個新的決策點。該決策點可能會順利通過，並且在解決任何摩擦或障礙後，稍後該人可以再行動。即當該人有能力採取行動時，**如果**其他採取行動的先決條件仍然存在的情況下。但是，情況可能會發生變化 —— 分散其他注意力的狀況可能會出現、行動成本可能會上升，以此類推。

對於行為相關產品的經驗教訓

這個步驟列出四種行動前的可能障礙，良好的產品必須避開這些障礙。藉由提供清晰的行動計畫，產品可以輕鬆的協助使用者；特別是強調行動路徑的計畫。例如，他們還可以通過談論其他成功的使用者，來正面解決自我懷疑、對失敗的焦慮。即使是使用者沒有填寫另一頁表格，或對下一步沒有清晰的理解等微小的摩擦，也會產生一個決策點（個人重新評估之前所有步驟的新決策點，都可能會被分心或勸阻）。

18　參見 Soman（2015）在企業環境中對此進行了很好的討論。

處理更深層的資源與技能鴻溝（skill gap）是一件更棘手的事。若有良好的使用者研究，我們可以找出特定使用者群體所面對的資訊限制，以及他們的現有技能。然後，我們可以接受有些使用者無法享受到產品的最佳服務的事實，或是在規劃時避開這群使用者。

時機

你抓住了行動者的注意力，行動本身也具有吸引力，而且也確實可行。但何時應該採取行動？為何不晚一點再做？（然後就再等一下，又再多等一下）許多我們想做的「有益」行動，像是運動，個人財務控管或佈置花園等等，都有相同的大問題：我們總是可以晚一點再做這些事。然而，正如我們在能力障礙中所看到的那樣，如果沒有做出決定，認定現在是正確的行動時機，那就會有問題。屆時，當這個人確實覺得時機合適的時候，情況可能已經改變了。因此，此人會因為其他原因而不採取行動。

關於何時採取行動（即行動時機）的決策，可受到兩種力量的驅動，一種是清晰且立即的急迫感，另一種則是較無強迫性但依然重要的因素。緊急性（urgency）可能來自許多管道[19]：

外部緊急性（external urgency）

在美國，人民必須在 4 月 15 日前報稅（或是申請延期）。否則，IRS（美國國稅局）就會找上門來。這是真的，如果我們拖延行動的話，外部緊急性會造成不好的結果。

內部緊急性（internal urgency）

行為改變有時因為我們有難以忽略的生物需求而有緊急性（例如飢餓感、口渴等）。然而，這些需求不適用於大部分行動與產品。負面心理狀態 —— 如無聊 —— 可以提供緊急性較低，但同樣有力的行動動力。

19　Beshears and Milkman（2013）。這些因素既可以作為線索也可以作為緊迫提示。它們能引起我們的注意，並使我們立即採取行動。在此向 Paul Adams 致敬。

同樣地，基於許多理由，我們也可以決定現在就是行動的好時機（即使不覺得有行動的緊急性）：

具體性（specificity）

「我應該為了退休而儲蓄。」對比「我應該在週四晚上八點設定退休帳戶，就在晚餐後。」後者比較有真實感，對吧？只是加上行動指定時間，就能解決「何時行動」的問題。這也能幫助我們記得要行動！

一致性（consistency）

另一種有助於決定行動時機（並繼續完成）的方式，就是預先指定未來的某個時間為行動時刻，尤其是我們向其他人提到行動承諾的時候。如此，動作就從「可能會做的事情」移動到個人「言出必行」的領域。我們想要「說到做到」，表示行動的正確時機，正是我們講過要做的時機。

於特定時間行動的決定，一部分也會從我們的行為動機（情緒與計算後的動機）裡浮現。一個刺激而且保證好玩的行動，也會讓人們把它的順序排到前面，而且更有動力去做。我在此區分這兩個概念，以便分別解析與處理，但在現實情況中，當有高度行為動機時，兩者可能有顯著的交錯模糊（見圖 2-2）。

圖 2-2 什麼時候會有吃巧克力蛋糕的緊急需求？左上圖：當我感到飢餓的時候！右上圖：當服務生高聲說「有人要點蛋糕嗎？這是最後機會！」左下圖：除夕夜，小小放縱一下。右下圖：等完成工作時要搞賞自己一小塊蛋糕的時候。

對於行為相關產品的經驗教訓

關於行為時機，可以透過兩個因素來思考：產品如何主動促成成熟的行動時機，以及產品如何配合人們自己想要行動的時機。要促成行動的緊急性，可以使用具有時間敏感性的內容，像是原本具有時間性的新聞文章（如果需要在意內容的話）。這類內容，NPR 有提供、Facebook 也有提供（如朋友的最新動態）。產品也能架構緊急性 —— 藉由創建預先的委任，或為規劃好的行動指定日期。

即使不採用把事情變緊急的做法，產品也可以聰明配合使用者生活中具備緊急性的事件。例如使用者在工作上或許需要採取類似的行動，產品可以抓住這個機會建立行動。這類似於古希臘所說的「*Kairos*」—— 來得正是時候（opportune time）—— 產品的職責就是做好準備，等待行動的最佳時機來臨[20]。

產品可以利用無聊等內部狀態來驅策行動，但這類內部狀態其實是雙刃劍。一方面，如果人們認為產品將能減輕負面情感，內部狀態可以驅動特定的目標行動。另一方面，也可能驅動同樣能減輕無聊的其他行動。請問你覺得下列何種情況較容易發生 —— 使用者上網亂逛減輕無聊感，或是玩手機上幫助規劃健康飲食的應用程式？

經驗

先前的經驗對於設計行為改變是非常強大且重要的。我們已經討論過此角色是在形成個人直覺聯想和反應。這也影響了我們對行動成本和效益的理解；消除不確定性並根據實際的，而非公司大力行銷之下，宣稱或預期的利弊。經驗有助於確定我們是否有自信心嘗試行動。並且由確認偏誤（confirmation bias）和選擇性關注（selection attention）來決定，是否影響我們的注意力。

例如，假設有兩個人在同一家公司工作，都住在距離公司步行 30 分鐘路程的時尚城區，其中一人可能直覺喜歡走路上班，因為可以展現自己腿部的線條。另一個

20　非常感謝 BJ Fogg 向我介紹了 Kairos 這個概念。

身材條件差不多的人，可能直覺的就討厭走路上班，因為他將走路去上班與在貧困區長大，沒有錢開車聯想在一起。人們就是這樣：我們在表面上看起來完全一樣，但是我們的過去經驗貫穿了我們的思考，而且往往以隱晦而令人驚訝的方式。

我發現將先前的經驗，作為設計行為改變的一個獨立因素來提醒自己很有用。身為實踐者，這個先前經驗是非常個人化的：因使用者不同而有異，而且變化方式我們不一定知道或了解。甚至在有人使用我們的產品之前，我們都會受到每個人在相似環境和相似產品中的經歷所影響。當他們使用我們的產品時，**過去的經驗很重要**。不管產品現在有多棒，如果我們已經讓使用者有該產品做的很差、設計也不佳的感受的話，這將會難以克服。或者，如果人們已經成功的使用過你的應用程式卻未看到任何進展，他們再試的可能性就很低。

對於行為相關產品的經驗教訓

傾聽你的用戶並了解他們，當有兩個相似的人有截然不同的反應時，請不要驚訝。由於個人先前的經驗，所以他們在完全相同的情況下，行為可能會有所不同。

做好計畫，可能的話適當的做記錄。記錄下每個人的過去經驗在你產品上的反應——如果他們運氣不好，在過去經驗裡遇到了特殊的程式錯誤或不能用的介面，即使之後產品修復完成又完美，但是他們的反應還是會所有不同。

CREATE 行動漏斗

這六項心理測試是形成有意識行動的先決條件。這就是我們創造行動所需的條件。

假設你有一百個人，他們都在嘗試著要更有組織的管理電子郵件和即時回覆訊息（行為改變並不是總是吸引人！）。當他們所有人都設置了提醒功能，提醒他們讀完郵件後將其刪除或回覆，使郵件收件夾的未讀數量為零。假設有 75％ 的人，儘管他們的日程很忙，他們實際上仍然會注意到提醒。（我知道 75％ 確實是樂觀的數字，但讓我們用這個假設繼續做下去）。不幸的是，其中一些人會迅速而直觀地關閉，因為他們不想處理這個煩人的任務。但是，假設 75％ 的人擁有對清理收件

夾的想法，並且產生了積極的情感反應（我知道，過於樂觀）。其餘的人會考慮一秒鐘，然後 75% 的人覺得清理收件夾是值得的。

在那些評估上比較順利的人之中，只有少數的人會意識到他們沒有足夠的精力和時間去做這件事，並且推遲。但是，其中令人印象深刻的是，75% 的人還留著，並對自己說，這是我能做的最緊急且最重要的事情，而且我現在就要去做。（其他人則等待，因為他們還有更多緊迫的事情；所以推遲。）最終，只有 20% 的人不會去清理他們的收件夾，由於過去的經驗使他們灰心，或者就算清理了收件夾，很快又會變亂，因而消滅了動力。

最後，一百個人中有多少人真誠地想要清理他們的收件夾，也確實做到了呢？只有 18 個。而且這已經是很樂觀的假設了。最初的數百人中，只有少數人實際上對線索做出了回應並遵循，一直到完成採取行動。這就是工作中的意圖行動差距（intention-action gap）。

來自耶魯大學的 James Choi 等人進行的一項不錯的研究評量了這一意圖行動差距。在為退休儲蓄的情況下（很遺憾，這是在 CREATE 存在之前）：他們發現只有 10% 宣稱要儲蓄更多的人確實這樣做到 [21]。換句話說，看看實際發生的事情，以及人們採取行動需要克服多少障礙的簡單數學原理：

　　當真誠上進的人什麼都不做時，我們不應該感到驚訝。

思考此過程的另一種方法是使用漏斗：一群人開始這個過程，並在每個步驟中都有人離開，只有少數人堅持到底（圖 2-3）。漏斗隱喻是推銷員與行銷常用的隱喻方法，行銷人員和產品人員致力於將潛在客戶轉換為實際客戶到自家的網站上。

漏斗的每一層都有兩個篩選孔。一邊是人們拒絕行動（或提示），因為覺得不夠有價值或不夠緊急。另一邊則是人們分心去做別的事 —— 可能是覺得「別的事」也有相同效果（例如用上網殺時間，而不是使用飲食規劃應用程式來打發時間），也可能是被完全不同的事情吸引（例如跑去接電話）。

21　Choi et al.（2002）

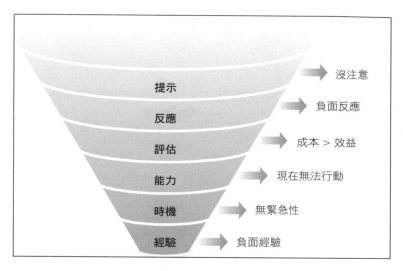

圖 2-3 一個 CREATE 行動漏斗（CREATE Action Funnel）：潛在行動必須經過的六個階段，且要有順序的進行 —— 人們可以在前進的每一步中放棄而離開漏斗。

習慣有效地塞住了在有意識行為過程中的潛在漏洞，因此很少會出現在對行為有意識評估時，掉出漏斗的情況（除非該人刻意地試圖察覺，並想停止習慣行為），以及在評估會發生緊急情況的時候。

每個階段均有關聯

關於漏斗模型，有個重點要記得：在每個階段，人們只有在此行動比替代方案更**有效益或更好**時，才會繼續下一個階段。外面永遠有替代品；包括：其他爭奪注意力的提示、其他進入直覺或意識評估的行動，或是其他緊急事項等等 [22]。

從產品設計的角度來說，這表示我們考慮的層面，不只是產品是否能好好引導使用者走完這些階段，還要考慮其他也在競爭稀少的使用時間與心理資源的事物。在建構個體的周圍環境時，移除使人們分心的事物是其中的關鍵的部分（詳細討論請見第九章）。

22　在社會行銷中可以找到這種「永遠存在的競爭」的概念（例如，Grier and Bryant 2005），但在其他一些行為改變的觀點中也考慮到了這一個概念。

這也表示，要從行動的角度來思考使用者正在進行的事。假設我們的產品是以推動節食來達成減重目標。此時，使用者正在做什麼呢？是不是正在逃避任何關於節食的念頭？或是嘗試過某些方法卻失敗了？或是向朋友尋求建議，但從未付諸實現？無論使用者正在從事何種行為，都是產品在行為上的主要競爭對手。我們不應假設產品互動的對象是宛如一張白紙般的使用者。而是該這麼想：產品需要打敗現有的行為，而且在 CREATE 行動漏斗的每個階段都要成為勝利者。每個階段都關係到其他階段。

各個階段可以相互互動

我提供了一個簡易、整潔的六階段模型。從高位階來看，這個模型是正確的；然而，細節層面則複雜許多。我們一直沒有討論到在各種不同階段，如何與其他階段互動的問題。

雖然這六個階段都必須要出現到某種程度，才會發生意識行動，但某個階段的弱勢，可由其他階段的強勢加以平衡。例如說很容易去做的事（取用架上的純橄欖油，而非較不健康的混合油），並不需要特別意識到好處（可能讓我們比較健康）或正向的直覺。這是 BJ Fogg 結合到他的行為模型（Behavior Model）中的其中一項經驗教訓 [23] —— 用經濟學的術語來說，因素（factor）的某部分可為另一因要素所代替。

從順序來看，CREATE 行動漏斗有利於記憶人類心智所執行的活動，但無法完美代表心智過程的順序。此漏斗的前兩個步驟通常出現在意識察覺之前，但直覺反應有時也可能出現在意識考量之後（或做為其中的一部分）[24]。至於後續三階段，有些證據顯示，「評估想法」（例如：價值、時機、能力）是由心智的不同部分同時進行 [25]，其間可能有互動。不過，如此的複雜度並不影響本節的核心學習：有意識的行動，需要全程通過五項步驟；而每個階段通常都會有明顯離開這個過程的行動者。

23　Fogg（2009a）

24　審慎之心與直覺之心有可能出現交互影響的狀況；當我們注意力飄移時，有可能會滲入自動化程序，或是放棄控制而回到自動化的狀況。參考 Wood and Neal（2007）對於這些情境的討論。

25　Brass and Haggard（2008）

付出更多的努力不見得越有成效

BJ Fogg 建立在他的行為模型（Behavior Model）中所研究的經驗教訓之一，就是：當行動更簡單或使用者更有動機時，並不會如我們所願帶來更多成效。他的模型具有三個因素：動機、能力與觸發。動機（motivation）定義為：快樂或痛苦、希望或恐懼、接受或拒絕（具有情緒反應與意識評估的要素）；能力（ability）大致與「不需成本」（該模型中的用語）相符合；他同時把直覺與審慎要素放入這兩個部分。下圖模型中的觸發（trigger）則與我的模型中的「提示」相符合。圖 2-4 為 Fogg 的模型。

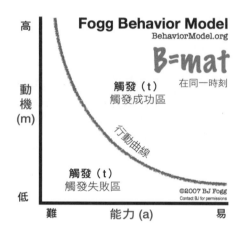

圖 2-4 Fogg 的行為模型（2007），顯示出隨著額外的動機或行動能力的增加，出現邊際收益遞減的狀況。

Fogg 認為，為了發生有意識的行動，需要具備上述三要素。增加行動的能力（減低成本），或是增加動機，即可鼓勵一個人採取行動。

這兩種做法對行動者提供的推力，會隨著行動越容易、越有動機而逐漸下降（也就是說，當行動非常困難時，提供少許協助，使得行動容易一些，將有顯著的效用）。當行動已經很容易時，再讓行動更容易，不會為行為帶來太多改變。用經濟學的術語來說，正是所謂的邊際報酬遞減（diminshing marginal returns）。對於產品設計師來說，這是一個很好的實踐經驗教訓。

人們每次行動都要通過全套漏斗流程

人們不會一直待在行動漏斗裡。他們可能在任何階段離開漏斗，或是採取行動——無論如何，當那一刻過去，我們很快就會離開漏斗。每次當我們想到採取某項行動時，這套流程就會重複：首先，是線索引領我們想到某項行動，然後浮現對行動的直覺反應……依此類推。因此，重複的行動需要多次通過 CREATE 行動漏斗。但是，每次的漏斗都會有些微不同，特別是在當一個人在決定是否要再度或三度採取行動時。

假設你是第一次去健身房。這是一些從你第一次計畫前往健身房到第二次計畫前往健身房思考上的改變：

你與行動的關係改變了

現在你已經知道健身房的運作方式、各種設備的位置等事項，所以使用健身房的「成本」降低了。另外，你也更清楚知道自己是否喜歡去健身房。所以你對這項行動的直覺反應與意識評估也隨之改變了。

你改變了

如果你的健身房初體驗很不錯，你會更有自信（知覺可行性（perceived feasibility）增加）；如果你沒有達到期望中的運動程度，則比較沒有自信。

你的外在環境或許改變了

你或許設定了再去健身房的提醒（建立提示），或是在家人間為自己設置持續前往健身房的期待（建立緊急性並增加效益）。你可能在健身房遇到了朋友，他們期待你再回去。

阻礙使用者行動的因素？

這裡有另一種看待 CREATE 行動漏斗以及潛在行為通過的六階段的方式：什麼會阻礙使用者採取行動？使用者面對哪些認知與實際障礙 [26]？

---

26 非常感謝 John Beshears and Katy Milkman 在 2013 年 4 月的 Action Design Meetup，提出了行動的基本認知障礙的想法（因循拖延、疏忽健忘和缺乏動機）（Beshears and Milkman 2013）。

提示階段的難題

使用者忘記要行動，或是對行動付出的注意力很有限。在環境中沒有任何事物提醒使用者採取行動。

直覺反應階段的難題

使用者不信任產品或背後的公司。這是使用者不熟悉、感覺陌生的行動。

意識評估階段的難題

使用者不太有行動的動機。採取行動的成本太高昂。

能力階段的難題

使用者不知如何確切採取行動，或是缺少行動所需要的事物。使用者害怕失敗。

緊急性不足的難題

使用者延遲行動到另一天，而且那天永遠不會到來。或者，其他緊急事件阻止了使用者採取行動。

先前經驗的難題

你的產品使用戶感覺到產品設計的不良且難以使用，以過去的經驗來說是難用的產品。即使在外，你的產品也會受到負面的評價。

無論從行動所需要（CREATE 行動漏斗）的角度，或是立即行動之障礙的角度來看，想成功地讓個人採取行動的必須要素，都是一樣的。

小結

為了讓某人採取某項行動，在行動前一刻需要發生六個事件：

1. 目標人物回應**提示**讓他開始想到某項行動。

2. 目標人物的直覺心智自動於直覺層次對行動想法產生**反應**。

3. 目標人物的意識心智評估想法，特別從成本與效益的角度加以考慮。

4. 目標人物確認是否有行動的能力 —— 是否能知道該如何做、使否具有行動所需的事物，以及是否相信自己能成功。

5. 目標人物判斷時機是否適合行動 —— 尤其是判斷行動是否有緊急性。

6. 目標人物不會因先前的負面經驗而停止 —— 這有明顯的好處。

上述六個事件，可以繪製成一個漏斗，類似經濟學網站上提供的轉換漏斗（conversation funnel）。如果目標人物通過前述六個階段，他就會採取行動。

記注這些行動先決條件的訣竅是 CREATE：提示（Cue）、反應（Reaction）、評估（Evaluation）、能力（Ability）、時機（Timing）、經驗（Experience）！在 CREATE 行動漏斗的每個階段，都有離開的人 —— 或許因為沒看到提示，而不認為值得採取行動，又或許不覺得行動很緊急。在每個階段，目標人物也可能分心並轉而採取其他行動。

如果行動需要意識思考（系統二），我們的心智就會走完上述六個階段。如果行動不需要意識思考（只用系統一），那麼表示大腦曾走捷徑，而此時最相關的是：提示、反應和能力（CRA）。

第三章

停止負面的行動

新聞快訊：涉嫌希拉蕊電郵洩密案的 FBI 探員畏罪自殺。

這則消息在 NPR[1]（全國公共廣播電台）上廣為流傳。但這完全是假新聞。

這樣的新聞故事通常很吸引人：它激起了我們的情緒，證實了我們的疑慮，並幫助我們看到，世界上其他像我們這樣的人「懂得了」（get it）。換句話說，他們運用系統一的確認偏誤（confirmation bias），並利用社會認同（social proof）和其他行為技巧，以系統一不審慎的「快速」思考為基礎，進一步發揮。這就難怪人們相信這些假新聞故事。將其轉發給其他人，並開始將這些假新聞整合到自己對世界的看法之中。

這該怎麼辦呢[2]？研究人員 Sander van der Linden 與 Jon Roozenbeek 在一系列研究的基礎上，開發了一種名為 Get Bad News 的心理疫苗，被稱為**認知預防理論**（*cognitive incoulation theory*）。Gct Bad News 是一款線上遊戲，玩家可以嘗試在其中創建一個假新聞網站，並透過成為實際假新聞提供者的策略，來建立自己的忠實追隨者。透過在受控環境下體驗假新聞的策略，參與者可以看到假新聞的製造方式，從而不會為其所欺騙，當遇到真正的假新聞時，人們就有了免

1　這句話是正確的但具有誤導性，這只是在 NPR 上的一篇批評假新聞的文章（*https://oreil.ly/GmCNa*）。

2　該案例研究來自電話訪談以及後來與 B4Development and Nudge Lebanon，Fadi Makki and Nabil Salch 進行的電子郵件交流。

疫反應。在 van der Linden 與 Roozenbeek 的研究中,他們讓 15,000 名參與者測試了該平台,結果發現人們因此可以更好地發現(和抵制)假新聞 [3]。

卡達的 B4 Development Foundation 和 Nudge Lebanon,與 van der Linden 和 Roozenbeek 合作。將相同的方法應用於激進主義,用來幫助那些可能會被招募到恐怖組織,或其他極端主義組織的人們意識到這些招募人員的詭計,並抵擋他們。

他們共同開發了遊戲 Radicalise,參與者在遊戲中扮演一個虛構的極端主義組織的首席招募人員。玩家使用社群媒體吸引群眾,使他們對組織及其對這個世界狹義的解釋感興趣,並開始憎恨反對他們的人。群眾隨機被分配到測試組(使用遊戲)和對照組(不使用遊戲)中。研究小組測試了參與者是否能識別 WhatsApp 的操縱性。在項目進行過程中,測試組似乎能夠更好地識別被操縱的訊息,並辨認出容易被招募人員影響的人。

Radicalise 及其建立的假新聞研究是一個很好的案例,用來說明如何用行為技巧,來阻止未來的錯誤決定和行動。

有時候,我們產品的用戶無法實現目標,是因為他們做出了本來不想做的一連串錯誤選擇,或把以前學到的壞習慣表現出來的結果。在這兩方面,行為科學中的經驗教訓對我們會有助益,可以從了解這一點開始:相同的環境會促使人們做出可取的選擇,或不可取的選擇。舉例來說,相較於需要大費工夫去尋求酒的情況,如果酒就在眼前唾手可得,我們會更容易放縱自己過度飲酒。同樣地,如果我們周遭的人猶豫畏縮,我們也更可能會動搖軟弱,需要更多自我控制 [4]。

人們常常認為,要抵制誘惑,就需要堅定的意志。但是,其中一個最有效率幫助阻止草率決定或行動的方法,就是有意地設計環境來阻止他們。研究人員稱為「情境自我控制(situational self-control)」[5]。例如,我們可以幫助某人減輕同儕過度飲酒的壓力,透過將人轉移到遠離酗酒者的地方,或是將此人安置在身邊是合理飲酒者的環境。

3　Roozenbeek and van der Linden(2019)(*https://oreil.ly/24kS_*)

4　Hofmann et al.(2012)

5　Duckworth et al.(2016)

這實際上是反向操作 CREATE 的過程；你可以用四個步驟來思考：

1. 確定 CREATE 如何支持負面行動。有什麼提示？是什麼原因導致此人有積極的反應和評價？是什麼讓這個人立即採取行動，並將其優先於其他事情？

2. 提出改變環境以製造障礙的策略 —— 增加障礙、去除提示，並漸漸將其鎖定。

3. 仔細檢查行為的類型。如果是習慣性的（無意識、無意圖），你可以使用其他技巧（參見第 60 頁中的「改變既有的習慣」）。如果這是一個有意識的選擇，那麼請特別提高注意力來支援評估。

4. 設置反饋迴圈（*feedback loop*）以便檢查看你是否能成功的停止行為。我們需要用反饋迴路來停止行為，就像我們在一開始使用它們一樣，因為我們不擅長查看一段時間的平均值和趨勢。

步驟二特別值得注意。我們如何製造障礙？到目前為止，我們花了很多時間討論如何刪除他們。但是，我們也應該以相同的邏輯去添加他們。

使用 CREATE 行動漏斗，為行動增加阻礙！

讓我們看一下行動漏斗中的每個階段，看看如何介入有問題的行動。若某人經常查看手機並無視他們的家人和朋友。該行為可能是一種自動的習慣，也有可能不是，這取決於在相同情況下持續了多長時間 —— 我們將從查看手機的非自動版本開始：

1. 提示

    正如引起注意的秘訣是將物品放在視線範圍內，避免引起注意，**使其遠離視線**。對於我的妻子，我們嘗試了一種方式，一種避免一直查看手機的方式，就是把手機拿到房間外。因此，我們在房內時，就不會一直被手機分散注意。

2. 反應，特別是我們的社會反應

    我們如何利用我們天生的社會意識來幫助我們阻止不良行為？一種方式是刻意的將我們自己包圍（在誘惑之時，或其他情況下），與不那樣做或積極反對的同儕在一起。另一種方法是，避免與確實參與其中的朋友在一起，以免我們也受其影響這樣做。如果套用在上述的手機情境，這表示我們要找到不愛玩手機的朋友。或者是在公共場合會刻意地阻止我們玩手機的朋友。

3. 評估

考慮行動的結果，看看如何使這些結果更突出，或者使不這樣做的好處更加生動和真實。不一定是最重要方面的成本和效益（在長期而言）── 而是你可以專注於某些方面並在短時間內改變計畫。例如，在手機上添加一個計時器，顯示你自解鎖手機以來過了多久時間。你還可以大幅增加使用上的困難程度。以我來說，我一直有查看手機的不良習慣，我每天會看好幾次新聞。為了增加瀏覽手機的難度，我把新聞的訂閱功能還有相關的應用程式刪除，如此一來，我就不會三不五時的滑開手機閱讀內容了。

4. 能力

我們還可以添加一些小摩擦（*small frictions*），這些阻力可能會造成我們在行為過程中的停頓，但不會從根本上改變整體行動的成本和效益。我利用了這個方法，移動了一些使我容易分心的應用程式，到一個名為「分心」的檔案夾。雖然，我還是只需要一秒鐘，就可以找到這些應用程式並開啟它們，但這使我在做行動的時候速度慢下來，有時間做思考，知道我自己當下在做什麼。這也是我在 Amazon Video 上，設置了一組簡單密碼的原因。

5. 時機

我們如何消除生活中使我們從目標分心的緊迫感？我承認自己為此付出了很大的努力，但是到目前我還沒有找到一個很好的解答。我試圖增加事件對我重要的緊迫性，例如：幫自己設立一個寫書的完稿日期，來排除其他瑣碎的事。雖然這樣是有幫助的，但是效果並不是那麼顯著。許多人也發現正念練習（mindfulness practice）的確能幫助他們去除生活中讓人分心的事物，及其所散發出來的假緊急訊號，有助於消除生活中許多分心的虛假緊迫感。

6. 經驗

如果有人想要阻止負面行為（那是唯一一種我們想幫忙阻止的行為），那麼他們先前的經驗通常相當負面。

改變既有的習慣

有時，幫助人們採取行動還需要刻意停止習慣的發生。例如，透過運動來增強健身效果，在到了某個階段，不僅僅著要多做運動，還要減少坐在椅子上的時間。這意味著要克服現有的習慣。可惜的是，想直接停止習慣可能非常困難。一些像

是腦部損傷、手術過，甚至阿茲海默症和痴呆症患者有時也無法停止既有的習慣，即使是認知功能受到嚴重的損害[6]。BJ Fogg 認為，停止現有的習慣是最難改變的任務[7]。

為什麼習慣很難改變？首先，請記住習慣是自動、沒有意識的。我們有意識的心智（試圖移除習慣的部分）只是模糊地意識到習慣的執行[8]；當習慣發生時，我們通常不會注意到，而且我們事後也不記得剛做了習慣的事。涉及行為改變干預的數十項研究的研究人員發現，意識心智就算真誠地想要改變行為，**卻與實際的行為改變沒有多大關係**[9]。

其次，這是因為習慣永遠不會真正消失 —— 一旦形成習慣（即大腦重新布線來連結刺激和回應），通常情況下已形成的連結不會解除。習慣可以進入休眠或未使用狀態，但在適當的情況下，大腦中的思路可以被啟動並導致習慣性行為再次出現[10]。

另一種想戒除習慣的方式是：如果要停止不良習慣那麼容易，那麼我們就不需要那麼多複雜的書籍去幫助戒菸或減肥[11]。然而，我們可以從習慣養成和改變的論述中學習，幫助產品團隊省去不必要的痛苦或磨難。這裡有四個可以幫助產品團隊來處理現有習慣的主要選擇：

注意力

　　避開提示。

6　請參見，例如，Eldridge et al.（2002）（*https://doi.org/10.1037/0735-7044.116.4.722*）。

7　Fogg（2009b）（*https://doi.org/10.1145/1541948.1542001*）

8　Dean（2013）

9　Webb and Sheeran (2006)

10　在化學成癮的情況下，要克服成癮還有更多的難度，這超出了本書討論的範圍。例如，藥物可能會導致大腦關鍵神經遞質的受體發生變化，進而需要額外的刺激水平才能獲得與藥物使用前相同的體驗。儘管其中許多技術也適用於成癮，但我不會嘗試涵蓋所有關於成癮的廣泛研究。

11　他們很難自己改變，當然，還有其他與習慣相關的因素使他們更難改變。例如，同儕壓力、化學成癮等。

反應

透過劫持反應來替代慣常行為。

評估

巧妙地使用意識進行干擾，包括使用正念（mindfulness）以避免看到提示就行動。

能力

用新的行為擠掉舊有的習慣。

在每種情況下，人都不會進行直接對抗來簡單地壓制習慣。這需要意志力，而意志力是有限的，而且常常是不可持續的。

注意：避開提示

提示訊號讓大腦參與有問題的行為。一種停止習慣的方式便是避開提示。例如，在成癮諮詢中，輔導員建議上癮者要改變自身的環境，使他們不會遇到那些提醒他們採取行動的事物。例如，如果你總是在途中看到酒吧，就會想要停下來喝一杯，那麼你可以改變回家的路線，就能眼不見為淨 [12]。

設計一種可以幫助人們避開提示的產品特別棘手。首先，根據定義，不良習慣的提示大多在行為改變產品之外。人使用產品來改變習慣 —— 產品本身不是引起不良習慣的因素。因此，產品必須幫助人們避開提示；產品必須提供引導和指示。個人必須首先知道提示是什麼，如此才能夠成功避開提示。

其次，由於慣常行為不在產品範圍內，因此應用程式通常不會知道人是否參與了該行為。全靠用戶自行回報是否舊癮復發 —— 這是非常困難的。我們需要外部監控系統，例如，在酗酒者的汽車上安裝酒精檢測儀，以避免酒後駕車。許多對酗酒之類的化學成癮，需要更多手段，但我們可以學習透過這些努力，設計能阻止還不到沉痾陋習的產品。

儘管這條路顯然充滿挑戰，但已經有產品成功做到了。CovenantEyes（*http://oreil.ly/nV0Bs*）是一套軟體，可以幫助有性成癮，或是想在性成癮習慣養成前杜絕誘惑的使用者（見圖 3-1）。這套軟體可以幫助使用者避開提示（透過過濾掉有

---

12 除了成癮諮詢外，不斷變化的環境也得到廣泛使用。參見 Wood et al.（2005）對這種方法的研究。

露骨內容的網站），並自動監控網站的使用，在當使用者有觸及色情內容時提醒問責該使用者。

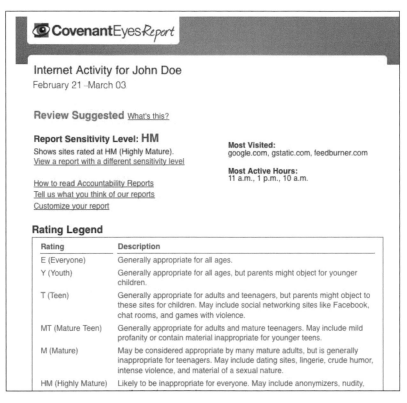

圖 3-1 CovenantEyes，用於阻止查看線上情色內容的網站應用程式，是透過過濾和自動監控來完成。

反應：透過劫持反應來替代慣常行為

另一種產品以用來改變壞習慣的策略，是把現存的提示與獎勵，過渡給另一個（較有益的）行為。在《為什麼我們這樣生活，那樣工作？》（*The Power of Habit*）（Random House，2012）一書中，Duhigg 提到兩種必須要素：替代的慣常行為，以及真心相信習慣可以改變。

替代的慣常行為，其運作方式是劫持提示與獎勵，而在其間安插不一樣的慣常行為。Duhigg 以不太餓時吃小點心為例：提示或許是工作時有點低潮，或是看到電

視進廣告時。獎勵可能是（瞬間）舒緩無聊感，還有吃點心帶來的愉悅感。想劫持這個過程，我們需要：

1. 辨識出觸發，以及獎勵（如果適合的話）。

2. 當觸發發生時，有意識地投入不同、但提供類似獎勵的慣常行為（像是在無聊的廣告時玩填字遊戲）。

3. 持續有意識地改變慣常行為，直到養成新習慣。

有意識地替代慣常行為的過程，也稱為「對抗反應訓練」（competing response training）。這套訓練用在妥瑞症（病患會有不自主出現的小動作「tic」）的治療上，並在實驗測試中展現了驚人的成果 [13]。

不過，對於像是抽菸與喝酒之類特別頑強的習慣，只轉換到新的慣常行為就不太足夠了。新的獎勵用遠比不上舊習的獎勵。日常行為有轉換新習慣就可以處理了，但遇到特別痛苦的時候，人們有可能會「舊癮復發」。要渡過這種黑暗時刻，回到人們可以處理的單調日常生活，需要一些特別的東西。特別的東西可以是相信「困難總會過去」的信念；也可以是宗教信仰、對自己的堅信，或是相信其他人會拉自己一把。無論如何，都是說著「明天會更好」的內心旁白。

替代的慣常行為該如何實作呢？有兩種方式。第一種，可以確保產品出現在提示一般會發生的時刻。在那當下，產品能提醒或引誘使用者採取新的提示行為，而不是舊的行為。在慣常行為執行後，產品則會提供獎勵給使用者，或是鼓勵使用者獎勵自己。

另一方式比較困難，是當產品不會於使用者遇到提示的時候出現所需的方式。就像避開提示的做法，產品必須為使用者提供建議，以及使用者準備好面對誘惑時刻，並找出能追蹤使用者採取何種行動的方式。ChangeTech（*http://www.changetech.no*）就有一套密集支援並追蹤行動的程式，在使用者的菸癮轉換計劃中，以超過四百個接觸點加以追蹤。它的做法在隨機控制試驗中，展現了正面效果 [14]。

13　Piacentini et al.（2010）；Dean（2013）

14　非常感謝 Sebastian Deterding 提到了這個例子。有關更多訊息，請參見 Brendryen and Kraft（2008）（*http://doi.org/10.1111/j.1360-0443.2007.02119.x*）。

有個我們很熟悉的「及時劫持習慣」的例子，就是拿著智慧型手機在實體店面裡購物：

1. 提示

　看到相機、電腦之類想買的東西。

2. 舊有慣常行為

　拿起商品，走向收銀台，然後結帳。

3. 新的慣常行為

　在手機上查詢商品，比價（通常較為便宜），結帳。

4. 獎勵

　覺得省錢了，心情很好；想像使用很潮的新相機、收到貨物⋯⋯總之心情很好。

當然，這種習慣劫持正在扼殺實體店面。

評估：使用意識干擾

人類的大腦，真的很擅長阻擋自動導航模式；只要適當地安排，大腦可以干擾正在進行的習慣，而**不需要直接投入意志力來克服行動**。思考是壞事（Thinking=bad），至少從習慣的角度來看是這樣的。在運動領域，專精於某種運動的人，有時會因為意識切入平常自動運行的過程，而使動作「卡」住；而且這種情況發生在任何領域的專家身上 [15]。如果想干擾習慣；「想」就對了。尤其要注意觸發習慣的事物。然後請仔細檢驗平常自動執行的慣常行為 —— 只要（有意識地）予以思考，我們就能干擾習慣的順暢執行。

這方面的產品應該出現在行動當時，並且可抓住使用者的意識注意力，注意他們自己的行為。Prius 即以此種方式運作而著名。這款車種的油耗儀提供了不間斷、即時的車輛油耗回報。這種即時回饋的方式，可以讓人類的意識察覺「正在發生的事」而打斷原有的駕駛習慣，使人們少用點汽油，也就是所謂的「*The Prius Effect*」。

---

15 Baumeister（1984）（https://doi.org/10.1037/0022-3514.46.3.610）；Gallwey（1997）

為了成功執行這種方式，就像所有習慣干擾（與習慣形成）的方式一樣，我們必須自願。如果某人不在乎車輛的里程數，或是覺得油耗儀很煩人，自然就不會理它。這種方式要以意識選擇行動為開始。

評估：以正念增加注意力

另一種克服不良習慣的微妙方法是採用正念覺察（mindfulness）。正念是佛教中用來指對當下意識的體驗，但不加以評價或控制。這是一種開放的心理狀態接受發生的事情和感覺。正念療法在某些心理疾病的治療中越來越流行，例如：急性壓力、焦慮和沮喪。這些理論類似於佛教中的正念冥想，強調需要有意識地關注當下時刻，但不會做干擾或判斷[16]。

透過引入意識來覺察會觸發習慣性行為的提示，就有可能覺知到觸發關鍵但不會做出行動。作為個人練習了這種方法，這很有趣且不直觀。你沒有反抗這種習慣，反而透過注意到觸發因素（以及做出強烈回應），削弱其習慣力度。當你保持覺知時，你無需對習慣進行回應。

保持正念在各種情況下都顯示出強大的作用。例如，在限制不必要習慣性的酗酒[17]。許多應用程式，例如 Headspace（*http://www.headspace.com*）和 Calm（*http://www.calm.com*）就是支持正念覺察減少壓力或增加專注力，但不特別去改變習慣。

能力：增加其他行為的力量

另一種改變習慣的方法是用新的行為淘汰舊習慣。在這種方法中，你**專注於做更多自己想要的事情，而不是少量你不想要的事情上**。結果是你沒有時間或精力去做先前的行動 —— 相對能力下降。

例如，考慮一個體態不佳的人，花費大量時間看電視，且有不良的飲食習慣。這人開始增加去健身房鍛鍊的時間（養成新習慣）。他去健身房時結識新朋友，並和他們一起參加運動和烹飪課程，因此慢慢減少了看電視的時間。由於這個人不像以前花那麼多時間待在家，使他避開看電視的舊提示。同樣地，由於烹飪課和新

---

16 Hofman et al.（2010）；Shapiro et al.（2006）

17 Chatzisarantis and Hagger（2007）（*https://doi.org/10.1177/0146167206297401*）

的烹飪方式與飲食內容，他根本沒有機會使用過去的飲食習慣。因此，舊習慣逐漸被取代。

在上例主角的生活中有多種力量在運作，像是自我認知的改變、社會規範的改變等等。但是，隨著日常生活結構的變化，過去的習慣消失了 —— 不是透過直接的攻擊，而是因為其他事情正在發生，而佔用了他的時間並滿足他的飢餓感。這種方式，只有在他已經在改變習慣這條路上走得夠遠才會成功。而且要持續去健身房，不能像很多人只報名不上課。在習慣形成前，最初所做的、能推動我們改變的選擇，仍是有意識地選擇。

倉促的選擇和後悔的行動

如果你的用戶面臨一個重要決定，可能很著急或沒有經過深思熟慮，哪些障礙會干擾這種選擇和倉促的行動？倉促的選擇與意圖行動差距（intention-action gap）不同，因為提示已經存在（它正在做出決定）。而且倉促的選擇往往出自於做決策的人他們的直覺反應，而沒有經過仔細的考慮或評估。

多年前，行為研究人員 Soll、Milkman 與 Payne 提出了一些消除偏見的指南，並為如何做到這一點提供了很好的指導[18]。核心內容：你要麼改變人，要麼改變環境。要改變你想要的人，請執行以下動作：

1. 事先對他們進行教育，以便他們在重要時刻，已具備做決定所需的訊息。例如，教導人們一些有關防範在大型派對酗酒的風險。

2. 提供有效的經驗法則，以便他們可以快速做出決定。但是這將基於經過深思熟慮後，帶領他們到一個似曾相識的規則。例如，你的按揭還款不得超過收入的28%。

3. 教他們使用更正式的決策輔助工具，例如：飛行員在降落飛機之前需要考慮的許多因素清單列表。

要改變環境，請執行以下操作：

1. 使人放慢腳步 —— 特別增加摩擦。如果人們的直覺選擇感很差，那麼增加摩擦力，使其思考由系統一切換到系統二（即改變立即採取行動的能力）。

---

18 Soll et al.（2015）

2. 減輕偏誤結果。例如：在退休計畫上的提撥款項率預設值，不但可以幫助人們更輕鬆地做出行動（我們已經在前面討論過），同時還可以輕鬆地為存多少錢做出選擇 —— 只要預設值適合此人即可。

在金融服務中，**披露規則**（disclosure rule）使人們放慢腳步，並給予時間幫助他們思考像是抵押貸款這樣的大承諾。可惜的是，人們最終還是學會跳過這些減速設備。因此，放慢腳步有時是必須的。在丹麥，若在發薪日申請貸款，會有 48 小時的**冷靜期**（cool-off period），過後才會收到貸款，以減少因衝動而借貸的情形。[19]。在美國有個活躍的討論（http://oreil.ly/7EWHu）是關於購買槍枝，會被要求要等待 24 小時。

避免倉促做出選擇和採取令人遺憾的行動的方法之一，就是試圖改變人的時間觀點。如前面所述，我們無法一次專注於所有時間點。同時，對於一個行動，我們過度關注一個行動當前和近期的成本和效益，舉例來說，當我們面對一隻老虎時，這是完全有道理的；而是否決定要再喝一杯或看另一集節目，則不那麼重要。Seinfeld 有段很精闢的描述：當我們決定在夜晚喝酒時，我們只考慮現在發生的事，而不是想到明天早上要受苦的事 [20]。

最後，另一種技術是將注意力轉移到決策的其他方面。在英國金融行為監管局進行的一項實驗中，研究人員發現，彈出警告消息能成功的使參與者注意到購買的重要細節：他們所支付的費用 [21]。並且，在我最喜歡的一個實驗裡，Dan Egan 測試了干預，避免草率的投資出售。當人們打算出售一項投資時，就彈出了一個視窗，提醒他們關於本次買賣的稅務資訊。這能讓他們放慢腳步思考，從不同的角度思考決策 [22]。如果有一個在投資理財上比損失金錢更讓人討厭的事情，那必定是納稅！

---

19 向 Paul Adams 致敬。發薪日貸款公司知道這會嚇阻人們，因此他們重新取名產品，並重新定位產品來遊走於法律邊緣。（Toft 2017）（*https://oreil.ly/d45vv*）。

20 參見 Seinfeld' and Jay Leno 有關 Night Guy 的討論（*https://oreil.ly/iQEWY*）。

21 Hayes et al.（2018）

22 參見 Egan（2017）（*https://oreil.ly/ZWGCm*），在 "Tax Impact Preview" 下的內容，以及有關避稅的先前工作，Sussman and Olivola（2011）。

小結

用戶在行動時不會總是歸零重新開始。為了有更多時間與家人在一起，他們必須要花更少時間在手機上。如果想吃的健康，就不能一次吃一大桶冰淇淋。因此，通常在設計行為改變時，我們需要考慮如何阻止或阻礙現有的行為（或負面）行動，在開始新的行動也一樣。

這裡是你需要知道的：

- 單靠自我控制通常是不夠的 —— 如果人們想要停止負面行為和艱難的掙扎，而我們勸告他們要加倍努力，那可能是無效的，只會顯出一副紆尊降貴的樣子，或兩者兼具。

- 反之，我們可以幫助人們用所謂的情況自我控制（situational self-control）；例如，塑造一個鼓勵行動的環境，我們可以塑造一個環境減慢做倉促決定的速度，干預不良的習慣和行為。我們透過掌握情況（環境），來控制行為。

- 反向操作 CREATE 流程的框架：

  確認 CREATE 如何支持負面行為

    什麼提示（Cue）？是什麼使人產生積極的反應（Reaction）和評估（Evaluation）？

尋找改變環境創造障礙的方法

增加摩擦力，消除提示等等。例如，在手機上設置經過一段時間後自動上鎖。

設置反饋迴圈

要檢查並查看你是否成功停止了該行為，並且適當的進行調整。

- 如果行為已成習慣，以下為一些須特別注意的技術重點：

避開提示

例如，如果看到酒吧會讓你想喝酒，那請避免看到酒吧。

劫持提示並觸發不同的行為

善用同樣的提示，來建立一個新（正向）的習慣。例如，當你看到酒吧，就打個電話給你的家人吧！聊聊今天一整天發生的事情。

利用有意識的正念

接受並意識到觸發因素，而非過度施加意志力。

雖然本章和本書的重點是行為，但也有關於改善決策的心理過程：例如，在選擇貸款或工作時要更加小心。可以參考 Soll 等人在 2015 年的一項研究簡短摘要。主要方法包括：

- 事先教育，所以人們有足夠的資訊量可以做好決定的準備。例如，提供有關貸款申辦過程的培訓。

- 提供經驗法則，使人們能夠快速做出決定。例如，規定你絕對不應該承擔超過收入 28％的抵押貸款。

- 使用正式的決策幫助。也就是說，訓練他們使用貸款的評估工具（而不是訓練他們學習如何自己評估）。

- 使人放慢腳步 —— 特別是增加摩擦力的方式。延遲公告（HUD-1 表格）是一個在美國環境下的案例。

- 減輕他們偏誤結果。例如，透過使用法規來限制貸方可以向借貸人收取的費率和費用，尤其是未知情的或首次借款人。

第四章

行為科學的倫理議題

普林斯頓大學的研究人員開發了一種自動工具，可以搜尋將介面環境設置為暗黑模式的網站：用戶介面的設計可以透過瞞哄欺騙，讓使用者做出意想不到且可能有害的決定。在透過分析了 11,000 的網站後，這些研究員發現了 1,841 種暗黑模式。他們甚至找到了 22 個第三方公司「提供暗黑模式作為解決方案」。換句話說，這是用數位科技操控作為服務[1]。

暗黑模式（dark pattern）一詞是 UX 專家 Harry Brignull（http://darkpatterns.org）所提出的，他整理了 11 種不同的暗黑模式，從「羞辱確認（confirmshaming）」（讓用戶有罪惡感而選擇加入）到「隱私個資不當利用（privacy Zuckering）」（你可能猜想到了）。Brignull 開了一個叫做「恥辱之牆」（Wall of Shame）的網頁，上面列出明顯企圖欺騙自己的用戶的公司，並展示 Amazon 網站如何讓用戶幾乎不可能在 Amazon 上找到刪除自己帳號的路徑。Brignull 精確地稱之為「蟑螂屋」（roach motel）：你可以進入，但是一旦進入就永遠無法離開。

遺憾的是，在我們的生活中不難找到這種欺瞞性技術的案例。像是最近紐約時報，曝光了 thredUP 公司以創造假用戶來塑造近期很多用戶購買他們的產品的假象，吸引真正的消費者前來消費[2]。

1　Mathur et al.（2019）

2　Valentino-DeVries（2019）（*https://oreil.ly/M9dgE*）

在產品設計和市場行銷活動中，這違反了心理學和行為技術的應用。產品試圖操縱用戶：使用戶購買，並使他們沉迷於我們的產品，或改變他們生活中諸如情感之類的深刻且私人的事物——已經開始獲得應有的正當負面審查。

在 2019 年 4 月，維吉尼亞州的參議員 Mark Warner 與內布拉斯加州的參議員 Deb Fischer 推出了他們的一項立法，將其稱之為「減少線上用戶的欺騙性體驗（Deceptive Experiences to Online Users Reduction，DETOUR），並在大型線上服務上將 DETOUR 定為非法行為[3]：

- 「有目的性的設計、改變或操控一項使用者介面；或對實情大量掩蓋、顛覆；或損害用戶的自主權、決策、選擇來獲取用戶數據」。

- 為了「出於行為或心理實驗」將用戶「細分」或分組實驗，卻無經過用戶同意。

- 在沒有獨立審查委員會批准的情況下，進行操作的心理實驗。

參議員 Warner 與 Fischer 所作的努力，顯然是針對社群媒體、搜尋和電商公司。這些媒體與公司在資料隱私和誘使個人同意其資料被使用方面，向來是一些最嚴重的違法者。這些欺瞞的暗黑模式，都不難在今日的電子郵件中，或任何人的日常體驗和手機上發現。

到目前為止，在本書中我們已經討論過如何幫助用戶成功取得目標；本章從另一個角度出發，並將重點放在完成以下四件事：

- 顯示用戶不道德操縱的程度。

- 思考哪裡出了問題。

- 顯示我們每個人在某些特定的情況下，都有可能像其他任何人一樣，是缺乏倫理道德的。

- 檢視清理我們行為的方法。

3　一些引用來自 Reuters（2019）（*https://oreil.ly/6ARpC*）與 GovTrack（2019）（*https://oreil.ly/5pN2B*）。

科技工具企圖操控使用者？

普林斯頓研究量化了常見的暗黑模式 ── 但他們的分析，是針對 2019 年的一個購物網站。這是一個普遍存在的問題嗎？目前還未作出大規模量化的研究，但是政府和監督組織分析了許多數位科技的公司，似乎都有傾向於透過螢幕操控使用者。例如，在一項 2018 年的報告中，挪威消費者協會（Norwegian Consumer Council）分析了 Facebook、Google 和 Windows 如何阻擋人們行使其隱私權。Google 因為透過欺騙的方式，得到使用者同意提供位置資訊而受到重火抨擊，ProPublica 也展示了 Intuit 如何瞞哄人們為納稅申報付費（即使當它是免費的）。Apple 甚至改變了 App Store 內部的章程，以阻止應用程式誘導用戶做訂閱[4]。

儘管這些問題最近越來越多，但顯然之前就發生過。你還記得當人們還信任 Facebook 的時候，或至少沒有想過他們會如此邪惡嗎？Facebook 其中一個最初的擊破點是他們做了一個試圖操控使用者的情緒的實驗。*紐約時報*、*華爾街日報* 等都曾做過相關報導[5]。*紐約時報*曾說：「對於 Facebook，我們就像是實驗室裡的老鼠」。自此之後開始走下坡：

> 「Facebook 透露他們利用新聞推送：操縱了超過五十萬隨機被選定的用戶，來更改他們看到正面和負面貼文的數量。這是一項心理學研究的一部分，用來實驗情緒可以如何在社群上散播……
>
> 我不知道 Facebook 是否藉著操縱情緒這項特技「扼殺」了任何人。不過以他們的規模和路上那些沮喪的人來看，這是有可能的。」隱私權主義者 Lauren Weinstein 在 Twitter 的發文中寫道。

這項研究是與學術研究的人員合作的一部分，並受到廣泛地譴責 ── 即使該報導在比例上有誤導和被誇大的成份[6]。那之後，還有劍橋分析公司（Cambridge Analytica）做了研究，還有更多關於臉書跟其他大公司信用破產的大事件。

4　挪威消費者協會：Forbrukerr.det（2018）（*https://oreil.ly/Wj0ZP*）；Google: Meyer（2018）（*https://oreil.ly/4Nei3*）；Intuit: Elliot and Waldron（2019）（*https://oreil.ly/fZer2*）；Apple: Lanaria（2019）（*https://oreil.ly/_jTa4*）

5　Goel（2014）（*https://oreil.ly/EaxaF*）；Albergotti（2014）（*https://oreil.ly/_j8xy*）

6　Kramer et al.（2014）；我感謝 Ethan Pew 指出效果的規模比媒體報導的要小得多。

LinkedIn 也在一項集體訴訟中支付了數百萬美元的賠償，因為他們用欺騙手段來利用人們的聯絡人列表 [7]。

現在我對讀者發起挑戰，試著舉出三個科技公司，沒有使用欺騙的手段來騙取你的資料、沒有要你註冊你不想註冊的帳號，也沒有要你大買特買他們家的產品，而不顧你自身對於購物的更好判斷。金融時報（*Financial Times*）就做了很好的總結：「對於很多公司來說，操控用戶，就是其數位商業模式之一。[8]」儘管最近受到負面關注，但不幸的揭發還在繼續；例如，在沒有告知用戶的情況之下，Flo Health 應用程式向 Facebook 報告了用戶的懷孕意願以及生理期等內容 [9]。

但我們同時也要注意，這不單只是「那些大公司」的問題。在更廣泛的產品開發、市場行銷、設計和行為科學的社群裡，我們公開吹噓可以操控用戶做我們想做的事。在許多市場行為的會議上，例如，演講者談論他們在改變用戶行為方面的特殊專業知識，透過了解客戶的心理驅動因素，並以此來驅動預期結果。他們經常拋出一些行為技巧，像是同儕比較，並為客戶爭取巨大的成功率。

同樣地，行銷和設計公司也吹捧他們有能力改變用戶的購買行為，毫不擔心、也不討論出售的產品是否適合終端用戶，或是否是終端用戶想要的。這方面有許多例子，其中一個來自系統一群組（System 1 Group），它是一個行銷代理商，其公司名來自一個核心心理（與行為）的決策模型，該代理商在其網站上宣傳他們如何使用「行為科學與行銷科學，來協助品牌和行銷人員達到盈利增長」。正如他們的宣傳書《系統一解鎖盈利增長》（*System1 Unlocking Profitable Growth*）中所寫：「為系統一所作的設計 [10]（即避免客戶們產生有意識的思考），還能夠提升促銷活動和輔助銷售材料（point-of-sale materials，或稱輔銷物）的獲利能力。為了增加銷售率，購物者行銷（shopper marketing）必須幫助人們更快速、更容易、更有自信地做決定。」

我認為系統一這家公司並不是一個特別出色的例子。我個人認識一些裡面的成員，也認識一些類似公司裡的成員。他們之中的很多人都是非常理性的人，試圖跟上

---

7   Roberts（2015）（*https://oreil.ly/MhDyd*）

8   Murgia（2019）（*https://oreil.ly/skPIF*）

9   Schechner and Secada（2019）（*https://oreil.ly/Vt_Rg*）；h/t Anne-Marie Léger

10   Kearon et al.（2017）

對於心理學（特別是行為科學）有興趣的風潮，為客戶更有效地進行行銷和廣告，那些操縱手法往往不是他們創建的。

雖然很容易找到數位公司（或數位時代在網路上做廣告的公司）的相關案例，但這已經不是一個新的問題。該領域最偉大的先驅研究者之一 Robcrt Cialdini，經由二手的銷售人員[11]和其他相關人事的田野調查，來了解這些策略與研究說服消費者的技巧。以及，許多關於在賭場的生理和心理設計的分析[12]。這之間的區別在於，行為科學不僅在文獻中有貢獻，也特別針對數位產品有實務上的幫助。

研究人員和其他像我這樣的作者都在積極傳播這些技術。在我們的社群裡，我們寫下這些主題[13]：

- 使遊戲和應用程式變得「難以抗拒」，所以你就可以得到許多用戶，並且留著他們。

- 根據「產品如何影響我們的習慣」，創造具有習慣導向的產品。

- 運用行為研究來調整包裝、價格和其他因素，以創建消費。

- 運用行為心理學和行為經濟學的力量來突破這些無意識的過濾條件，並推動購買行為。

這幾年來，我已經認識了不少研究者。這些人正分享著科技技術，幫助產品設計師做出更好的產品 —— 讓使用者喜歡使用，並且想要使用該產品。他們企圖開發吸引人的行銷廣告，像是針對購買者族群做的量身廣告。但根據經驗，我們能討論的技術也以許多其他方式使用，並且並非如此有幫助[14]。

我自己的著作（包括這本書的第一版），顯然屬於這類。我們可能想要幫助用戶，但我們不應該忽視很多現存的問題。

---

11 Cialdini（2008）

12 Schüll（2014）

13 到 2019 年 6 月止，這些引用文句來自亞馬遜對 Lewis（2014）、Eyal（2014）、Alba（2011）與 Leach（2018）的書籍評論。

14 Nir Eyal 的書也許提供了最清楚的示例。正如一位作者在描述他的書所說的那樣：「用戶體驗專家 Nir Eyal 著名的書之所以大受歡迎，是因為它向開發人員確切地展示如何製造成癮。然而，讀者經常忘記 Eyal 給出了使用這種『超能力』的道德準則」，Gabriel（2016）（*https://oreil.ly/899Pr*）。

事情是怎麼開始走偏的？四種行為改變的類型

在前言和整本書中，我們討論了兩種不同類型的行為產品：

- 行為改變是產品對用戶最核心的價值。

- 當進行行為改變，用戶才能有效率地從產品中提取所需的值。

在第一種情況下，產品可以幫助使用者改變自己的生活內容，例如，運動彈力帶、睡眠習慣應用程式和一些正念的應用程式。在第二種情況下，產品使用行為技術，因此用戶可以更有效地使用產品本身。這類型的應用程式，可以使用戶自己量身定做屬於自己的展示，然後把重心放在上面。

以上兩個情況都有一個共通點：他們尋求幫助用戶做他們已經想要做的某事。這就是本書的重點。到目前為止，行為改變的另一種類型不是我們關注的重點，但是現在它必須變成重點：

行為改變是關於幫助公司達成目標，以及了解用戶不知道或不想要的東西。

從我在行業中看到的情況來說，這是最常見的類型，現在正是時候了。我們的行業使用消費者心理學、行為科學以及任何其他能夠將人們推向尚未完全意識到的事情的技術。而且如果他們知道情況的話，可能就不會想去做 [15]。

Facebook 所做的情感研究？那是關於 Facebook 自己，而不是幫助用戶。運用心理學推銷產品的行銷活動（無論產品是誰，受眾者是誰？）這顯然是在幫助企業獲利，沒有考慮用戶及其目標和需求。如果我們提到這些使人們不舒服（有效的說服或脅迫）的問題，則該研究也使所有帳戶用戶有所警惕。

為了公平起見，在很多情況下，企業並非有意的以不道德的方式使用行為技巧。但是，有時因為競爭壓力，企業不得不接受以欺瞞手段來誘騙用戶。誘惑利率（teaser rate）就是一個例子：由於銀行之間的競爭壓力，加上信用卡產業以往的操作方式，導致一個不穩定的初期低利率。往常來說，誘惑利率只會讓公司行號申請，因為接下來銀行會用高利率取代一開始的低利率（精明的人就會在這邊留意），或是利用使用者的行為啟動懲罰性的高利率，如此一來就能彌補一開始的低

15　除了前面 Brignull 所提到的暗黑模式的網站（*http://darkpatterns.org*）之外，Savard Shariat（2019）的《Tragic Design》中發現了（通常是無意的）不良設計會傷害用戶；h/t Anne-Marie Léger.

利率收益。理論上來說，如果信用卡公司在費率上更透明是最好的，但是如果任何一個公司這樣，反而會失去其市場占有率。雖然操控並不總是惡意的，但仍然，在沒有意識的情況下操控也是無法避免的 [16]。

那麼，解決方案是否只是「不要這樣做？」如果那麼簡單就好了。相反地，我們有毒害此領域的惡劣行動者、尋求令人上癮的產品，以及在產業中導致我們回到可疑用途的誘因問題。

為該領域施毒法

運用行為科學存在一種聲譽問題；用戶沒有簡單的方法，可以在公司和公司之間區分好和壞。特別當公司誇大行為科學如何有效改變行為時，人們可以假設行為技術在本質上是強制性的。也就是說，能夠使人們做自己不想要的事情。你覺得人們應該對像這樣的標題：說服代碼：神經市場行銷，能幫助你說服所有人、在任何地方、任何時候，和如何指使人們去做事：掌握藝術與科學的說服力和動機？有什麼指望？

不過，這是基於炒作，而不是研究的真實狀態。對研究社群的主要影響是無法複製的技術（即是，似乎沒有真正的效果），不清楚它們是否普及化（換言之，所有效果都是基於特定於情境脈絡的，我們並不完全了解特定技術在哪些情境脈絡中有用或沒有幫助），或者適得其反（也就是，具有積極意義的事物，在一種情況下有幫助人們的效果，但在另一種情況下實際上會使事情變得更糟）。因此，在本書中我們都談論實驗的重要性：行為科學有一套非常驚人的工具，但不是魔杖。而業界的炒作，使我們的工具看起來像魔術，而這使我們所有人都感到難堪。

除了告訴那些深思熟慮的公司，簡單地停止使用用戶不同意的行為科學方法之外，我們有一個問題是如何制止不想停止的惡劣行動者，或者至少讓大家有所區別。

令人上癮的產品

除了與用戶需求不符的產品，對用戶來說，還有一個非常有爭議性的問題：

> 行為改變可以幫助用戶執行當前需要執行的操作，但是我們知道他將來有可能會後悔。

16　參見 Gabaix and Laibson（2005）（*http://doi.org/10.3386/w11755*）的籠罩屬性模式；h/t Paul Adams。

有什麼行為是上述問題的例子呢？任何意圖使人上癮或吸引用戶的產品，且用戶並沒有要求讓自己上癮或被吸引的產品皆可羅列此處，從手機遊戲到社群媒體。我們可以看到一些反對的聲浪，如 Ian Bogost 在手機上貼的標籤（當時的黑莓機）——新世紀香菸，和一些來自紐約時報（https://oreil.ly/IN-h3）、華盛頓郵報（https://oreil.ly/9MB5B）和 NPR 新聞報導（https://oreil.ly/7KzUZ）[17]。這些產品可能直接傷害使用者（就像是香菸傷害人們的肺）或通過控制「**注意力經濟**」[18]：吞噬了用戶的時間和注意力，擠掉了他們和朋友、家人之間有意義的互動。

現在，上癮者一詞在該領域中，被廣泛地使用，但和醫學上所指的上癮有些不同。關於產品的上癮，是否在健康上有所問題，也是很多研究人員在討論的問題 [19]。

從我們這種為行為改變做設計的人的角度來看，問題點依然是存在的：如果產品或產品設計師試圖讓用戶成癮，那樣就有問題（即使未達醫學上的定義）。設計師在該領域中，試圖使人們上癮所使用的文字實在令人擔憂 —— 在 Mixpanel 中一份名為「上癮」的慶祝報告中到達了極端 [20]。數位產品為了在短時間吸引到使用者的注意，常常用一些勾引人的語句，然而這以長遠的觀點來看是不好的。因為終究用戶會做出一連串的選擇，而使產品導致不良的結果。作為一個行為科學的專業研究領域，我們應該要對我們所做的行為負責，大家也應該要有一起監督承擔的責任。

因此，我們可以簡單地說：「不要使人上癮」。的確，一些在這領域中勇敢發聲的人，像是 Clover Health 首席行為官 Matt Wallaert 一樣 [21]。但更多與明顯違背用戶意願的產品相比，這是一個很難解決的問題。自我調整只是一小步，而商業誘因是巨大的：確實可以吸引用戶的產品將會帶來巨大的利潤。

這使我們想到了**誘因**。簡而言之，當衝擊到公司的營運時，公司也會避免設計行為改變嗎？我們什麼時候可以客觀地認為，這是一項行為在道義上是可疑的，從

17　Bogost（2012）；請參見 Alter（2018）對上癮性產品及其影響進行詳細的書面分析。

18　感謝 Florent Buisson 提出建議，將「注意力經濟」收錄至本篇章中。

19　Gonzalez（2018）（*https://oreil.ly/r1_iF*）

20　該報告已從 Mixpanel 的網站上移除，但在我 2019 年 6 月登入時發布，其稱讚使用戶上癮的好處。

21　Wallaert（2019）

事該項目的產品經理、設計師和研究人員,是否會在採取行動時將其視為這種行為 [22] ?看來,在許多情況下,這些問題的答案是否定的。為了了解並應對這些挑戰,讓我們暫時繞開行為科學的倫理進入道德行為科學。

道德行為科學

無論是在行為科學,還是在較早期社會心理學的研究傳統中,皆有大量關於道德行為如何受到環境影響的文獻研究。

研究人員發現,我們的環境不僅僅影響日常行為,而且還會影響道德行為。環境中的因素影響我們的行為一事由來已久,例如 [23] :

- 當有人聽到另一個人在隔壁房間裡癲癇發作的哭喊聲,聽到聲音的人越多,有人回應的可能性越小。

- 人們更有可能在對方發出有意義的要求並尋求幫助時伸出援手,而不是無緣無故的事件。

- 當欺騙不會被發現、看到他人也有欺瞞行為,和把欺瞞合理化來幫助他人時候,人們更有可能做出欺騙的行為。

我個人最喜歡的故事是關於神學院的學生 [24]。在該研究中,研究人員讓神學院的學生做一項活動。在活動的最後他們必須前往另一棟建築物完成任務(然而,這些學生並不知道去另一棟樓的路程,實際上是研究的關鍵部分)。研究人員讓學生前往另一棟樓的緊急程度不同,出發前進行的活動也有不同版本。在一個版本中,學生準備討論神學院的工作;另一個版本,他們準備討論「見義勇為」的故事。研究人員將其研究分為三種等級,每個學生被要求以其中一種等級的緊急程度去

---

[22] 或是在背後,不論是蓄意地無知、或是憤世嫉俗的口頭禪「沒有設計是中立的」。因此,所有設計都是被允許的?

[23] 有關摘要,請參見 Appiah(2008)。這些例子來自 Latané and Darley(1970、Langer et al.(1978),與 Ariely(2013);最後的研究還總結了「自我欺騙」(self-deception)在日常生活中運作的方式,是什麼加劇了自我欺騙的因素(模稜兩可、以欺騙來幫助他人、看到他人在進行欺騙的行為),以及使「自我欺騙」最小化的方式(關於不誠實的清晰回饋,監督/監視)。

[24] Darley and Batson(1977)(*https://doi.org/10.1037/h0034449*)

完成這項任務。在每種情況下，神學院的學生都會經過一個倒在走廊上呻吟、咳嗽的人。研究人員讓觀察員記錄下這些神學院學生，是否會停下來幫助此人。

緊急程度很重要 —— 學生到達另一棟樓的時間越緊迫，他們停下來的可能性就越小。而出發前的活動（思考「見義勇為」的故事）則沒有影響。考慮到「見義勇為」故事的無效性，使研究更具戲劇性和趣味性。但是，研究真正重要的發現，是要求趕快改變這種道德的和樂於助人的行為是多麼簡單。特別是：

- 在最不緊急的情況下，有 63% 的人幫助了在巷口跌倒的男子。

- 在次要緊急的情況下，有 45％ 的人停下腳步，並提供幫助。

- 在最緊急的情況下，只有 10% 做到。

在一個短暫且大框架的情況下來看，大量無關緊要的細節（此人是否趕時間），對於人的行為有巨大的影響。坦白地說，這和我們是否善良或深思熟慮沒什麼關係吧？事實上大有關係，雖然也會想要譴責學生，但我們自己在日常生活中應該也發生過這種事吧？—— 當我們一直在思考某件事，而沒有把握機會去幫助有需要幫忙的人。

關於道德行為，以及其如何受環境影響的研究範圍，令人感到嚴重的擔憂：在這種情況下，人們何以在一種情況下是符合倫理道德的，而在另一種稍微不同的情況下，卻是不符合倫理道德的呢？

這也引發了關於成為一個好人或品德高尚之人意味著什麼的問題。Gil Hamms 得出關於避免內在邪惡的結論：「我們應該尋求會使我們會變得更好的情況，而對於那些不好的情況就要迴避」。或是像 Kwame Appiah 把此描述為：

> 富有同情心的人，可以透過這項研究來得到「感性的校正」幫助。了解我們如何看待這世界，利用它們來強化我們的好行為，並且避免不良的行為 [25]。

我們也會跟著錢走

這些文獻告訴我們什麼？我們從中學到的第一個課題是，人們光有好的意圖是不夠的；人們的周遭環境會影響道德行為，也同樣地會影響其他領域。而且，「人

---

25 Appiah (2008)

們」也包括我們自己（真該死！我們大多數人一開始都沒有神學院學生那麼有道德）。這種傲慢和自我欺騙（self-deception）的另一種想法，需要一個有效的結合。

我們處在什麼環境中？ 在我們運用行為科學的環境中，大部分並非直接幫助人們變得更加活躍與繁盛。許多企業真誠地希望他們的用戶能感到幸福和成功，但是他們運用行為科學的首要任務，是為自己增加收入。要麼透過行為科學來賺錢，要麼增加產品的獲利（無論用戶的興趣和需求如何）。或是，吸引用戶到在短期內看來很有趣，但從長遠來看，可能會對產品導致重大不利的影響。

企業都想要增加其利潤，這既不是新發現，也不一定是壞事；好與壞都來自我們自身的認定。不過，在產品社群、設計社群、研究社群中的我們，如果忽視我們會受到環境影響的事實，就會產生一個問題。我們應該預料自己會像任何其他人一樣，哪裡有錢賺就往哪裡去，並會以不道德或令人懷疑的方式，來運用行為科學。我們不應該天真的認為，我們的行為與意圖能夠分開。

然而，我們學到的第二個課題帶給我們的希望大得多。儘管我們自我欺騙的能力令人印象深刻，而且我們的環境可以用多種方式「輕輕催促」（nudge）我們採取不道德的行為，但是我們還是可以設計環境來**鼓勵**道德行為，也就是將我們的符合道德行為的意圖，轉化為行動。

前進的路徑：把行為科學運用在自身上

企業或個人如何改變環境，用以支持行為科學的道德用途？一旦開始思考關於行為上的問題，我們可以找到許多這樣的技術；特別是作為我們意圖與隨後的行動之間的差距。

評估意圖

與任何意圖行動差距一樣，我們應該回答的第一個問題是：我們是否打算優先考慮幫助用戶達到成功。換句話說，企業實際上是否關注我們在此處所定義的道德行為科學；即是，企業是否有想要幫助終端用戶，以透明和自願的方式來改變行為嗎？

這不是一個未經思考的問題，也不是在反面即是邪惡的一方或充滿惡劣之人的問題。許多企業對於從未做過的事情，或為員工提供穩定的工作之中，發現了自己

真正的優勢。同樣地，大多數諮詢公司最關心的是為客戶提供價值，而不是判斷這些內容對終端用戶來說意味著什麼。這並不表示其與生俱來就是不好的企業；這些企業只是與本章接續要討論的內容無關。即使在我們自己企業的內部，行為改變也應該是自願且公開透明的！

評估行為阻礙

你的企業可能已經在使用行為科學，並且可能有個預感覺得未來（或現在）可能會發生一些麻煩事。如果這項挑戰不會涉及道德上的問題，那麼可以用本書提到的 CREATE 行動漏斗來除錯。如果這項挑戰是現有的習慣問題，先尋找這些習慣的提示，並想辦法破壞他們。首先，檢查核心誘因。儘管行為科學可以為人們的一些決定提供出現細微差異性的原因，像社會提示或是其他因素，但是從最簡單的經濟原因開始，通常是一個最好的起點：我們做那些我們被付錢被要求做的事。如果你的企業尚未開始運用行為科學，但你擔心哪些事情可能會在未來發生，再一次提醒，從基本的誘因（不是意圖）開始，通常會是最好的起點。

具體的阻礙或挑戰很重要：這裡不再有魔杖，也比行為改變工作的任何其他部分都要多。話雖如此，我們可以指出一些可能有用的技術，具體取決於企業裡，特定要面對的行為障礙。

用道德倫理清單來提醒自己

把道德放在行為科學應用的首要考量和中心的一種簡單方法，是使用一個較粗略的清單自我提醒。你認為在一個項目中什麼重要？請把它們列出來。將其壓縮為幾個問題來評估每個項目。這就是我們在 Morningstar 團隊中所做的事情。然後，印出清單或那組問題，放在明顯的地方，和自己小組以外的其他團隊一起討論。

與其他行為一樣，我們常常無法按照自己希望的方式採取行動。因為我們被其他事情轉移注意力，失去專注力或忘記要進行的事；所以，建立清單可以有所幫助。

該領域的幾個小組已經設立了一些道德指南，從 Jon Jachimowicz 與其同事在 *Behavioral Scientist* 線上雜誌中所提到的「行為科學家的道德清單」（Behavioral Scientist's Ethics Checklist）以及在荷蘭金融市場管理局（Dutch Authority for

Financial Markets）的「關於選擇架構的原則」（Principles Regarding Choice Architecture）[26]。

這裡有些我認為適用於此目的的規則：

- **不要試圖讓人們沉迷於你的產品。**這是非常明顯的，但是我還是要再重申一次。

- **不要傷害你的用戶。**有句我常跟團隊分享的話，是始終保持我們的工作「中立至良好」，明確幫助或做用戶不會介意，或不傷害用戶的事情。有時候，我們可能很難斷定這樣是否在幫助用戶，但若公司同事也認為會傷害用戶的話，那麼這就是一個警訊了。

- **公開透明：告訴用戶你在做什麼。**直接告訴用戶你的身份，這樣做不會造成問題，並且可以輕鬆地檢查多餘的部分。一個相關的技巧，是想像你的工作成為頭版新聞——你的用戶會難過嗎？貴公司能生存嗎？這項技術很有用，但這是假設的。最好的方法，就是和他們正面溝通[27]。

- **確保行動是自願的。**用戶應該能夠決定是否參與產品或服務。例如，一個應用程式用來監督員工在工作上是否有效率的應用程式不是「有選擇性」的。這個工作可以是有選擇性的，但這個應用程式卻不是。

- **問問自己是否想要其他人鼓勵你使用該產品。**該產品真的是設計來幫助你的嗎？你會不會也推薦你的小孩或父母使用它？

- **詢問其他人。**尤其是陌生人，問問他們是否能信任這個應用程式。

---

26 Jachimowicz et al.（2017）（*https://oreil.ly/qQkfx*），Dutch Authority for the Financial Markets (2019)（*https://oreil.ly/Z-E1b*）；h/t Julián Arango。

27 告訴別人你在做什麼，不一定意味著要公告一張告示牌說「你看，我們正在測試此按鈕的顏色對速度的影響。」這反而給用戶帶來惱人的體驗，並且處於一種評量干預措施的影響力不切實際的環境（參見第十三章中的實驗）。相反地，這意味著你要清楚你正在做測試，以及你想要完成什麼工作。感謝 FumiHonda 提出了這個問題。

創建一個審查機構

建立清單很不錯，但如果你沒有使用或習慣性的將清單上全部的問題機械式的一件件劃掉，則價值性不高。擁有一個外部的審查機構（不論是在團隊外部，或甚至是公司外部）是有幫助的。在學術界，人類研究倫理審查委員會（IRB）發揮了這一項作用，在審查各研究為倫理把關。

大多數的私人公司不與人類研究倫理審查委員會（IRB），或其他外部機構合作，不過他們可以輕鬆創建一個獨立的內部組織。但是，請不要忘記我們在自我欺騙中的討論：當審查機構與被調查者之間的關係越緊密（當審查者越把調查視為朋友或同事的支援），其價值越低。換句話說，讓外人或是討厭鬼來加入審查機構是不錯的方法！

移除敷衍因子

Ariely 與 Mazar 等人，在自我欺騙（self-deception）研究中得到的關鍵教訓之一是，自我欺騙依賴於「敷衍因子（fudge factor）」：一種透過稍微改變規則的能力，就將自己視為誠實的人 [28]。在模稜兩可的情況下，該敷衍因子的程度是最大的（當你不清楚你是否真的違反規則），以及在很容易將違反規則合理化的情況下（當你幫助他人，或當你看到別人違反規則的時候——如前所述）。

為了防制自我欺騙，我們應該試著去限制敷衍因子，尤其是模稜兩可與合理化。為了消除這些不明確的事，我們可以制定非常清楚的規則，一種非常通俗易懂的內部政策。或者，我們可以建立一個回饋的系統，經常檢查自己是否偏離了內部規則。為了消除合理化，最好的辦法就是刻意地設立一個道德參考小組；我們可以確保公司的高層主管為企業定調，不僅不道德的行為不被接受，而且從長遠來看，也不會幫助該企業或者其他員工進行不當行為。

提高賭注：運用社會力量來改變誘因

我們可以透過另一種方式，我們可以有意地提高賭注和向他人告知我們的承諾，以防道德迷失。換句話說，我們不只是要建立一份清單：告訴你的客戶、你的員工、你的朋友和家人，你做出了特別的承諾。告訴他們你在設計產品和運用行為科學時，是遵守這些規則的。

28　參見 Ariely（2013）的相關摘要。

如果你的公司享有良好的誠信（理想情況下貴公司亦然），這意味著可以利用這種聲譽來保持自己不要走偏；當你走偏時就有風險。作為這項技術的一部分 —— 公開如何運用行為科學是好事，同時也幫助你不要走偏的風險。如果這剛好與公司文化相符，你也可以用帶有一點教訓的口吻：說出那些濫用該領域的其他小組。除了可以幫助清理行為科學的專業領域，還有一個附加影響：因為人們真的不喜歡偽君子，所以這個方法有走偏的風險。

記住基本歸因偏誤

在公司中改變行為的努力，增加了額外的複雜性：在公司內部可能會有考慮周全的諸多意見和優先事項。公司可能不會喜歡道德行為改善方法 —— 並且認為這是不必要的。而且當公司不喜歡，就很容易的把這些想法看的很天真、在騙公司，或是本身不道德。然而，這有些問題。我認為，身為行為科學家，我們都可以從假設我們都會犯錯開始；假設人們都企圖要做好事，但就跟我自己一樣，沒有一個人是完美的 [29]。嘗試克服基本歸因偏誤只要一小步：認定其他人的「不良行為」是因為他們是壞人，而對於我們自己的「不良行為」，我們有藉口開脫。

還要使用法律和經濟誘因

行為科學提供了許多套工具，來彌補意圖和行為之間的差距。雖然有時候確實有惡劣的行動者，他們沒有意願要公正對待客戶、員工、或其他人 [30]。在這種情況下，我們不應該害怕使用更多傳統技法來規範被濫用的行為（法律處罰和經濟誘因）。法律途徑可以包括被倡議的 DETOUR 法規，在撰寫本文時並不完善，但可以修改並進行重組，來提供周全的法律監督和處罰，以彌補不足之處。經濟誘因可能包括對個人資料的利用和轉移行為予以課稅（使一些欺騙作為比較無利可圖）。

29　又稱「漢龍剃刀」經驗法則：「能解釋為愚蠢的，就不要解釋為惡意。」; h/tPaul Adams。參見維基百科 Wikipedia（*https://oreil.ly/_Lwok*）中有關此格言的歷史紀錄。

30　感謝 Clay Delk 強調需要使用工具來處理蓄意的不良行動者。儘管有各式各樣的架構可以用來組織行為規範的工具，但我最喜歡的架構來自 Lawrence Lessig 的《網路自由與法律》（*Code*）（Basic Books, 1999）：法律、市場、建築、規範。行為科學傾向於把重點放在建築和規範上；我們永遠不應該忘記法律和市場的力量。

為什麼設計行為改變特別敏感？

到目前為止，我們已經討論了該領域被濫用的行為以及如何應對。但是，這些濫用行為是特別針對行為科學嗎？我認為不是。我們不應該設計會使人上癮的產品 —— 不管是否運用行為科學。我們不應該欺騙用戶購買他們不想要的東西，也不要欺騙他們在不知情的情況下給予「許可」，藉此取得用戶的數據。

行為科學為設計（要改變什麼）和評量（如何知道是否奏效）提供了一套概念。設計的概念來自何處不太重要，重要的是，變革的目標（目的）和如何進行（手段）本身，是否合乎倫理道德。換句話說，對於這個問題：「何時使用行為科學來改變用戶行為，是合乎道德的？」最簡單的答案是：「那其實是和使用非行為科學的技巧，合乎道德地嘗試改變用戶行為的情況，是一樣的。」無論使用或不使用行為科學，我們都不應該容忍不道德的作法；而符合道德的設計，不論是否使用了行為科學，應該都是沒問題的。

儘管從理論上來說是正確的，但實質上並沒有太大幫助。像是在產品設計中讓用戶不舒服的行為科學就很不一樣。我們可以試著去理解原因。從用戶的角度來看，以下四個因素可能會有作用：

說服力（*persuasion*）

　　人類天生對於認為任何產品都在試圖「讓」我們去做某事這種想法感到不安。

效用力（*effectiveness*）

　　當一種技術似乎普遍有效時，特別令人不安。也就是說，它迫使我們採取行動或採取某些行動，而我們對此無能為力。

公開透明（*transparency*）

　　把這項技術隱藏會更糟糕；我們永遠不知道會發生什麼事，或只能在事實發生之後（並因此而感到被欺騙）。

注意力（*attention*）

　　行為科學中包含「行為」一詞，並明確談論嘗試改變行為。這引起了我們的注意，而在另一種情況下，我們可能不知道。

前三個因素（說服力、效用力和公開透明）並沒有行為科學的問題。我們應該要對它們保持在意；在做違反某人意願的東西（有效威脅），尤其是在他們不了解的情況下（即沒有公開透明），就會引起一些麻煩問題。

然而，就注意力而言，行為科學是特殊的。人們更加關注對行為科學的使用並因此更加不安。在設計和研究社群裡，我們應該要關注此事，而非摒除行為科學因為其受到不平等對待。我們應該善用此得到的注意力，來開誠布公地談論關於說服力、效用力與公開透明。

如果我們正在做一些事，使人們無法專心，那這是一個很明顯的跡象，表示我們不應該這樣做。是的，絕對有這樣的情況（不論是否有行為技巧），當意識到產品是如何被設計與其功能時，人們理所當然地會感到沮喪。換句話說，讓我們將行為科學應用於我們自己，以引起關注、仔細檢查和特別注意我們的領域，以提高不道德行為的賭注。因為到頭來，我們還是需要它。

總體的行為資料與用戶資料

在本章中，我們可以很輕易地將「行為科學」一詞用「有關用戶的數據資料」來代替，而且所面臨的挑戰幾乎相同。近年來，我們發現用戶資料遭到了同樣的信任破壞（實際上，一些公司也是如此）：幾乎每天都有公司出售我們的資料，而不是將這些資料小心謹慎處理等等。與運用行為科學的問題類似，這是關於用戶對他們個人成果的控制，以及資料處理過程中所發生的事情的透明度。

關於如何適當地處理用戶資料，人們進行了積極的辯論 —— 坦白說，已經有比此用戶行為技巧的討論，更好地發展和更深思熟慮連接的規範。歐盟的 GDPR（一般資料保護規則 General Data Protection Regulation，GDPR），和很快也會有此規範的加州、華盛頓州和美國其他州，這些政府正在制定適當使用用戶資料的標準。

就 GDPR 而言，新規則圍繞著一些簡單的公開透明原則和控制：用戶資料應該透明化，並且控制權應該保留在資料相關人的手中。儘管這些規範尚不完美，但這些規範提供了一個不錯的模板。這改變了科技公司和其他資料搜集者的動力，如果公司不遵守規則將面臨大量罰款和處罰。一些公司將始終嘗

試規避這些規範,然而這些規則設置了一條明確的基準線。這幫助引起消費者、數據科學家和其他人對這一項問題的關注。

但是,在行為社群中,尚未出現任何這樣的政府指導方針。參議員 Warner 與 Fischer 提出的擬議法律將制定這樣的規範,但是若目前還未成形,我們應該尋求自己制定這些規範。

小結

這裡是你需要知道的:

- 雖然總是有灰色地帶,但道德行為的改變不是主觀的、模糊的東西。在我們的產業中常有一些操控的可疑作法,被記者和監察機關戳破。我們應當要清理我們的行為。

- 其他學科也有操控手法(例如,Cialdini,從二手車的推銷員那裡學到的東西),但是設計行為改變的審查過程也極為重要,尤其我們有意大規模地這樣做。我們應該要接受進行詳細的審查,模糊不清絕對不是一個堅實的道德辯護藉口。

- 我們確實需要工作準則。例如:

  — 不要試圖使人們沉迷於你的產品中。

  — 只有在用戶能受益的情況下,才使用行為科學。

  — 告訴用戶你在做什麼。

  — 確保用戶在做行動的時候,是有選擇性的。

  — 問問你自己或其他人,是否也會想要使用此產品。

- 雖然我們都身為人,光靠準則還不夠。和任何人一樣,我們會敷衍事情和忽略規則。將行為科學運用在自身表示:

解決誘因

如果你的工作是促進銷售，那麼你就要促進銷售。如果你沒有清楚的目標來確保客戶會從你的產品獲益，那麼陷入模糊的領域就太容易了。

劃清界線

確保你設置的任何指南簡單清楚，因此任何人都可以合理的談論自己權益是否受到侵犯。

設立獨立審查

是否有第三方機構（除了自己的團隊以外），用來審查產品設計上的行為科學？

支持法規

是的，前面就提過了。雖然 DETOUR 的法規還是存在著一些缺點，但我們將會有一些更好、更周全的法規出現。無論是否喜歡，使誘因一致、劃清界線和支持獨立審查的最佳方法，就是要追究我們的組織不這樣做的法律責任。法規和懲罰就是在強迫使人們注意到這個問題。

避免強迫並不意味的著鼓勵用戶做他們想做的任何事情。公司將必須對自己想要的行為堅持立場。「節食」和「吃下想吃的所有食物」兩件事對要減重的人來說是截然不同的。一種（有的時候）有效，另一種則無效。你可以談論，並坦率地表達這種立場。如果你正在這方面幫助人們，請放手去做吧！但記得要給人們有自己做選擇的權利，並保持公開透明。

許多類型的產品，甚至那些明確具有強制性的產品，也可以是好的且有用的。用於居家軟禁的電子腳鐐可能屬於這一類型。整體來說，社會因為電子腳鐐的使用而變得較好。但這是另一種我們打算開發的產品，而這也應該要受到審查和謹慎思考。在這裡，我的目標是激發人們能夠自願改變行為的產品的想法，以便我們明確的知道我們在做什麼，以及我們用來影響用戶行為的手段。

對於一本針對實踐者的書來說，談論產品倫理可能是一個不尋常的話題。但是，我們不能將倫理道德外包。我們應該為我們的工作感到自豪。這部分意指要仔細檢查該產品是否確實是自願性的產品、對試圖要改變的行為保持坦率，並設法為其用戶做出有益的改變。

第二部分

行為改變的藍圖

第五章

DECIDE 流程摘要

Walmart 和 Sam's Club 的應用行為科學團隊，了解大腦如何運作且思維與行動之間經常存在一段差距。例如，即使消費者知道自己對他們的產品有興趣，也不一定會再次回到商店中消費。他們知道光是知道理論還不夠；想要將這些想法付諸實踐，就需要循序漸進和可重複的過程。

Walmart 與 Sam's Club 的應用行為科學團隊負責人 Min Gong，將這個步驟稱之為 4-Ds：

- 定義（Define）商業案例和問題

- 診斷（Diagnose）現狀和改變的機會

- 設計（Design）和測試針對該問題的建議解決方案

- 決定（Decide）是否擴大規模並更廣泛地執行該解決方案

例如，近期團隊被要求協助 Sam's Club 推動店內旅行和會員制度。首先，他們與商業夥伴更緊密的合作來定義問題和約束條件。他們在一起發現了真正需要的東西是一種具有成本效益的行銷策略，這有助於解決客戶的行為偏見，並能讓他們繼續訂閱會員資格。

該團隊研究了 Sam's Club 會員的現階段參與和續約決定，發現了當前與期望行為之間的差距，並制定策略來領導商業影響的習慣。他們基於此設計了 20 幾種不同的 RCT（隨機對照試驗或 A/B 測試），並做了六輪的測試。就如同 Min 所說的，「我們通常花 70% 的時間在解決方式上進行迭代（iteration）；這不是你想要就能夠立刻看到成果的東西。」

一個致勝的想法，是用一種漸進式的獎勵計畫，藉此讓顧客回到商店光顧，維持長期的關係和養成習慣。考慮到其影響力和低成本，他們決定要在 Sam's Club 實踐這項作法。這項清晰又可以被複製的流程，使該小組可以專注於把這些洞察轉換到實際的商店上。

了解還不夠！我們需要流程

到目前為止，我們已經介紹了最簡單的部分：了解大腦如何運作。我們也開始學習如何干預決策與選擇，以幫助人們做的更好。不過有一個問題，當這些干預產生不了作用的時候，或者，更精確的來說，當你沒有做深思熟慮的考量時，這個干預也會起不了作用。這是因為所有的新產品和產品功能，不論是否和行為科學有關，當你把它從現實生活環境和目標族群脫節，就不可能在這些用戶的生活中產生有意義的效果。

行為科學有助於我們了解環境如何深刻的影響我們的決定和我們的行為。有一項技術測試是在一個環境中（例如實驗室），和在現實生活中所產生的反應會有所不同。為了有效地設計行為改變，我們不僅需要了解心智，我們還需要一個流程來幫助我們找到正確的干預措施，針對特定受眾和情況找到正確的技術。

這個是一個什麼樣的流程呢？我們將其視為六個步驟，縮寫記為 *DECIDE*：這就是我們在產品和溝通上，如何決定正確的改變行為的干預方式[1]。

首先，定義問題。誰是我們的目標族群，我們想要得到的結果是什麼？第二，探索情境脈絡。收集關於受眾和其環境質性和量化的數據。如果可以，在真正創建產品以前，先是想要怎麼做比較可行且更吸引我們的用戶。

1　對於那些讀了本書第一版的人來說，你會發現此版本的結構不同。第一版的內容分為三個階段（發現 - 設計 - 精煉），在此版本中分為兩個部分，來更明確地描述你所需要完成的步驟。核心思想很類似，但是結構不同，我在此過程中添加了新的細節和方法。

從這裡開始精心策劃干預——在產品或溝通上改變行為的功能。我們同時策劃了概念設計（產品應該具備什麼功能）和介面設計（產品外觀的樣子）。在我們準備執行干預措施時，我們也要考慮倫理道德，以及如何使用產品和追蹤結果。

最後，在現場測試新設計以判定其影響力：最終是成功了，還是失敗呢？根據評論，再評估下一步。足夠好了嗎？由於第一次沒有什麼是完美的，因此我們可以透過迭代來使其更完善。

總之：

1. 定義（Define）問題

2. 探索（Explore）情境脈絡

3. 精心策劃（Craft）干預措施

4. 在產品中執行（Implement）

5. 判定（Determine）影響力

6. 評估（Evaluate）下一步

關於產品

行為改變的設計過程在許多情況下都可以使用：新產品或產品功能，完善現有產品或開發行銷或溝通。為了便於閱讀，我統稱為開發一個「產品」。對於描述「整個產品」與「其一個功能或溝通」的區別很重要，我在文字中都會說明。否則，產品一詞普遍用於我們可以建構改變行為的東西。

需要強調的是，整個設計過是不斷迭代的。那是因為人類的行為很複雜，因此，是很難的！如果你可以簡單地施展魔法就可以人們改變行為的話，我們就不需要一套細節過程在設計行為改變上（這將非常令人不安）。此外，我們需要學習一套週期性的過程，能夠知道使用者和他們的需求。整個過程中最容易被忽視，但也是最重要的部分，不是一個好主意和熟練的行為科學技巧；而是仔細評量我們的努力哪裡做錯了，並同時有意願和必要的工具幫助我們從錯誤中學習。請見圖5-1。

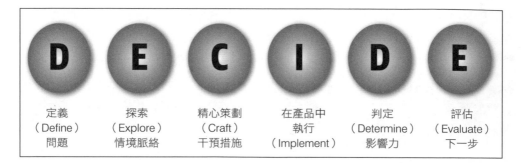

圖 5-1 DECIDE：這是一個運用行為科學來刻意改變用戶行為的六階段流程

本書的第一部分奠定了基礎：了解大腦如何做決定。DECIDE 以此為基礎，在此之上建立真實的、有影響力的產品。但是，請不要過度誇大其獨特性。

這個流程很常見

行為科學領域現已發展到純熟的狀態，可以應用於產品和溝通上。最初在本書第一版被撰寫時，一些組織例如英國的 Behavioural Insight Team 和美國的 ideas42 開始做這些事，但是在當時並未廣為流傳。現在（仍然）有很多有關偏見和助推的書籍，而本書則是第一個討論到這個觀點和流程的公開指南之一。

現在一切不同了。ideas42 有一個公開的流程 [2]；Dilip Soman 的書《The Last Mile》（Rotman-UTP Publishing，2017）即概述了如何「策劃行為改變」。Clover Health 的 Matt Wallaert 近期出版了一部有關設計干預流程的書，坦白說，以上都非常相似，感覺上這些都參考了本書所提到的過程。其實並不是如此，相反的，應該說我們大家都參考了科學的方法和一些常見的常識。

在較高的層次上，我們都有些類似的想法。因為回顧起來，這就是要有效地完成這項工作所需的條件。我們需要關於人類行為的基礎知識。在第一章到第三章中，我介紹了在設計行為改變以前，你所需要的基礎知識。其他像是 ideas42 和 Soman，同樣也是以此為前提。我們需要研究特定情況和眼前問題的一些細節（ideas42 的術語為「定義與診斷（Define & Diagnose）」；Irrational Labs 的術語

2　他們將其適應於不同的應用領域，但是核心是相似的。有關案例，請參見 Darling（2017）（*https://oreil.ly/i16qH*）。Irrational Labs 有本工具書《*Hacking Human Nature for Good*》（2014）由 Dan Ariely, Jason Hreha and Kristen Berman 所著。

為「行為診斷（Behavioral Diagnosis）」）。我們需要提出一個建議的解決方案並執行它（Soman 的「選擇推力與手段（Select Nudges and Levers）」）。之後，我們需要查看是否成功，如果沒有，則進行迭代。知道了這些後，作為一個領域，我們現在即有了設計行為的藍圖 —— 雖然我們所描述的每個步驟的細節都不同，過程中某些特定例子的步驟也有所不同。但是總體上來說，這是一個共享的藍圖。實際上，從很多方面來說，這是一個與設計社群共享的藍圖；存在許多類似的設計和問題解決的框架。最初成立於 2004 年，設計委員會（2019）的雙鑽石（Double Diamond）設計流程，即是一個有名的例子。這是一種非線性的設計過程與問題解決方法。

因此，如果你選擇不用我提供的流程也沒關係。只要你選擇一些也是經過精心設計和有詳盡過程的方法都很好。真正重要的是細節內容：你如何執行實際操作，你用哪些工具來仔細診斷行為障礙，以及你如何選擇干預措施。用一個設計中使用通用術語來說，這是你所產生的「人造物（*artifacts*）」和特定流程，可以用來產生重要的內容，這也是我們接下來要討論的。我希望本書之後介紹的工具，將對你有所幫助，能夠讓你將行為改變應用在你的工作中 [3]。

細節至關重要

具體而言，圖 5-2 顯示了 DECIDE 的六個階段，可以應用在設計行為改變，並達到特定交付成果。此流程向你說明了每個階段的特定產出。

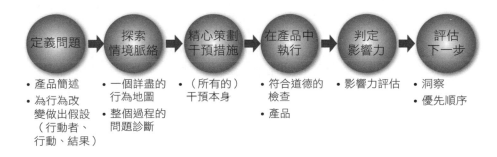

圖 5-2 在流程的每個階段進行設計行為改變的產出

3　詳細流程與其他作者或許有很多相似之處，我也都會引用出處。我們每個人都試圖解決相同的基本問題。我認為這本書比大多數的書更全面、更詳盡的介紹工具。最後，重要的是什麼可以幫助你和你的團隊在用戶體驗上有所精進，就善用本書你覺得適合的知識吧！

我們來假設，有一間公司（或非政府組織、政府機構或個人企業；為製作行為改變產品的方便考量，我使用「公司」一詞用以代表任何個人和組織）要開發一個產品。

首先，公司要了解我們如何制定決策，以及我們的認知機制如何支持（或阻止）行為改變。這兩個主題包含了行動的先決條件，例如我們前面章節所提到到 CREATE 行動漏斗。從這裡，我們要進一步探討 DECIDE。以下是 DECIDE 流程如何運作，以及在每個階段的產出：

1. 定義（*Define*）

    掌握了這些知識之後，我們就可以了解公司想要達到的成果和產品的目標族群**成果**。也許公司尋求一個充滿（新）健康的世界。然後公司確定要使其更健康的特定族群（例如，上班族），及其認為會有所幫助的行動（例如，多走一些路）；那是*行動者*和*行動*。如果公司正在用一個現有程式，那麼該行動可能出現在現在有瓶頸的地方（例如，上班族使用現有走路程式，而人們卻不經常出現）。

2. 探索（*Explore*）

    掌握了這些目標後，就該實際地考察一下這些目標了，查看這些目標是否實際上是現實和明智的。目標族群如何看待這些行動？我們可以採取哪些替代行動，以及我們如何評估他們？探索關於收集我們需要的**數據**，來做更好的判斷，提供使用者一個更深思熟慮的設計。

3. 精心策劃（*Craft*）

    該公司制定了一項或多向**干預措施**，以幫助你克服障礙，並寫成一個行為假設的故事，說明使用者如何和產品互動。透過改變行動本身、環境和用戶的準備行動來逐步建立干預措施。

4. 執行（*Implement*）

    接下來，是時候創建產品了。我們退一步去檢視產品是否合乎道德標準。如果一切順利，我們就可以將產品上線開發了。自然也會有工程上的權衡發生，而團隊同樣會對其行為影響做審查。

5. 判定（*Determine*）

　　一旦產品的某個版本準備好進行現場測試，團隊便開始收集有關用戶行為的質性和量化數據，來形成初始產品性能的影響評估。

6. 評估（*Evaluate*）

　　對該數據進行仔細和結構化的分析，可以為你帶來洞察和想法去改善產品。這可以引導團隊成員修改既有的產品概念，包含他們的目標族群是誰又如何做，並產生一個新的行為地圖和相應的干預措施。這個過程可以持續進行，直到達到一定的影響力。在每次修訂時，團隊進行改變並評量這些更改如何影響用戶行為。

如果公司已經擁有現有產品，並想要對其進行精煉（refine），則流程很類似，但通常時間更短更集中。這一樣會是從一個問題開始，然後是一個已存在於產品的挑戰或瓶頸。但是，不用像是在創建新產品一樣，總是要從零開始，公司應該已具備可用的數據基礎在用戶行為模式上——可以從中確定障礙和問題原因。公司內部將對需要完成的事情有強烈的看法，這樣有好也有壞。這使分析更加容易，但也使得查看其他解釋變得更加困難（這就是所謂的確認偏誤）。有鑑於此，我們可以刻意花費一些時間，在探索過程中重新創建那些「顯而易見」的解決方案。我們可能會發現新的途徑和機會，在這種情況下，剩下的過程變得更像新產品的開發工作。

既然我們身為人：實用指南和活用習題

先前，我提到了只是了解如何改變行為是不夠的，因為我們的干預措施需要調整，和針對特定的目標族群和環境。的確，我們需要一個流程來設計行為改變。但是，還有另一個值得一提的事：我們身為人，人性也因此存在。我們不太可能將前面幾章節的想法付諸實踐。這一系列有關於我們的偏見故事可能使我們開心，甚至可能激發我們做出非常與眾不同的產品，但這與有效地改變我們的行為不相同。

我們應該將行為科學的視角應用在自己作為產品經理、設計師和研究人員上，思考和克服我們的自身障礙為行為改變而設計。最好的方法之一，就是寫好書面流程清單和工作表，因此，我們不需要依賴超載的系統二來解決問題。在本書之後的多數章節中，我也會提供一些實際操作的習題供讀者練習。

這些內容完整的收錄在此題本（*http://oreil.ly/behaviorchange-wkbk*）中，為你提供實用的工具，幫助你在工作中來設計行為改變。

我是這樣規劃的：從第一章到第三章中，是大多數的人希望從設計行為改變裡學習到的知識。而本書剩下的章節，則是我自己真誠的認為需要有效地做到的事。所以請跟著我的腳步，我們將要談到行為科學的過程、清單和實驗性設計，並不是因為他們很受歡迎或令人興奮；更多的是，這些知識能幫助你成功。

自我練習

從本書的第一部分開始，我們對應用行為科學背後的理論有了很好的了解。現在是時候要將這些概念開始整合應用了。運用行為科學來奠定行為設計的藍圖；許多團隊也獨立提出類似的成功方法。本章節介紹我們對此共享流程的看法：DECIDE。本書的第二部分開始，將會深入探討每一個步驟，你也會在每個章節最後找到課後練習，而你可以自己練習使用這些技巧。

以下是你需要做的。不同的研究團隊，會因為各研究而有些名詞差異，不過我們大可總結一下 DECIDE 的流程：

1. 定義（Define）問題 —— 確定與你一起工作的人（actor 行動者），你和你工作的對象正在努力完成的工作（outcome 成果），以及你計畫如何實現這一項結果（action 行動）。

2. 探索（Explore）情境脈絡 —— 了解有關用戶的使用脈絡，以及其採取的行動，並幫助使用者讓初始行動計畫與現實狀況並進。

3. 精心策劃（Craft）干預措施 —— 一個新的頁面、功能、產品、溝通方式等等，能幫助某人克服他們面臨的障礙。

4. 在產品中執行（Implement）—— 在產品、功能或溝通中建立新的干預措施，設立指標和行為追蹤，並把它們視為產品的一部分。

5. 判定（Determine）影響力 —— 透過評估用戶的反應，來檢查是否影響你想要的結果。

6. 評估（Evaluate）下一步 —— 透過學習如何更進一步提高其影響力，以及判斷是否需要進行其他迭代。

DECIDE 流程從根本上來講，是解決問題的方法：因為活用行為科學最好的方面，就是可以幫助你的用戶克服生活中的選擇障礙和在生活中做正確的行動。這是一個以用戶為中心的設計和其他社群共享的流程。

行為改變設計與一般問題解決流程不同的地方，是你在使用過程中所使用的特定工具；例如，使用特定流程用於辨認行為障礙，我們將其稱為**行為地圖**（behavioral map）。我們也能理解人們可能會誤解用戶行為改變的很多種方式，因此，用工具進行嚴格的客觀評估。透過一套特定的行為技術，研究人員多年來發現的：從引誘束縛到實現意圖。這些特定工具將是我這本書其餘大部份會討論的重點。

練習題本

請查看第二部分每個章節裡的活用習題，這將幫助你靈活運用每個章節裡的技術。你可以在 *http://oreil.ly/behaviorchange-wkbk* 中完整的下載這本題本，裡面已將所有章節的活用習題集合於此。

第六章

定義問題

定義
（Define）
問題

探索
（Explore）
情境脈絡

精心策劃
（Craft）
干預措施

在產品中
執行
（Implement）

判定
（Determine）
影響力

評估
（Evaluate）
下一步

如果你目前在為將來存錢，你的目的是什麼？我知道這個問題聽起來很奇怪，但是如果我幾個小時後再問你，你的答案可能有所不同。那是因為我們傾向於用容易想到的方式回答這樣的問題，要麼是因為那件事我們經常考慮，或者是我們最近才接觸過的事情。

如果我在你經過一個高級住宅區後問你這個問題，你可能會回答，我打算要買一棟舒適宜居的房子。如果你剛跟在醫院身體正在恢復中的爸爸聊天，你可能會回答，我打算要投資未來的醫療費用。實際上，兩者都是正確的，而你也應該很難去說哪一個比較重要。

在 Morningstar，我的團隊認為這是一個美國人每天都要面臨的問題。我們發現研究紀錄指出在特定情況下，例如 MBA 學生沒有為他們的暑假實習目標提供適當的答案，或是一些公司主管沒有就公司目標給出適當的規劃[1]。如果是這

1　Bond, Carlson, and Keeney (2008); Bond, Carlson, and Keeney (2010)

103

樣，這表示真正的挑戰是我們要如何鼓勵人們進行儲蓄和投資。因為知道人們為什麼要儲蓄，是幫助他們堅持著這個習慣的關鍵，並隨著時間的推移幫助他們達到儲蓄的目標。

我們決定在兩個族群中評估這個問題：一個是美國 18 歲以上的職業人口樣本，另一個是專門針對投資者的子樣本。我們想要確定目標不穩定是否在實際上是一個值得被解決的問題，如果是這樣，測試可能有幫助的潛在行動：使用目標總清單（master list）來提示人們進行更廣泛的思考。

考慮到成果（減少目標不穩定）、行動（總清單）和兩個目標的族群，我們可以設計一種具體的干預措施：一種可以幫助人們分析自己的目標的線上工具。的確，我們發現這兩者似乎都是主要的問題，並且可以解決。在隨機對照實驗中，用不同的測試方式，詢問人們關於他們的目標。我們發現在介紹我們的工具時，將近四分之三的受測者重新評估，且更改了最初回報前三個目標，甚至有 24% 的人改變了他們原本設立的第一目標。

整體而言，與最初回報相比，參與者的新目標是長期且更具體的。我們發布了結果，並為我們的客戶在軟體工具中實執行了這一概念。這是可行的，因為我們一開始就對問題有清晰的理解，我們尋求推動的成果，以及行為者將採取的特定行為行動 [2]。

當產品團隊沒有一個明確的問題定義

我想我們都曾經有一個經驗：將為期六個月的專案擠進了兩個月的時限中，看不到盡頭。剛開始，有人認為一切都很明確且充滿熱情，我們當然知道我們在做什麼，所以持續的在建構此產品。然而，六個月過去了，當你回頭看，卻赫然發現時間不知何時已流逝，產品仍然延宕中，而且還可能要停產了。

以我的經驗來說，許多不良設計的根本原因，是因為在改變行為或其他因素所做設計時，一開始就不夠清晰。研究人員或產品經理，他們對如何解決問題有很好的主義，卻因為急於實踐而沒有考慮用戶真正的需求。產品團隊受到來自高層指令：「就創建這個吧！」，卻從不真正有機會了解為什麼要創建這項功能，或是質疑是否用對的方式。所以，結果可能是一片混亂，或是產品其他功能無法並行運

2　這項研究的詳細結果可以在 Sin, Murphy and Lamas（2018）中找到。

作。就如 Yogi Berra 曾說：「如果你不知道往哪個方向前進，就可能落到其他的地方。[3]」

當然，問題並非針對設計行為改變而已。在整個商業環境和設計社群中，對於如何定義問題是有些良好的工具。在此，我們要針對這個持續已久的問題，採取一種特別的行為方法。對於我們而言，定義問題的重點在於：

目標成果

> 產品要完成什麼事？當產品成功時，現實生活中會發生了哪些改變？例如，使用者應該能減少背痛、頸痛問題，和在接下來的六個月中減少 50% 看醫生的機會。

目標行動者

> 我們試想誰會使用該產品？誰會因為用了這項產品而在人生中有很大的成功轉變？例如，久坐沒有定期運動的白領上班族。

目標行動

> 根據我們所了解這個目標人物將會如何做？這個人實際上會採取（或停止）什麼行為？例如，用戶應該要每週上健身房兩次，每次 30 分鐘。

一個持續討論的案例：Flash 手機應用程式

在本章以及隨後的許多章節中，我們將使用一個運動應用程式為案例，來說明如何設計行為改變。想像一下，你在一家 B2B 的公司工作，該公司為企業客戶的員工提供健康計劃。你已經有很多應用程式，但現在你的公司希望開發一種新產品，可以幫助人們透過運動使自己身體更健康 —— 特別是養成去健身房的習慣。你可以將其視為一個 B2B 情境背景下的 Fitbit。我臨時將這個應用程式取名為 *Flash*（幫助用戶聯想到生活中快速、積極的改變的意象）。

3　Yogi Berra 是職業棒球選手和教練，他的語錄也堪稱經典。例如，請參見《*LA Times*》的「Yogi Berra Dies at 90」（*https://oreil.ly/H6Md3*）。

你的公司已經看到一套可穿戴電子產品在市場上失敗了，並且決定嘗試更簡單（開發成本更低）的東西：一個給員工在手機上使用的應用程式。值得注意的是，這是你被給予的問題定義：

目標成果

減少背痛、頸痛的問題。接下來六個月中，減少 50% 看醫生的機會。

目標行動者

久坐沒有定期運動的白領上班族（企業客戶的員工）

目標行動

用戶應該要每週上健身房兩次，每次 30 分鐘。

隨著時間推移我們將不斷擴充這個案例，包含探索（Exploring）情境脈絡、精心策劃（Crafting）干預措施等 —— 完成整個 DECIDE 流程。正如你所見，創建一個成功的應用程式，是一個棘手而且很有挑戰性的問題。我們將用此案例來說明設計行為改變，和其流程所面臨的挑戰。在此流程中，我們還會用其他案例來說明如何應用這些技術，使內容更加豐富有趣。

在這本書中，我們將使用成果、行動者和行動這三個術語，來定義（Define）我們要解決的問題。但是，現實世界並非如此的簡單。隨著我們對用戶及其處境有更多實際的了解，我們時常發現我們的意圖不切實際。因此，我們將評估和完善這三個概念，直到主要利益相關者都在同一點上，潛在的問題已被確定並解決。隨著時間推移，我們將建立一個更清晰、更具有影響力的概念，聚焦在這三個概念上。

我們將在本章節中介紹以下內容，以明確定義（行為）問題：

1. 闡明產品的整體行為願景。

2. 判定我們要為哪些用戶服務。

3. 判定用戶所尋求的成果。

4. 記錄我們（最初的）目標行動。

5. 根據行動定義成功或失敗。

你的公司可能已經完成了最初階的某些問題定義。如果是這樣，你可以隨時跳至相關部分。但是，你可能會發現快速檢閱是否有遺漏的知識是很有幫助的。在本章節的最後，我介紹一個活用習題，有助於問題定義（第 127 頁的活用習題：行為專案簡介）。如果你無法完成此活用習題，你可以再回去讀相關章節，思考如何解決這些課題。

從產品願景下手

對產品或新功能的啟發可能隨處可得，例如從客戶的要求或洗個澡都可以獲得靈感。無論哪種方式，你都可以開始透過將產品願景記錄在紙上，簡單地定義產品。願景可能有點籠統或有點模糊（這樣也沒關係）。這樣能使我們在一開始就對產品有更具體、更明確的思考，進而達到目標結果。

例如，讓我們從深植於一個組織宗旨的產品願景開始。例如，致力於提高政府透明度的非營利組織陽光基金會（*http://oreil.ly/6n0Z1*）給出了目標宗旨：

> 我們的宗旨：陽光基金會是一個全國性的、無黨派的非營利組織，使用公民科技、開放資料、政策分析和新聞，使我們政府和政治對所有人更負責和透明。

陽光基金會的每個產品的願景，顯然都源於這個組織的宗旨。例如，其網路誠信專案，「監控政府網站的改變：透過揭示公共訊息的變化和網路資源的存取，來追究我們政府的責任。」。

對於開發健康和保健計畫的公司，產品願景可能為「幫助人們控制體重和健康」。

確定的目標成果

在記錄了產品願景的大致概念後，你可以自問：在該產品成功之後，這世界會有什麼改變？你認為由於此產品而應該發生的特別與具體的變化有哪些？外部的聲浪是什麼，會怎麼去評斷這個產品？因為你做了這項工作，現實世界因此有了什麼樣具有意義的變化？

這些問題的答案即是產品（或功能）的期望成果。這是公司（再次提醒，我用「公司」一詞來代表企業、非營利組織或政府機構）試圖透過產品力求完成的有形東西。你可以將其稱為目標，但我更喜歡成果一詞而非目標，因為感覺更具體。

請列出你的期望成果吧！

釐清成果

接下來，讓我們通過一些探索性問題來完善你的目標成果。我們將使用一個環境清理計畫的例子，從中我們從模糊的成果（減少污染）轉為更清晰明確的成果，具體來說，我們需要知道：

類型？

產品最終是尋求改變環境（例如，乾淨的水），還是關於改變人？

地點？

影響的地理範圍多大（例如，乞沙比克灣）？

內容？

對環境或人的實際改變是什麼（例如，減少氮含量污染）？

時間？

產品應在什麼時候產生影響？我們追尋的是規模大小，這與其他要點不同，不需要太精準，可以定個「在未來幾個月」或「五年內左右」就可以了。

用一段簡單、清晰的描述總結以上這些問題的答案。例如，「這個產品在未來五年內應該幫助氮含量降低，減少乞沙比克灣的環境污染。」這個新而明確的成果如圖6-1 所示。

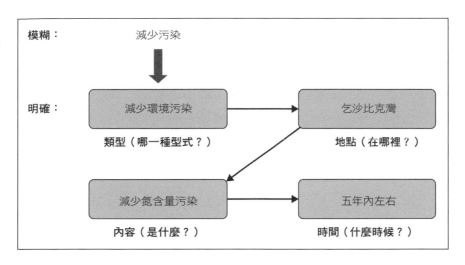

圖 6-1 如何將模糊的成果變成具體的、可被評量的成果

根據期望成果（desired outcome）的陳述，定義一個指標。你可以用該指標（metric）評估產品是否成功──例如，水中的氮含量或一個員工的體重。你不需要太過堅持某種確切的評量單位。但是，如果你根本無法定義一個，成果將不夠具體。

以下列出成果案例，可以看出一個是容易評量的、另一個則否。

清晰、可評量的成果

　　BMI 超過 25 的員工將要減少 10 磅。聖荷西的青少年不能抽菸。

不清楚、難以評量的成果

　　用戶可以從運動中得到經驗。用戶將了解抽菸的健康傷害。

就是指標，沒有別的

我最喜歡的一種精煉團隊的期望成果方式，是去問「如果你已經完全得到你想要的（到目前為止已確定的成果），而且完全沒有其他的成果，那你會滿意嗎？」例如，假設有一個團隊正在努力減少青少年懷孕，並制定了教育計畫。他們決定他們的目標成果，是要讓這些青少年意識到，懷孕會如何中斷他們的教育和未來職業道路。如果這些青少年受過教育，但不在乎（並什麼也沒改），那麼這個計畫還

會成功嗎？當然不會。所以此團隊可以把這個目標更具體化：他們希望減少青少年的懷孕。而教育只是他們相信能幫助他們達到此成果的一種策略。

虛榮指標（vanity metric）（使公司感覺良好但無法判斷產品和公司是否在正軌上的指標）未能達到這些標準。例如，考量頁面瀏覽量——刻板的虛榮指標。假設一個公司的旗艦消費者產品收益為零，而頁面瀏覽量卻很高。這不會被認為是成功的。反之，如果產品帶來大量收益，但由於某些原因，幾乎沒有頁面瀏覽量，則能夠被認為是成功的。

避開心理狀態

青少年懷孕的例子，說明了許多公司在定義產品的目標成果時，普遍會遇到的問題：他們想在用戶的大腦中對話一些事情。如：教育、自信心、執行某事的技巧。心理狀態（states of mind）會是種問題，原因有二點：

第一，心理狀態很難以一致和明確的方式進行評量。心理狀態可以透過調查來評量，但是這些調查的結果高度取決於問卷的框架、問題的順序、時間、以及執行問卷的時機與做法等等。「高度取決於」意味著對辯論、誤解和爭論保持開放的態度。這正是我們要避免的事。

也許更重要的是，心理狀態可能不是公司真正想要的。考慮一個非政府組織（NGO）在發展中的國家培訓低收入人群成為企業家；他們究竟是希望人們知道想成為一個企業家要具備的條件，還是他們更希望人們開始一個新的、成功的企業？

如果客戶知道如何成為企業家，但卻從未真正創業過，非政府組織會認為該計畫成功嗎？可能不會。

相反的，我們希望結果是可以觀察到的、處於個人頭腦外、絕不模稜兩可的（避免公司內部爭論是否成功）。而且容易評量（才能快速判斷是否成功）的成果，目標成果將定義產品的成功（或失敗）。避開將心理狀態作為成果並不表示心理狀態不重要；一個特別的觀點（像是想要有一個光明的未來，和不想要在青少年時就懷孕），或許是絕對必要的 4。但是，光是這樣還不夠。

4　非常感謝 Brian Merlob 指出這點。

優先順序和結合

如果你不只有一種成果，那也沒關係。多個成果需要做更多的工作。首先，這需要有組織的進行。如果有明確的優先順序成果，那當然很好。如果沒有，請把利益關係人聚集在一起，討論看看多數人認為最重要的是哪一個意見。或是，列出所有的期望成果，並在每個項目間問到：如果這種情況沒有發生，產品仍然會「成功」嗎？這樣一來，就可以很清楚的在成果中淘汰一些項目。

如果不可行，那麼還有另一條更具挑戰性的方法。創建一個綜合成果，結合優先級最高的項目。為此，你需要非常具體並定義一個公式，以某種讓每個人能同步的方式，將他們結合起來。這個公式是產品「成功」的正式定義。

例如，有兩個最高優先級成果，表示「員工將有較低的血壓」和「員工將會少 10 磅」。一個成功的定義是將兩者結合為「產品的成功定義為目標人群的平均血壓每下降則得一點，而每減少體重磅數則得兩點」。

可惜的是，大多數公司所掌握的訊息，尚不足以在創建產品前，就可以了解產品對相關但非同一行為的複雜影響。就我個人而言，我會避免制定這種結合多個成果的公式，並按照最高優先等級選定單一成果。

避免陳述產品（可能）的工作方式

你可能已經注意到，有個重要問題我不建議你在這個時機點提出，就是：如何「how」？

現階段來說，請嘗試避免深入研究產品如何發揮其神效（例如，產品鼓勵用戶採取什麼行動來讓成果實現）。在我們學習到更多知識以後，我們很快會討論到這點。

由於以下三個原因，我們將重點放在成果而非行動上：第一，因為可能有多種方法，可以完成該操作，而「最佳」方法不一定是最快從腦中浮現的方式。其次，任何行為與成果之間的聯繫都是不確定的，因此，我們始終關注真正重要的事：成果。最後，由於「補償性行為」。人類行為是一個複雜網絡，你所做的事不一定都會有明顯的效果。道德許可就是一個著名的例子：有時候，人們鍛鍊身體時，開始自我感覺良好，於是出去吃了垃圾食物。這使他們沒有得到運動所帶來的好處，體重反而增加了 [5]。

為什麼要自找麻煩？

為什麼我們需要如此仔細、清晰地定義期望成果？因為我們想將問題拉入現在並加以解決。如果團隊有衝突的目標或無法評量的東西，那麼這潛在的問題就可能影響未來。團隊可能會爭論產品的外觀應該要如何，卻未能闡明目標。公司負責人可能認為該產品不成功，但工程師卻覺得是成功的。資金贊助機構（對於非政府組織）可能會中斷資金，因為它認為產品做到的事情，沒有達到它本身對產品隱含的假設。

一個清楚載明可評量成果，並且由主要利益相關者在專案開始時即簽署背書的聲明書，可以儘早解決許多此類的問題。正如任何產品開發過程，儘早發現並解決問題，比日後嘗試修復問題還要來得便宜。

除此之外，清晰的成果說明對於未來產品修改來改善其影響，是非常重要的。這構成了衡量產品是否成功、找出問題區域的基礎，並評估所建議的產品修改是否值得進行。

如果沒人同意產品的預定成果怎麼辦？

在說明產品的期望成果時，有一種可能結果：沒有明確定義要實現的成果。或許是利益相關人無法達成共識，或者該產品的構思不佳，沒有現實的成果。在這種

5　再次向 Brian Merlob 致敬。

情況下，產品不應該以目前的型式繼續進行。基於早點知道失敗的精神，這是一個非常好的成果——我們應該勇於接受，雖然是件很痛苦的事。

這不意味著團隊在理想產品應有的功能上需要有共識；沒幾間公司是這樣運作的。但是，只要決定了產品的預期成果，公司裡的每個人都應該知道要期待的內容，並接受這個目標。如果團隊內部仍然有很深的分歧，那麼問題就出在那裡。團隊應該繼續開發其他有趣的產品，或更換成員，而不是為最終注定要失敗的產品爭論幾個月。

定義指標來評量成果

接下來，定義你的成果指標。指標可以清楚地告訴你目標成果是否發生，以及在什麼級別上發生的。成果指標應直接來自目標成果本身。這就是你確定成果是否存在。你應該定義並寫下一個公式，即使是微不足道的，也說明如何評量成果。以下是一些簡單的例子：

公司收入

在一個月內從企業客戶收到的款項

用戶體重

晨間早餐後測量不穿鞋的體重

以下是一個比較複雜的例子 [6]：

鄰居互通性

用戶與鄰居一個月參加社交聚會的次數

理想情況下，指標應具備 [7]：

精準的

它實際上測量你要評量的成果。

---

6 最初是受到（現已關閉）新創公司 Neighborsations 的啟發。

7 關於什麼是好的指標有多種觀點，但沒有普遍接受和應用的定義。這些是我發現很重要的指標特徵。

可靠的

如果你多次測量完全相同的事物，你會獲得完全相同的結果。

快速的

你可以快速確定指標的價值。快速鼓勵重複測量，可以更輕鬆地查看產品的改變是否有效。

反應的

指標應該要快速反映用戶行為的變化。如果你必須等待一個月才可以評量影響的改變（即使僅需一分鐘就可以評量；也就是很快速），那也浪費了 29 天你本來可以用來學習和改善產品的時間。

敏感的

你可以判斷成果和行為發生的細微變化。給你與開發人員的一句話：浮點值很好，布林運算（booleans）則不怎麼好。

便宜的

多次評量成果，對組織而言不應該是昂貴的。否則將使公司不願意評量產品單一改變的影響力，而難以改變產品 [8]。

很多對吧？但是這並不意味著你要執著完美的指標。我們真正想要的是快速檢查是否足夠——把以上要點當作清單，對於給定成果指標時間：是否足夠具體，以至於評量時有不會有太多意見分歧？是否可靠，使團隊不會以為產品可以正常運作，然而實際上卻不能。

產生以公司為中心的目標

到目前為止，我們已經討論了產品開發過程，並針對用戶以及產品可以為他們做什麼。但是我發現這些公司，有時採取兩種截然不同的方法來改變行為。他們可以：

---

8 可能需要先期投資（這並不便宜），才能使定期計劃變得便宜。我希望建立一個「數據收集資料庫」，只要應用程式改變就可知道。「調查數據資料」只有在第一次回收時便宜，但在整個迭代的過程後加總的成本並不便宜（並且調查數據充滿偏見，正如我們在第 275 頁中討論的「弄清楚如何不擇手段來評量成果和行動（而非調查）」。理想情況下，我們希望能自動收集原始的數據，且不需要人工干預或額外的費用。

- 關注產品如何使用戶受益，這反過來有助於公司。

- 關注產品如何使公司受益，透過此為用戶提供價值。

這種差異在於公司對行為改變價值的看法，與行為本身無關。目標行為可能在產品內部或在產品之外，對社會上至關重要也好，微不足道也沒有關係[9]。

在第一種情況下，我們稱之為**以用戶為中心**的方法，公司可能具有改善財務狀況的願景（例如，Acorns 或 Mint），需要弄清楚用戶可以採取哪些合理行動來實現這些目標。在第二種情況之下，為**以公司中心**的方法。公司可能有一個純粹私人的目標，例如要延長客戶續訂時間，需要為用戶提供實際價值才會成功。第二種情況，包括了熱血的資本家和非政府組織需要向出資者說明狀況。只要公司能生產出人們喜歡的產品，這都沒有什麼對錯，但是過程可能會有所不同。

以用戶為中心的方法中，定義行為問題的過程如下：

產品願景（針對用戶）→ 用戶成果 → 行動者 → 行動

以公司為中心的方法中，我們添加了　個步驟：

產品願景（針對公司）→ 公司目標 → 用戶成果 → 行動者 → 行動

產品願景是公司用高標準開發產品的原因；公司目標則是公司（為了公司本身）想達成的事項，而透過創建產品來達成。

由於上一節，介紹了以用戶為中心的方法的案例，因此，接下來我們來討論以公司為中心的流程（如果你使用以用戶為中心的方法可以跳過本節）。

陳述願景

如前所述，定義（Definition）這個過程從公司為產品定下高端的願景開始。不過，這個願景應該要能回答產品如何幫助公司受益。例如，此產品應該：

- 擴大公司在新市場的能見度

---

9 換句話說，這與我在本書前言中對行為改變產品的描述有些區別（**產品本身或產品外的行為**）。無論哪種情況，公司都可以從對用戶的利益和對公司本身的的利益開始。

- 增加收入

- 展示公司的專業知識和能力，以取得新的專案，來支援新的補助資金

- 提高大眾對公司的認識和興趣（或品牌聲望）

陳述公司目標

將公司的願景，轉化為一個更具體或可以評量的目標，並使公司受益。例如，試問：

- 如何就滿足公司願景的部分，判斷產品的成功或失敗？如何評量成功？

- 因為產品，第三方對公司的看法會有什麼不同？增加客戶的留存率？提高購買（向上銷售）？引薦更多新用戶？

公司的目標可能是在健康計畫市場中的科技公司，在明年度贏得 35％的市佔率。或者，明年至少贏得一百萬美元的額外補助金。總之，請寫下最初的公司目標。

根據公司目標的最初陳述，進一步詢問對象（who）、內容（what）、時間（when）和成果發生的地點（where），以改善陳述（與上一節進行的方法類似）。

定義用戶成果

創立自己的事業，或是向投資人建立你的專業，這些都很棒，但用戶可能不會在乎這些事。我們需要交付給用戶有價值的東西。沒有價值，就不可能達成公司的目標。

因此，讓我們先暫時擱置產品的財務目標（或其他產品本身的目標），該產品對用戶的意義是什麼？我們想定義產品對現實生活造成的可評量改變，而且是用戶會關心的改變。

下列問題也助於勾勒出這類的成果：

- 產品能提供什麼？作為一個用戶會看到什麼樣的產品核心價值論述，又會如何評估它？

- 用戶在使用產品後，外在世界會有什麼不同？

- 使用一段時間後，用戶會從產品上注意到（或聽到／看到）什麼有形的東西？然後說，「我想要再度使用這個產品」？（但產品本身不算在現象內）

- 你要怎麼知道用戶已經從產品中取得最大價值？

- 用戶會在公司產品知名度提高後，而做什麼事情嗎？

例如，公司的目標可能是在健康計畫市場中的科技公司，在明年度贏得 35% 的市佔率。具體的用戶成果，可能是我們在 *Flash* 應用程式上的內容：該產品可以幫助用戶在六個月內，將醫生和物理治療的就診次數減少 50%。或者產品可能會幫助用戶減少兩個腰圍尺寸。

在上一節，我們討論了一組規則和技巧，用於釐清目標成果。所有這些都適用於以公司為中心的目標：避免心理狀態、確保成果是可評量的，以及提早發現意見分歧，並且不要執著產品會實現哪些成果。

快速檢查表

總而言之，以下是「以用戶為中心」和「以公司為中心」能有好成果的目標：

- 此成果可以是，當產品成功上市時，現實世界中會有什麼不同？

- 成果應該是**有形的**，而不是只存在用戶的想像中。通常，用戶的思維就像是公司所關心的事的代言人 —— 用戶的知識或情感的變化而產生的實際成果。例如，降低 BMI 或減少體重，而不是關注於運動和保持體重的知識和重要性。

- 成果應該是**明確可評量的**。例如，你的產品應該「減少政府的腐敗」，但要如何定義腐敗，確切的標準是什麼？

- 成果應該能夠**預示成功**。如果我們假設，「如果 X 沒有發生，這個產品仍然會成功」，那麼 X 並不是我們要尋找的成果。

- 成果應該能夠**表明哪些地方失敗了**。你必須合理的指出那個環節出錯，導致產品失敗。

誰做了行動？

很多時候，公司的商業目標和市場研究會指定誰是產品應該要服務的對象：購買產品的人（私人公司）或他們負責幫助的人（非政府組織和政府機構）。在這裡，需要再討論的深入一點，我們不僅想知道產品服務誰，還想知道是誰會有所行動？我們想要改變誰的行為？

通常，我們所服務的人和採取行動的人是相同的：用戶 = 行動者。但也並非總是如此。用戶可能影響的那個人，才是真正採取行動的人。這在 B2B 銷售這類的情況中很常見（用戶是與買方不同的人）；又好比說，試圖影響政策制定者來改變法規的宣傳網站（例如，汽油成本），也因此改變社會中的行為並推動成果（例如，降低溫室氣體排放量）[10]。不過，為了簡單起見和使用人們熟悉的語言，我們假設它們在此討論中是相同的。

盡量具體寫下目標行動者：年齡、性別、地點、人數等等。甚至可以寫下誰**不是**目標也很有幫助，例如，沒有智慧型手機的人、有錢人或外籍人士。

某些目標行動者很可能不太適合該產品，所以會浪費很多時間錯誤聚焦在他們身上。是的，沒錯。現在我們想要進一步了解**潛在**目標人物，但最終可能只針對其中的一部分。

如果公司不知道要為誰服務，以及需要採取行動的人，那麼可以回到基礎概念。與任何產品一樣，設計行為產品必須要服務用戶需求。為了滿足用戶需求，你需要傳統的市場研究或（非行為）產品發現過程，那就超過本書討論的範圍了。我假設你已經對目標用戶有所了解。

請為你最初的行為想法做記錄

到目前為止，我們刻意還沒有談論你的行動者將如何完成的成果。這有助於我們能清楚考慮成果，而不需要再假設如何完成的特殊方法。但是，我們對該人要採取的行動有所概念。我們必須並紀錄下來。雖然不一定完全正確，但是把這些概念寫下來，能夠幫助我們對其進行評估和完善。

10　我感謝 ForumOne 的夥伴們指出這點。

什麼定義了行動？你可以填入下面的兩個空格：

我們的產品將幫助用戶【開始／停止】做【某行動】。

對於大多數公司，尤其是那些擁有現有產品的公司而言，公司的商業模式嚴格限制了用戶可能採取的行動、產品策略和公司文化。例如，在 HelloWallet，我們在尋找能符合廣大的用戶群的行動，同時也還沒有在現有產品中存在的，當時這是我們公司的首要任務。因此，幫助求職的工具、抵押貸款和用戶開發（lead-gen）工具就被剔除在考慮範圍外了。

接下來具體的問，「該行動如何導致目標成果？」那個行動應該直接明確地導致目標成果。如果當前行動沒有做，是否是其他後來的行動所導致（或者是缺少了什麼而導致了行動）的成果？如果是這樣，請把重點放在那個上。我們想要針對一種行為來直接支持成果。

例如，假設我們想推動社區志工服務。這個行動「參加關於社區參與重要性的研討會」可能會幫助人更積極的參與社區活動。行動（去研討會）與成果（社區成員志工）之間的連結有些微弱。如果這個人不專注呢？如果他們在過去曾被配偶逼迫參與過類似活動呢？一個更好、更直接的行動是「當地廚房的志工」。這是研討會的重點，並且與我們所關注的成果直接有連結。研討會可能是一種有用的策略，但這僅僅用來是支持行動的策略，但不是目標行動本身。

釐清行動

正如我們在公司的目標成果所討論的那樣，我們正在尋找具體、明確的定義。一個具體可評量的行動將產生。避免採取僅僅影響該人的精神狀態的行動（閱讀教學材料），更應該深入地研究這個人在接受新教育時會有什麼不同，而導致他們做不同的事情，並達到成果。

例如：

追求的成果

人們不會得肺病。

模糊的行動

用戶避免吸菸。（這意味著他們真的戒菸了嗎？）

與成果相差甚遠的行為

用戶參加有關吸菸危害的研討會。（好，但我們真的在乎他們是否出席嗎？還是他們實際上是否停止吸煙了？）

明確的行動

用戶根本不買菸。

你會發現，該行動並無法很明確的幫助使用者戒菸。但是可以幫助他們避開有販售香菸的商店，或者使用尼古丁貼布來減低吸菸的慾望。

就像目標成果，目標並非一成不變的。行動應該有清楚的定義，以便將其建構在產品中並清楚地進行評量。定義與評量（measurement）的方式，將有助於精良產品。而且對於再審與修訂目標行動都有幫助，如果在有此需要時。

行動的指標

與成果一樣，我們希望將目標行動轉化為一個明確的量表指標，以評估人們的行動。行動指標告訴你，用戶是否（以及什麼程度）採取了目標行動，和可以達到期望的成果。如果期望的成果是特定的，像是「減重」，那麼行動即是「運動」。一個簡單的指標會是「這個人花多少時間、多久運動一次？」一個好的行動指標必須通過與成果指標相同的測試：準確、可靠、快速、有回應等等。

行動指標涵蓋了：什麼被評量、如何評量，以及持續多久時間。例如，一個定義為特定產品購買行為的方式是：在 30 天內，透過產品銷售和訂閱所花費的錢（不是未來的承諾）。

這必須是明確的，因為如果價值隨時間變化，具體明確可以幫助我們確定它的改變是否由於你的產品。如果定義不清楚，則數據的改變可能是由於人們對於其解釋或評量的改變而有所不同。

這裡有兩個行動指標的例子：

- 行動：「用戶做運動」

不好的指標

用戶運動＝用戶每天回報進行了多少運動鍛鍊。但這不是一個好的指標，因為 (a) 在沒有時間計時、心律追蹤或其他測量儀器的幫助下，用戶並不知道他們的運動強度。(b) 用戶可能誇大其詞。

好的指標

用戶運動＝每天自動監測運動的時間和強度，並追蹤心律。

- 行動：「用戶學習新語言」

不好的指標

用戶學習＝語言能力用一個專業的筆試來評估。這個指標是有問題的，因為過於注重刻意的成果，而不是我們假設無論對錯的行動所導致的成果。同時，所需要評量的時間太長，而且無法頻繁的去評量（而不會打擾到用戶）。

好的指標

用戶學習＝在一個幫助學習的應用程式中所花費的時間，或是用最低的成本來達到最好的學習效果。

顯然地，在創建指標量表時，需要評估取捨。最精準的指標可能需要長時間才能蒐集，然而最便宜的指標又可能不可靠。再說一次，不需要去沉迷於此——我們要尋找夠敏銳的行動指標，並能快速的顯示問題的所在，才不會耽誤團隊。

尋找最小可行性行動

最小可行性行動（MVA）是指達到目標行動的最小、最簡單的版本。你可以藉此測試用戶來看是否能達到你的產品想法（和假設對行為的影響力）[11]。這可以用於新創公司精實概念（the Lean start-up concept）的最小可行性產品：最小的一個功能，可以供產品被開發和被用戶測試。

11　在習慣的背景下，BJ Fogg 在他的新書《設計你的小習慣：史丹佛大學行為設計實驗室精研，全球瘋 IG 背後的行為設計學家教你慣性動作養成的技術》（*Tiny Habits*）（Fogg 2020）中有類似的想法。

如何去找到 MVA？檢查你的行動目的。關於最小可行性行動，我將它想成盡量刪減那些從你腦袋中快速閃過的想法。盡量刪減到最後只留下有必要的：

1. 將重複的行動刪減，只留下最開始的行動。如果你一直重複一項行動，你可以只做單次行動嗎？單次行動對於用戶來說更簡單，對工程師團隊來說也比較容易打造。

2. 將大行動簡化為簡單的行動。如果用戶採取較短、較簡單的行動，是否能達成目標成果？

3. 減少步驟。你能否能確認高風險，把最不確定的行動甚至從目標行動中移除。測試是否為低風險開發？同樣地，如果只是可有可無的功能，是否能把它移除？

我發現人們不會自然地想到最小可行性行動改變行為。我們總是喜歡大膽思考。這也沒關係，這很有幫助，而且可以在一開始時，以最自然（也就是說，最輕鬆）的方式來表達一個宏觀的願景。能為團隊提供未來可以討論的藍圖，並隨著產品的發展隨時檢查利用。

為了解釋這個概念，我們用幫助用戶學習西班牙語來作為例子。這是一個團隊可能會採取的目標行動：

- 完成線上培訓課程。

- 去西班牙幾個星期，使自己沉浸在該語言中。

- 將生活中的用品，用西班牙語標記。

使用這個更簡單的 MVA，可以幫助你快速檢測產品的核心功能和其影響力：

- 完成線上培訓計畫的單個區塊。

- 找一個只會說西班牙語的朋友練習聊天。

- 在一部分的日常生活用品上，貼上西班牙名稱標籤。

現在，我們對於用戶會採取的潛在行動有一個大概的認識了。下一章，我們將會更深入探討誰是用戶，與該行動在現實中是否容易實現。

為行為改變做假設

現在，在你創建產品以前，你擁有所有需要能夠判定成敗及其對產品的意義為何的東西。你知道這個產品是為誰服務。你知道該行動會導致的成果。你對要完成成果初步要採取的行動有所了解。沒能掌握所有細節也沒關係，在這個階段，你已經有了粗略的架構。

請填寫下面的句子，說明產品應該做什麼，並為誰服務。例如：

> 幫助久坐工作的白領上班族（行動者）去健身房運動（行動）。我們的產品能幫助他們減少背部和頸部的疼痛，並且降低 50% 去給物理治療師推拿的頻率（成果）。

正如其他作者所指出，我們可以將其視為假設行為的改變 [12]。通用格式為：

> 藉由幫助【行動者】【開始／停止】做【某動作】，我們將完成【成果】。

這是一個建構「成果 - 行動 - 行動者」的好方法，而且提醒了我們計畫也只是一個計畫。充滿了關於現實的假設，當我們稱其為假設時，更不斷提醒我們要從生活中去驗證是否正確，是否達到我們期望的效果。

現在，我們從使用者研究中了解用戶可以完成哪些工作，從市場研究中了解要如何優於於其他競爭品牌和銷售產品。你應該對關於擬訂產品的目的，和對公司的影響力更加了解。例如：

> 幫助市區 25 至 35 歲的白領階級員工（行動者），每週去兩次健身房並至少運動 30 分鐘（行動）。若與連續六個月維持現狀不改變相比，該產品將幫助他們減少因背部和頸部疼痛而去看醫生的次數到 50%（成果）。當成功後，應該要使我們的收入（公司目標）增加一倍。

在以上聲明中說到：如果以上情況發生，那麼產品將會成功；如果不是，將會導致（全部或部分）失敗。稍後，我們將解釋以上的聲明，並加入一套檢測指標，藉此檢測產品實際上是成功、還是失敗。

12　感謝 Rajesh Nerlikar 首先向我介紹了這個想法。Matt Wallaert 在他的書《爆品設計法則：微軟行為科學家的產品思維與設計流程》（*Start at the End*）（Wallaert, 2019）中有類似的想法。

我們的目標不是透過預測未來製造一種虛假的安全感。我們在這成果、行動者、行動的定義中，建立了很多假設。我們想要實現這些假設，並透過不斷的測試，從中學習並修正。一旦成形了，我們就可以不斷檢討來改進這項產品——透過「事前驗屍法」（pre-mortem）和「思考帽」（thinking-hat reviews）等來進行換位思考 [13]。最重要的是，這可以幫助我們在短時間內看到成敗，並確保利益關係人在公司中的意見保持一致。如果沒有，那就是時候去修正它了。

提前定義成功和失敗，並不意味著我們無法更改眼前的目標。隨著我們對公司的市場、產品和了解公司更多其他機會時，我們對「什麼是最好」的定義將不斷的改變。但是，請確保團隊成員可以理解這個不斷修改的過程，因為沒有一個人喜歡一個一直改變的目標。

不同領域的案例

期望成果（desired outcomes）和目標行動（target actions）可能有點抽象，尤其是考慮到在巨大範圍可能影響用戶行為的一系列產品的時候。讓我們來看一些具體案例（表 6-1 和表 6-2）。由於對於以用戶為中心的產品或是以公司為中心的產品，方法也有些不同，所以我把它們分做以下兩個表格。在這兩個表格的一開始，我已經用我們的範例案例：Flash 應用程式，來示範如何從每個角度進行分析。

表 6-1　以使用者為中心的案例

	案例一	案例二	案例三
產品	Flash，一個運動的手機應用程式	Acorns，一個金融理財的手機應用程式	戒菸
願景	幫助人們控制他們的健康	提供廣泛的理財指導方針	幫助吸菸者戒菸並避免癌症
成果	減少背部和頸部的疼痛（更少去找醫生和物理治療師）	使美國人有足夠的應急資金	吸煙者開始戒菸

13　事前驗屍法（pre-mortem），請參見 Klein（2007）— h/t Paul Adams。關於思考帽（thinging-hat reviews），請參見 De Bono（2006）。還有許多「假設投射」（assumption-mapping）方法，用來指出（並提出問題）在抉擇過程中的假設。正如 Booth（2019）（*https://oreil.ly/OPNxs*）中所描述的那樣，Shopify 有一個有趣的命名叫「假設大滿貫」（assumption-slam）— h/t Anne-Marie Léger.。

	案例一	案例二	案例三
行動者	白領階級科技公司員工	舊金山的約聘制員工	長期菸癮者想要戒菸，卻受到尼古丁作用失敗
行動	一周去兩次健身房，並至少運動 30 分鐘	將用戶每個月的錢自動轉到定存帳戶中	吸菸者從吸食香菸轉為蒸發器，減少吸食 50% 的尼古丁

表 6-2 以公司為中心的案例

	案例一	案例二	案例三
產品	Flash，一個運動的手機應用程式	雜貨店的網站	體內酒量測定器
願景	擴展到相關的健康市場	業務擴展到高檔雜貨店的購物者	使公司所生產的體內酒量測定器成為全國各地標準配置在汽車中
公司目標	從企業的相關健康計劃客戶中增加收入	加倍高檔買家的人數	在三個新進軍的州內增加 25% 的市場份額
用戶需要／成果	減少背部和頸部的疼痛（更少去找醫生和物理治療師）	學習如何做健康三餐	防止交通事故和酒醉駕駛的罰單
行動者	白領階級科技公司員工	從郊區通勤的高收入戶	針對過去曾有因為酒駕被吊銷執照或造成事故的人
行動	一週去健身房兩次，並至少運動 30 分鐘	用戶從免費學習網站上烹飪課	在酗酒後的那段時間，制止 75% 預設開車回家的行為。並在發動汽車以前，先使用公司的體內酒量測定器。

記住：行動！＝成果

儘管我們已經盡了最大的努力，但成果與行動之間可能還是會有很大的距離。當我們把小額存款轉到定存帳戶中（當用戶可以選擇把這筆錢轉入或花掉），這真的幫助了美國人們在緊急時有一筆存款可以使用嗎？這真的很難說，但是本章節的目的，在於提供一個清楚的方向，幫助產品開發、揭開隱藏的假設，甚至確認一個發展的主軸和針對一個行為目標。

實際上，有時重要的成果是用戶採取的行動。第一個案例中，很容易以「用戶運動」來作為成果，而行動也是一樣。這會發生在行動本身有很明確、實際的成果的時候（例如運動）。但是，我認為以公司為中心的案例，在大多數情況下應該避免將兩者畫上等號。我們很容易去隱藏關於為什麼行動是重要的假設，導致可能選擇了錯誤的行動。

自我練習

本章透過定義（Defining）問題開啟了 DECIDE 流程。特別是我們力求實現的成果、人物對象以及我們最初如何做（行動）的想法。在這裡，我總結了關鍵的學習內容，並說明如何在題本中練習。

這裡是你需要做的：

- 定義產品應具備的真實成果。避開心理狀態——專注於可以定義產品成功或失敗的可評量成果。

- 將公司特定的目標（例如，增加利潤）轉化為現實中用戶真正關心的成果。

你怎麼知道有問題：

- 公司不同意產品的預期成果。

- 公司只知道自己想要什麼，但產品不提供用戶所關心的東西。

可交付的成果：

- 行為項目簡介：明確的成果、明確的目標人口（行動者），以及行動者和行動的初步概念。你可以把上述這些都放在一起，作為行為改變的假設。

光是學習到這些技巧是不夠的。也許在本書的第一版中，讀者最大的障礙，是不清楚如何將這些知識正確的使用，使他們無法從書中獲益。

為了定義問題，以及其他在 DECIDE 中的步驟，我們有習題能幫助你的團隊練習，並執行操作整個流程。關於練習，我們將統一用一個案例貫穿全書：Flash 手機應用程式。在這個例子中，你的公司提供了一個健康軟體給雇主，然後由雇主將其提供給員工。你的工作是用這個健康手機應用程式，幫助人們運動。而這會是你們公司的一項新產品，你也剛開始著手這個產品專案。

活用習題：行為專案簡介

D	E	C	I	D	E
定義 （Define） 問題	探索 （Explore） 情境脈絡	精心策劃 （Craft） 干預措施	在產品中 執行 （Implement）	判定 （Determine） 影響力	評估 （Evaluate） 下一步

目標：了解並闡明你團隊的產品目標：產品針對的成果、行動和行動者。

產品專案：<u>Flash 手機應用程式</u>

☑ 新產品、功能或溝通？

□ 更新現有產品、功能或溝通？

願景：請簡述為什麼要改變此產品的使用行為，然後此產品會如何做。<u>Flash 將幫助員</u><u>工掌握自己的健康。</u>

成果：你希望該產品實現什麼？考慮公司和現實狀況兩者，評量那些曾讓用戶覺得是有價值的改變。然後，開始定義一個粗略的指標，使你的團隊可以評估產品和在達到什麼數字即表示成功。

    公司目標：<u>增加來自公司健康計畫客戶的收入。</u>

    實際成果：<u>減輕疼痛（背部、頸部等等）。</u>

    績效指標：<u>看醫生和接受物理治療的次數。</u>

    成功的定義：<u>看醫生和就診次數減少50%。</u>

行動者：誰是影響成果的特定用戶（或參考使用產品的人）？

誰是行動者？<u>經常久坐的白領階級</u>

行動：行動者會去做/停止做什麼事？這是一個初步的想法；我們可以之後再將其精煉。

採取什麼行動？<u>每週去健身房運動兩次</u>

一個行為改變的假設：或者，你可以將此寫成一段明確的假設，以提醒團隊沒有任何事情是確定的，所以你需要不斷進行測試來驗證這個假設：

    藉由幫助【行動者】<u>久坐的白領階級</u>☑開始/□停止【行動】<u>每週去健身房兩次，每次</u><u>從30分鐘開始</u>，我們會完成【成果】<u>減少疼痛和在未來的六個月裡減低50%去看醫</u><u>生和物理治療的次數。</u>

第七章

探索情境脈絡

定義　　　　探索　　　　精心策劃　　在產品中　　判定　　　　評估
（Define）（Explore）（Craft）　　執行　　　（Determine）（Evaluate）
問題　　　　情境脈絡　　干預措施　　（Implement）影響力　　　下一步

Clover Health 的行為科學團隊，向我們展示如何結合質性和量化研究，來探索（Explore）用戶的生活情境。根據調研數據，該小組知道有些用戶難以得到他們所需的照顧。因此，Clover Health 團隊試圖了解根本原因 [1]。

與客戶交談並檢視數據後，他們發現社區中收入較低的人在報告中說沒有得到完善的照顧。該團隊假設：也許低收入社區吸引了質量較低的醫生？

然而，數據顯示事實上並非如此：低收入社區擁有高素質的醫生，足以為這些 Clover Health 的會員服務。但為什麼這些會員卻沒有管道找到這些醫生呢？

在採訪會員時，他們了解到這問題並非關於使用權，而是其行為上的問題。由於這些會員中許多人終生皆面臨醫療歧視，他們自然不相信好醫生的存在，所以當然不會去尋找他們。這些會員接受任何他們所能找到的醫生。如果他們碰

1　該案例研究基於與 Matt Wallaert 的訪談和隨後的電子郵件交流。

巧遇到了一個好醫生，他們就會得到好的照顧。但是，如果遇到不好的醫生，他們會將其歸因於不公平的制度，並且會一直有這樣的想法存在。

對於人們的背景有了理解以後，行為科學團隊發展了干預措施，從提供地圖來幫助找到好醫生，也在該區召集會員幫他們介紹好的醫生[2]。整體來說，有超過80%的目標會員已經重新導向到高質量、公平的照顧。

我們每個人都有應對世界不同的常規、體驗和方式。要設計行為改變，我們需要根據用戶的常規、體驗和回饋等複雜情況，為你的用戶找出正確的行動。這個行動必須能有效地幫助用戶實現目標。同時，你必須在用戶需求與公司的產品創建需求之間取得平衡，產生收入並且以符合經濟效益的方式有效利用設計與工程資源。

在第六章中，我們闡明了公司試圖實現該產品的目標（**目標成果**，像是腰痛、肩頸痛較少的人），並確定了用戶可能會採取的潛在行動（例如，去健身房或節食瘦身）。這些步驟幫助**我們**確定了要完成的任務。如果世界願意履行並使人們的行為自然地符合我們的計畫。但實際上卻不是這樣。

現在，是時候與真實用戶對抗我們的假設目標了。我們將重新訪問成果、行動者、行動，並根據公司和用戶的需求對其進行評估。在此過程中，我們還要收集關於行動者的重要訊息，以進行產品本身設計。最終結果是精煉問題的定義，尤其是我們的目標**行動**和**診斷**所判定的行動為什麼沒有正在發生。

以下我們的操作方法：

1. 了解你的用戶，以及他們對目標成果和行動的看法。

2. 建立一個用戶可能採取的行動清單。

3. 評估可能的行動清單，然後選擇一項最佳的行動。

4. 透過一系列的小步驟，來完成大行動。

5. 診斷當前為何不能執行此行動。

---

2 他們透過患者自我報告的滿意度、成果、花費和可行性來評估醫生的素質。

你對你的用戶了解多少？

先前 Clover Health 的例子：被不完善服務的病患和醫療歧視，說明了了解用戶的重要性。我們應該要了解用戶真實的生活狀況、慾望和興趣，尤其是用戶與你要尋求的行為改變關係。我們需要收集質性和量化的數據，以幫助我們來進行干預措施，並為用戶的生活找到可行的解決方案。

用戶平常在生活中如何行動？

首先，團隊應該要先設法了解用戶的出發點。尤其是他們目前在做什麼？

我將用我先前做一名精準投放師（此工作是分析大量個體戶的數據，以辨識出可能採取行動的人，和吸引他們的事物）作為案例。我公司其中一個客戶是個倡導組織，在此姑且稱為 ActMore，避免被業主起訴。ActMore 是一個環保的非政府組織，並希望幫助其用戶更能深入參與 ActMore 的社群。他們已經有很多人註冊了電子信箱和訂閱資訊，並且說他們想要做更多但是還未能參與。首先，ActMore 需要基本的資料：有關年齡、收入、種族、性別、政治取向等等。我的公司使用了該組織已有的數據作為基礎之用。我們可用此來瞄準受眾，並在網站上提供指南。

這類型的分析都是很標準的東西，而且普遍在產品設計的書中都會提到。現在，我們要來談更多有趣的部分了：更關注行為研究。我們想要了解在一個特定的組織中，會員的興趣有多強。我們專門尋找會員基層的部門：對呼籲有不同反應的人加入集會。考慮到其背景和經驗，每個小組會擁有自己的特殊性。我們正在塑造的產品是與宣傳活動相關的網站。所以，我們開始挖掘有關會員的可用數據，以了解產品為誰服務。

在 ActMore 和其他與我合作的組織中，我發現了以下問題（和用戶的行為改變觀點相關）：

先前的行為經驗

用戶是否有執行目標行動的經驗？（以 ActMore 為例 —— 是否舉辦過其他類似的集會？）他們對這個行動有什麼想法？有很深的情感連結嗎，還是是很新鮮的概念？比起開始一個新的行為，增加一個行為更為簡單許多。現有的*習慣*環繞著目標是非常重要的。

先前的類似產品與管道的經驗

如果此產品需要透過電子郵件和網站,則用戶是否能用一個固定的方式造訪(並且知道如何使用)?但有其他用戶卻無法?

與公司或組織的關係

用戶信任你嗎?相較於那些已經認識你且愛你的用戶,對於這些不信任你的用戶,你會更難做這個案子,並且需要一套不同的訴求。

現有動機

用戶為什麼要實現此成果?換句話說,公司如何以現有的產品基礎,以此再加成更多?有一種特別強烈的動機是社群動機(可以是正面或負面的)。用戶的朋友和家人是否/何時去實現清單上的每個行動?是否得到社群的支持、嘲笑或單純地漠不關心?

身體、心理或經濟上的行動障礙

這並不常見,但有時會出現。是否有用戶的在行動遇到特殊的問題?例如,因病無法出門或沒有錢去參加集會的用戶(事實上,我們在面對 ActMore 時,就遇到了這個問題)。

這五件事構成了用戶的行為檔案。為了蒐集這些訊息,你可以使用市場研究和產品開發的標準工具,尋找有關用戶人口統計的現有量化數據、利用現場調查,以及在焦點小組和一對一訪談中與用戶進行質性研究[3]。

這種方法顯然是建立在現有工具和技術上的。這裡的創新是添加問題針對目標行為,而不是人們的感受或是「用戶需求」。這是人們的經驗、動機和公司的目標結果和目標行動。

在觀察用戶時,我們可能親眼目睹或構思出全新的行為改變想法。以 Flash 運動應用程式為例,我們有想過要讓用戶去健身房的想法,但是觀察他們之後,你意識到吃更健康的食物(透過換個店家購買日常雜貨)使控制體重和減輕背部疼痛更為有效。請將此想法加入行動清單中,並與其他人一起評估。你可能也會意識到

---

3 由於我們一直進行精準投放(microtargeting),因此這過程的最終結果會是一套機器學習模型,該模型可以了解 ActMore 成員對不同產品功能的傾向反應,然後我們對產品進行了實地測試,才會真正推出該產品。我們使用了來自組織和第三方供應商的量化數據。但核心概念在數據量較少的環境中是相同的。要清楚用戶是誰,以及用戶如何改變行為的訴求做出不同的反應?

清單中的某個（或不只一個）想法實在不合理。但如果我們在這個階段，就能確定某個初期想法不可行，請直接把它從清單上劃掉吧。

在此過程中，團隊也可能辨識出用戶有共鳴的特定用語與概念；這不是現在的重點，但仍然很有用 —— 請另外記下，稍後告知 UX 設計團隊。

建構在你所知之上

了解你的用戶對於開發產品和設計很重要，無論你是否使用行為科學的視角。的確，你應該使用許多技術在這些社群中：觀察、用戶旅程圖、人物誌等等。

在這裡，我將介紹與這些技術相關的應用行動版本。但是，你可能已經學習到了一些不一樣的技巧。沒問題，在你所知之上建構就好。正如我們在第五章裡所討論的一樣，以用戶為中心的問題解決方式，根本不是行為科學所獨有的，它是我們彼此經驗共享的共同過程。你可以尋找你認為有用的部分，並將其應用到現有的基礎中[4]。

用戶在應用程式中如何行動？

如果你的公司或組織已經有現有的應用程式或產品，那很棒。這可以用幫助你了解不同的用戶群組，和他們對你的新產品或功能有哪些反應。如果公司目前沒有一個產品服務這些用戶，那麼你可以跳過這些步驟。

在我的個人案例中，我們無法使用 ActMore 的先前產品來認識用戶，所以我用我自身的例子說明。假設 ActMore 已經有一個名叫 ActMore Now! 的手機和網路平台，來促進政治行動。當我們在研究現有的產品 ActMore Now! 的時候，我們從一個特定的用戶測試領域的標準問題開始：用戶對應用程式的感覺如何、產品什麼等等。然後，再增加更多關於行為的問題：

4　我感謝 Darrin Henein 特別強調我們共享的技術基礎。

先前的行為經驗

在現有應用程式中，哪些功能與目標行動相似？用戶是否養成了什麼習慣可用於新的目標行動？

先前的產品經驗

哪些功能不成功？這些失敗揭示了用戶的哪些特徵？（特別是展現了低集中力、沒有耐性，或是對主題背景知識的不足）。

與公司或組織的關係

用戶是否表明了他們對應用程式的信任感？

現有動機

什麼動機或興趣是此應用程式最成功的特徵？用戶如何每天與此應用程式互動，特別是在他們的社群生活中？是否有哪些社群建立於此應用程式上？

如你所見，這些問題與分析用戶的問題非常相似：動機、先前經驗和信任感。但是，這些答案作為指南更有價值，因為在產品的脈絡中，與用戶行為息息相關。

事實上，此過程用觀察、訪談和調查現有用戶，以了解他們對應用程式的看法，不論是沮喪或喜悅，確保對人們日常生活和使用該應用程式進行一些直接觀察[5]。這還意味著分析應用程式，查看應用程式的哪些部分成功捕獲了用戶的注意力。最重要的是評量與以下任務相關的用戶行為，並分析用戶族群對干預措施的反應。

行為人物誌

接下來，我們可以運用蒐集到的資訊來識別廣泛的目標人群中的（潛在）用戶。我知道這種說詞有些沉重，但是我想要產生一個正式的用戶人物誌：簡短描述典型的用戶，和簡單的背景故事，以及用戶的生活描述。由於設計行為改變需要改變人們生活的本質，具體的展現人物誌生動、現實與獨特非常的重要，而不僅僅是一個模糊的概念。

與傳統的用戶人物誌不同，這些人物誌都是關於行為的：可能因為應用程式不同，對行為干預的反應也不同。每個人物誌都應該有關於主題討論的資訊；表 7-1 提

5　感謝 Jim Burke 強調了直接觀察的重要性。

供了一種整理人物誌的方法。例子的靈感來自於我在 HelloWallet 和 Morningstar 的工作，目標行動是：讓先前從未使用線上儲蓄的族群，養成儲備積蓄以備不時之需。

表 7-1 兩種行為人物誌，為急用時所做的儲蓄

	節儉型	揮霍型
類似的行動經驗	始終保留應急的儲蓄	沒有為緊急情況儲蓄的經驗
類似的產品經驗	無需使用線上產品	只有在線上試用過儲蓄工具，而且不感興趣
與公司的關係	無	無
緊急情況下的現有動機	在緊急情況下，擁有儲蓄顯然很重要，也是該小組已經在做的事。所以為什麼要聽從建議？主要動機和不確定因素包括：他們是否有足夠的儲蓄？還應該為了其他事或在其他時間點儲蓄嗎？	為未來儲蓄是遙不可及的且沒有動力。但是，這個類型的人想要繼續維持有趣的生活方式。因此，為未來趣事做儲蓄（特別是當現金短缺，和不想要被認為很無趣的時候）是一種可能的動機。
行動障礙	N/A	目前沒有多餘的錢可以儲蓄
人物誌範例	Jane，33 歲，已婚。 父親失去了汽車廠的工作後，家庭陷入貧窮境地，讓她心生警惕。	John，28 歲，單身。 跟朋友同住，把積蓄花在享受美食和美好的時光上。

這裡有三種方法可以做出行為人物誌。首先，你可以使用四個問題（具有相似的行動、相似的產品經驗等），以開放式的方法激發人物誌的發想。例如，是否存在著比此用戶更有經驗的族群？這些人喜歡什麼？誰是該團體的典範？

其次，你可以用這四個問題，比較正式的來產生一組固定的選擇供探索。例如，考慮四個問題並將其視為一個簡單的是與否的問題。查看問題答案的每種可能組合（其中有 16 個）。第一步，你可以消除大部分的結果與你的人口無關的選項（例如，身體障礙可能與你的產品無關，這樣又可以去掉選項的一半）。之後，快速瀏覽選項，你可以詢問自己是否真的有適當用戶，其符合這些標準，以及他們作為群體又是怎麼樣的情況。其餘每個選項都能給你一個人物誌。

第三，當你擁有關於用戶及其行為的歷史數據時，你可以用統計學或機器學習來建構他們，尋找哪些用戶的特徵更能根據成果對群體進行細分。決策樹（decision tree）（像是「隨機森林模型（random forest）」等等），或是一個簡單的迴歸分析，就可以幫助完成此任務，我們在 Morningstar 就使用了這個方法。

我更喜歡數據驅動（data-driven）的方法。但是，當歷史數據不可用時，更正式的第二種方法雖然看起來有些奇怪，但完全涵蓋了可能的用戶範圍。這種方法能讓你考慮到每種用戶「類型」，並決定這是否與其相關。理想情況下，你的人物誌應該是詳盡無遺漏又互不重疊的；也就是說，目標群體中的每個人都只適合一個、且是唯一的人物誌。你還可以透過繪製一個簡單的框架來代表整個用戶群（圖 7-1）。每行標記出另一區塊的人口，直到涵蓋所有的人。

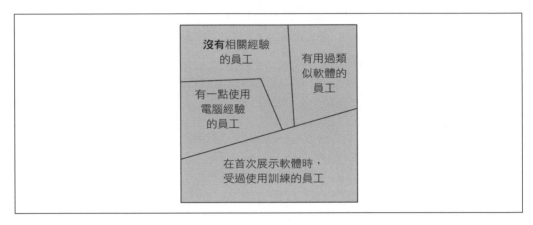

圖 7-1 分解樣本群體，以產生人物誌。這張圖來自一家新創公司，鼓勵人們使用其雇主所購買給他們的軟體

對於每個人物誌，將其標記為表格上的一部分，並大約估計其群體大小。如果人物誌重疊也沒關係。檢查重疊的地方，將其視為不同組別的人群。當你開始沒有想法時，你可以問「誰不是這個群體的一部分？」、「他們像什麼？」標記每個群組，從行為角度來說看看是否有些是多餘的。然後，利用那些非正式的群組去提出更詳細的人物誌。

在研究用戶時，要了解人口中不同的群體，我們也要了解他們行動的背景。用戶究竟為何註冊我們的服務？看起來像是一個很簡單的事：就註冊吧！但是對我們看似容易的事情，不見得對用戶也是容易的事情。我們利用深入這個行動途徑上的微觀行為來發現這個問題，以及用戶在現實中遇到的障礙。

行為地圖：這些微觀行為如何影響我們的習慣

歐巴馬（Barack Obama）提倡平價醫療法案（Affordable Care Act，又名 Obamacare）。他的團隊想動員支持者 call-in 到廣播節目中支持立法。在上一個選舉的週期中，他們建立了一套令人印象深刻的線上工具，來吸引潛在的支持者，並使他們參與競選活動，想從中招募潛在的選民為自己競選。

但是讓支持者 call-in 到廣播節目？那是一個相當困難的挑戰。而且這是大多數的美國人完全不熟悉的方式，尤其要講的是全新又複雜的法案[6]。

該活動是如何進行的？圖 7-2 提供了該競選廣告的線上螢幕截圖。他們將行動巧妙的化為志願者可以合理做的事。將整個行動分成三個容易處理的小行動。並將一部分的流程自動化，例如，清楚的列出要撥打的電話號碼。歐巴馬團隊針對流程的某些部分，提供了預設值或將其簡化，並在電話中提供討論要點的腳本。他們使用簡單的流程、清楚的指示，並提供正向的鼓勵。

圖 7-2 圖源自 barackobama.com 網站；
The Political Guide 於 2010 年 2 月拍攝的快照

6　這個策略並不只有歐巴馬團隊使用，至於藉此產生基層民眾對於法案的（特別）支持意識，則有些爭議。但這是幫助人們自願採取原本不想做的行動的一個好例子。

創建行為地圖

你知道你想做什麼（幫助志願者打電話到廣播節目）。你對用戶有所了解（他們有興趣做志願者，但是大多數的人卻從來沒有為競選活動 call-in 廣播節目）。現在該怎麼做？

為了參與 call-in 廣播節目，志願者要：

1. 找一個安靜的地點，準備好收音機和電話。

2. 找出廣播節目。

3. 收聽廣播節目，等待合適的 call-in 時機。

4. 取得要 call-in 的電話號碼。

5. 有 call-in 行動的進取心。

6. call-in 到節目裡。

7. 說服過濾電話的人員，這些志願者有一些有意義的事（而不是瘋狂事）要分享。

8. 在節目上說一些大家能夠理解、令人信服的話。

9. 向志願者中心回報完成 call-in，這樣其他志願者就可以將他們的努力分散到其他節目裡。

看起來有很多事情要做吧！想像一下，如果你的產品只是告訴用戶要找到電台並打電話告訴他們這些問題。每個人可能需要花長時間列出需要準備好的東西，找到嘗試這種新奇事物的自信心，還要在完成這個任務前不會被其他事物分心。他們還需要認真做好事前計畫：事先計畫要找的電台、在哪些時段可以打進去、要說些什麼內容等等。

事實上，只有非常少數的美國人，有打電話去談話性節目的經驗。如果要針對競選導向的活動宣傳節目，那又更少了 [7]。

---

[7] 關於該主題的數據似乎很少，但是即使廣播更受歡迎，1993 Times Mirror Center 為 People and the Press（Pew Research Center 的前身）進行的一項調查估計，美國人在日常生活中參與脫口秀節目的比例為 11%，其中大約有一半實際上是在廣播中。參見 Pease and Dennis（1995）。

再舉另一個例子，某人運動跑步，然而在踏出家門開始跑步之前還有很多要求必須完成。此人必須要先完成一連串事前準備的步驟：（a）穿上跑鞋，（b）確定路線和合理的距離，（c）找時間去做，（d）記得去做，（e）確保在跑步前沒有吃過量太飽，等等諸如此類，周而復始，一堆等著你去做的事情。

這就是為什麼我們有能夠幫助人們採取行動的產品，使原本繁瑣的任務變得簡單可行。這個過程從開始寫下用戶會做的一些行動的明顯步驟開始。寫下細節吧！列出身體和心理上需要被完成的工作，可參考廣播節目的案例。當我們決定去停止一項行為，這個行為地圖即描繪了很多一個用戶要完成行為的小步驟。每個步驟提供了干預措施的機會：幫助人們改變。這是同一個概念：把一個很大的行動，細分成一些微觀行為。

現在你有一個基本的步驟清單，讓我們把它帶入一個完整的行為地圖吧！

先寫下或畫出步驟吧！再補上行為細節

行為地圖描繪了一些用戶採取的各個步驟，他們透過使用產品來完成目標（或停止一個行為）。有一些步驟會在操作產品上出現，而有一些則是在產品之外會作的行動。這個用戶地圖檢查每個步驟中用戶的行為，以及**為什麼**他們會繼續進行下一步。

在 UX（使用者體驗）領域，這聽起來非常的熟悉。你可以用各種設計工具來表達行為地圖。我個人偏愛用戶體驗地圖（customer experience map），如圖 7-3 所示。它們不僅包括了個人體驗的各個階段，還可以看到「用戶的類型」（與人物誌相似）和用戶感到困惑、愉悅的地方，以及當下的情緒。相關工具包括接觸點清單（touch-point inventory）和地圖，同理心地圖（empathy map），以及旅程地圖（journey map）[8]。

8　有關用戶體驗地圖、接觸點和概念圖，可以參考 See Kolko（2011）的各種案例。Xplane 開發了同理心地圖；請參見互動案例（*https://oreil.ly/s5EJq*）。你也可以使用工具 Touchpoint Dashboard（*https://oreil.ly/48aQ-*），但白版和便利貼也能做的很好。

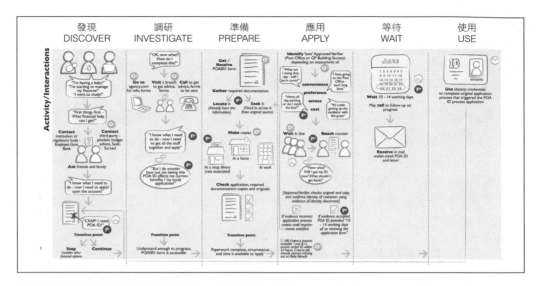

圖 7-3 部分的用戶體驗地圖。來自 Mel Edwards 的 desonance（*https://desonance.wordpress.com/*）

我沒有平面設計背景，所以我用更多簡單的工具來達成相同的事情：

- 平凡的流程圖，旁邊有註記

- 手寫的紀錄，描述用戶在每一個步驟中的體驗和心理階段

- 分階層的大綱，其中每個頂點都是用戶旅程圖中的一個步驟。在每一個要點下方，描述了用戶在此區間發生的情況

無論你使用那種工具來表達，制定開始的行為地圖和正常的用戶體驗圖有些不同。所以，請確保你做到以下幾點：

1. 寫下或畫出現實世界中大略的步驟順序，而不僅僅是產品中的順序而已。用戶必須採取完成操作的產品。（這就是我們在上一節，列出了一個人在參與 call-in 廣播節目時需要經過的九個步驟。）

   a. 為了成功，你必須要在產品中為下一步做計畫 9

9　我從現實世界入手的原因是因為對於許多行為（例如，控制財務、運動、參與政治活動、減少能源使用），產品僅是交互的一部分，但用戶決定是否會真正改變他們的行為。

2. 標出所有的步驟，並分為：

   a. 用戶在**產品本身**要執行的動作

   b. **產品應該要回應**用戶的某些行為

   c. 在行為地圖上列出，在「現實生活中」需要完成的所有事情（包含產品之外的事）

3. 檢查遺漏的步驟，尤其是對新的用戶而言。

   a. 從全新用戶的角度出發：從未互動過的用戶要使用你的產品。是否需要增加額外的步驟（例如，註冊）？

4. 尋找一次可完成的步驟。

   a. 從經驗豐富的用戶角度出發：經常互動的用戶要使用你的產品。對於有經驗的人，可以跳過一些步驟嗎？

在歐巴馬的 call-in 競選活動為例，志願者要打電話去廣播節目，顯然有些步驟是在產品使用之外的，例如：1.「找一個安靜的地方，準備好收音機和電話」和 3.「在適當的時間收聽廣播節目，等待 call-in 時機」。剩下的，就可以在手機應用程式上完成了。如果是有意願多次撥打電話的人，可能還需要完成步驟 2 或 4。

這是行為地圖的初稿，沒有什麼太花俏的事。現在，我們來想哪裡可以聚焦我們的注意力。

很少有大抉擇

應用行為科學意味著用不同的眼光看待人們的行為。與其假設人們做出明確的選擇，然後根據一個決定性動作來採取行動，我們反而更注重人們採取的許多小行動，以及當這些行動匯集在一起時所產生的廣泛效應（意料中或意料之外的）。而且，即使人們是刻意和深思熟慮的，我們也會研究一個簡單的大抉擇在其過程中有為數眾多的地方可能會偏離正軌。這就是為什麼我們需要一個行為地圖：在一個簡單的大抉擇中，找到所被隱藏的一些小步驟。

新的產品或功能 VS. 現有的產品或功能

行為地圖提供了一系列的微觀行為，幫助完成目標行動。對於現有產品，行為地圖具有描述性，就像前面所提到的案例：志願者在廣播節目一樣 —— 描述了人們需要做的事。我們從現有產品中取得數據，和在人們真實生活中互動來追蹤微觀行為。

對於新產品（或功能），行為地圖必須要更具備推測性。透過假設與使用者未來的使用狀況，我們可以更具體的了解該產品或功能的實際需求。

在這兩種情況下，我們通常都有發現事實 —— 人們所做的（或將要做的），遠遠比我們想像的來要複雜。而且人們可能會在很多的步驟上受到阻礙。如你所見，行為地圖可以幫助你診斷行為改變 —— 不管是現有產品中存在的挑戰，還是未來要面對的挑戰，我們若現在沒有思慮周全並且消除這些問題，日後就會面對這些狀況。

停止行為的行為地圖

想讓某人戒菸真正需要的是什麼？要求人們停止抽菸通常是以一命令句呈現：「停止！不要點菸（或電子菸）」但是現實情況更加複雜，有一條社群和身體的路徑導致每個實際的抽菸行為。我有同事也會抽煙，而他們的煙盒或電子菸就在手邊不遠處。當然，這還有內部依賴感和習慣的力量。與開始的行動一樣，停止行動不單只是在那一刻。相反地，這是一系列的時刻和微觀行為，所導致的決定性選擇或行為。

就像這些微觀行為會給有益的行為帶來潛在的摩擦一樣，它們也可以阻礙當前負面的行為。在創建行為地圖以停止某個行動時，請密切注意導致最終行動的微觀行為（micro-behavior），並且特別留意較脆弱或容易被打斷的微觀行為 [10]。阻止導致吸菸的其中一個微觀行為，要比在當你面前有一根菸的時候阻止你有吸菸的衝動容易得多。

舉例來說，如果香菸不在那裡給人暗示，或工作中的同事們並沒有邀請這個人一起出去玩，這個「抽菸還是不抽煙」的致命抉擇甚至不會發生。行為地圖可以幫

10　感謝 Clay Delk 強調這個觀點。

助我們找到那些創意機會來進行干預，而不是承擔流程中最難的部分（通常是最後一步）。

更好的行動存在嗎？

你可以將行為地圖視為有助於我們了解在何處進行干預 —— 那些導致行動的微觀行為確實需要關注。行為地圖還可以向我們展示干預的難易程度：改變行為的困難程度。

有時候，最明智的選擇不是更深入鑽研，而是重新思考整個計畫。看看是否用更好的行動達到目標 —— 在第六章中達到的目標，是否可以用更快速有效率的方式達到同樣的目標。讓我們來看看如何審慎重新評估我們對用戶應該要採取的行動核心假設。

一些產出想法的技巧

如何弄清楚人們可以採取的行動？什麼類型的行動可以使目標成果實現？

市面上有很多腦力激盪和創意思考技術的方法。我的啟蒙書是 Edward de Bono 的《水平思考》（Lateral Thinking），他即是將**水平思考**一詞普及化之學者，但你可以用你覺得適合自己的方式[11]。而無論哪一種方式，請都不要停止思考，直到你有至少五種不同的行動為止。

如果你不知道要從何開始，可以採取以下一些方法：

- 在成果發生之前此人會做什麼事？

- 公司的獨特性是什麼？哪些用戶行動更容易實現因為公司這些獨特方面的技能（專業技能、和用戶之間的良好互動等等）？

- 用戶已經做了哪些類似的事？

- 人們為什麼不想讓成果實現？

11　De Bono（1973）

- 用戶為什麼要讓成果發生？如果用戶有動力，他們會最自然地採取什麼行動？

- 觀察你用戶的使用情況。人們無時無刻在找改變自己行為的創意方法。請透過觀察用戶來找靈感，了解這些產品還可以做哪些事。

- 從隨機字詞表中抽出一些詞（是的，隨機。這是 Edward de Bono 所提到的一項技法）。這個詞和成果的關係？一個人會根據該詞做出什麼事以支持結果？

如果可以，從小處開始。從讓用戶輕鬆完成的小事情作為起點。這樣可以更快地進行測試，並且可以根據所需在未來進行擴展。盡可能地尋找用戶現有的技能和習慣，在此基礎上繼續發展。嘗試一些瘋狂的想法，在這個階段，不要自我審查和限制似乎不可能的行動。

該行動不必是用戶在使用產品本身時要執行的行動 —— 節食就是一個很好的例子。人們（大多）不會在吃飯的時後登入手機或電腦的節食應用程式。許多節食應用程式主要設計在幫助與知會個體形塑和準備食材和飲食選擇。使這些用戶避開食物的誘惑，並為自己做出更好的選擇。但是，這裡有一個危險存在 —— 當產品離行動本身越遠，用戶採取行動的可能性就越小。

當我們說行動時，在行動和成果之間必有差距 —— 假設該行動將實際起的作用，與產生用戶和公司所尋求的目標。我們將在稍後得出該假設並判斷風險有多大。在現階段，我建議將重點放在提出一些很酷的新想法，即使有些不確定也沒關係。

顯而易見的是我們的敵人

當你遇到困難時，這些產生替代動作的技術非常有用；當你探索用戶生活的脈絡時，請繪製出會引發行動的一些微觀行為，卻發現這有些難度。然後，你會再度回到繪製板上。

我個人從一開始就嘗試使用這些技術，而不是遇到死巷時才去執行。當我第一次接觸行為改變的想法或問題，並被問到如何支持一個目標行動時，我試著踩煞車。努力嘗試（當然不會總是成功）去質疑我們尋求支持的行動本身。

對於用戶長期存在且麻煩的問題，我們通常會採取「顯而易見」的行動。挑戰在於，對於長期存在且麻煩的問題，**顯而易見的是我們的敵人**。一旦我們開始思考

問題時，解決方案將湧入我們的腦海。從直覺上來說如果感覺不錯，我們將繼續往前進。這是認知上的海市蜃樓，我們的思考習慣把事實混搭著輕鬆自在的思想；這也是我們在工作中，常使用的啟發式思考。但是，如果問題很難解決，腦中快閃過的可能已經嘗試過或失敗了。

例如，假設你將目標成果定義為幫助用戶放將更多錢轉為積蓄。顯而易見的答案是設定預算和減少某些事情的花費。這很明顯，但對於大多數的用戶而言，這也是非常難操作的。其他不明顯的動作可能會更好產生作用（例如，自動從你的薪水中扣除這筆錢，所以它就不會在你的帳號中誘惑你）。同樣的，在關於退休金這一塊，當人們沒有為退休計畫儲蓄時，顯而易見的答案是金融知識。如果人們知道要退休是怎麼一回事，他們會儲蓄。可惜的是，事實並沒有表明這一點 [12]。

因此，當你遇到困難問題時，我建議你尋找「不顯而易見的」。寫下顯而易見的答案，然後強迫自己想出五個其他不相干的解決方式。使用隨機詞的水平思考方式，或是任何你覺得可以幫助你直覺找到感覺對的解決方案。

也就是說，我們並不總是需要舉足輕重的人來做決策。對於簡單的問題，顯而易見的就是顯而易見的！因為這實際上是正確的作法。你只需要採取明顯的途徑並遵守。在本書的第一版中，我將此部分放在前面，幫助讀者將替代行動視為最初行動的一部分。當不需要這種程度的努力時，它就在這裡並可以選擇替你節省時間和精力。

選擇理想的目標行動

當你產生了一項行為列表清單後，你會如何處理？整合並縮小範圍。

在變得過於花俏以前，請先刪除現有的行動障礙，尤其是如果在過去嘗試了類似的操作手法，卻未成功。接下來，所執行每個行動，請按照以下標準來評分，並將分數分為低、中、高。為了使整個流程更具體，請想像目標成果是用來幫助人們學習一個新的語言 [13]。

12　Fernandes, Neydermeyer and Lynch（2014）（https://doi.org/10.1287/mnsc.2013.1849）。

13　這種對潛在行動進行評分的技術是受到 BJ Fogg「優先級投射」（Priority Mapping）的方法，他在該方法中對行為的實施和有效性進行了評分。而且，肯定有一種科學可以交給人們新的語言，在這裡我不會介紹這些方法。這只是一個刻板的例子。

對成果的影響（*Impact*）

如何有效地實現成果？

換句話說，假設每個用戶非常認真地進行這個行動，會有什麼幫助？當學習新語言時，重複的背單字的效果最「低」；練習使用一些句子效果偏「中」；如果能身入其境，置身在異國效果最「高」。

用戶的動機（*Motivation*）

用戶採取什麼動機來執行行動？

利用用戶在產品現有動機和其社群互動的數據。用戶可能對於去國外旅行或透過結交朋友來練習該語言感到興趣（這兩個皆屬於效果「高」分）。他們可能對死記硬背的方式沒有興趣（此為「低」分）。

對用戶來說簡單（*Ease*）

此行動與用戶日常生活中做過的事多麼相似（包括和現有產品的互動）？

置身在國外學習語言（通常）是「低」的。重複練習單字和句子，可能偏「中等」或「高」。這些具體取決於你對用戶的了解。現有的習慣總是得到較「高」的評分，而要求用戶停止現有習慣的分數會被評為「低」（請參考本書第三章）。此過程可能需要專家來評估，對用戶帶來的行動影響。

對公司的費用（*Cost*）

公司針對一個行動來實施解決方案有多容易？

對於線上產品，提供語言學習的沉浸感是「低」的。和母語人士現場對話，則可能偏「中等」，取決於現有的資源和公司的能力。提供文本供用戶重複練習是簡單的，但公司可能要評估，是否用一個高階的工程師去開發相關產品。

掌握了這些評分等級後，請尋找明顯的異常值（outlier）。如果有出色的勝出選項，那就太好了。如果沒有，請從清單移除失敗的選項。如果這不能縮小清單的範圍，請用對公司最重要和最可行的方案進行判斷，給出他們的商業策略。如果資源很緊縮，執行成本自然變得相當重要！

行為經濟學在這裡可能很有幫助 —— 某些行為和思維方式對於（大多數）用戶而言本來就困難得多，而我們也在第一章中介紹了一些高階課程。例如，需要大量腦力計算的行為是困難的並且經常要避免。注重於長期收益而非短期損失的行動也與我們的認知機制相反（損失比收益的好要痛苦太多了，而短期收益又比長期收益來得更有價值）。

可惜的是，除此之外，這裡沒有更多的指南可以提供參考。請繼續縮小刪減清單直到表單中出現（留下）一個評分最高的選擇。或者，當有兩個不相上下的選擇時，可以在實踐中檢驗。

採取新行動後，更新問題定義。寫出新的行動並填寫以下詳細訊息：不論是需要開始或停止、由誰來做，以及導致此行動的微觀行為（micro-behavior）。

更新行為人物誌

如果團隊決定更改目標行為，則必須重新考慮行為人物誌（behavior personas），看看是否需要更新。換句話說，快速瀏覽這五個問題（具有相似操作經驗、具有相似產品經驗等等），並根據需要為我們的新用戶操作產生人物誌。通常，在各種行動中產生的人物誌可能是相同的，但也要為不同做準備。記住，不像一般 UX 的人物誌一樣，行為人物誌（behavior personas）是和目標行為相關的：因為目標是創造一組可能對產品試圖做出不同反應的人物誌來改變行為。

運用 CREATE 流程診斷問題

現在我們知道了個人要達到成功需要採取哪些微觀行為，我們可以從策略上看更多我們要對環境中進行的改變。為此，我們可以回顧本書的第二章和第三章的 CREATE 行動漏斗，幫助讀者去做有正向有意義的行動，和去停止不好的負面行動。

診斷人們為何不開始

多年來，我與許多個人和公司合作，寫出他們的行為地圖。通常當參與者規劃出他們想要支持的行為時，他們會說兩件事：

- 哇，這好多步驟！我們要求用戶去做的事遠比我們想像的還複雜！

- 我知道要怎麼做了！

只要用更有組織的、重點探索的方式凸顯問題，即可以找到清晰明確的解決方案。當沒有解決方案時，我們可以用 CREATE 漏斗，幫助我們診斷核心的行為挑戰（並努力修正）。

為了學習其原理，我們再用前面的 call-in 志願者作為例子。我們描述了九個不同的步驟，從「找一個安靜的地點，準備好收音機和電話」到「向志願者中心回報完成 call-in」。有了這種行為地圖和有關用戶及其狀況的數據，我們會問：「問題在哪？」

- 關於現有產品，用戶從哪個點卸載離開了？用戶在那個階段停下來？當然，每個人會在不同階段產生動搖，但我們要找出最多人陷入困惑的地方。

- 對於新產品，分析更為假設層面，但也類似。從你對用戶的了解，他們可能會在這一系列微觀行為中的哪個階段陷入困惑？

對於現有的產品和功能，此分析是根據你從用戶收集來的數據。圖 7-4 是一個改善員工福利的案例，是從一本我為「人力資源（Human Resources）」專業所寫的行為改變專書取得，內容涵蓋了退休計畫、健康計畫等內容。

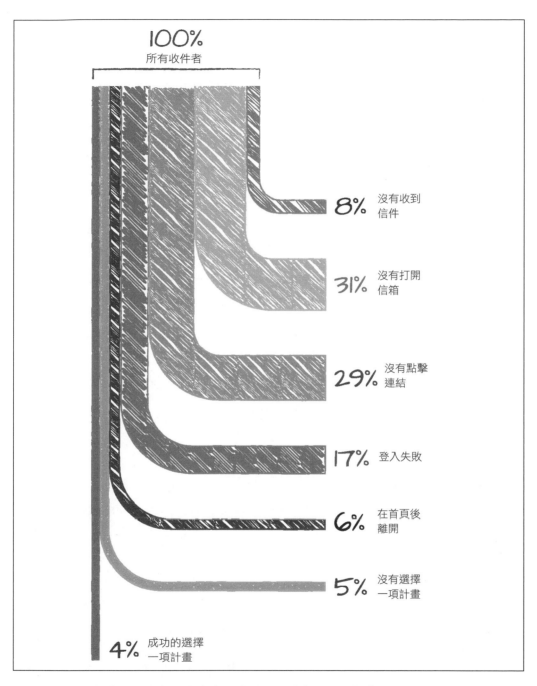

100%
所有收件者

8% 沒有收到
信件

31% 沒有打開
信箱

29% 沒有點擊
連結

17% 登入失敗

6% 在首頁後
離開

5% 沒有選擇
一項計畫

4% 成功的選擇
一項計畫

圖 7-4 以一種簡易的視覺化方式來表現出員工從何處離開、放棄的轉化漏斗

一旦確定了有問題的步驟，就可以使用 CREATE 行動漏斗。在特定的步驟和特定的潛在行動，用戶是否有適當的提示可以採取行動？用戶會產生什麼情感或直覺上的反應？這個行動是否有激勵的作用，而帶來的好處遠大於成本？諸如此類，只要答案是否定的，那就是行動上的障礙。這裡就是我們在設計過程中要集中精力的地方。

以無線電視節目為例，一個明顯有問題的步驟是「實際撥打電話」—— 克服恐懼和不確定性（情感反應），採取這個新的、不習慣的行動。

診斷過程分為三個部分：

- 首先，我們確定阻止人們（或對於新產品，可能會阻止人們）的微觀行為，這就是行為地圖。

- 其次，我們檢查哪個微觀行為可能是個問題。哪個點是人們會放棄離開（或可能會放棄離開）的地方？

- 第三，我們使用 CREATE 行動漏斗，來確定可能造成的行為原因。

掌握了這三項（行為地圖、一個「點」（或多個「點」）在地圖中表「問題點」和形成該問題的原因），我們就可以做出診斷。我們可以開始設計解決方案。

以上是關於「開始」一個行動。讓我們看下一段落類似卻截然不同的情況 ——「停止」行動的案例。

診斷人們為何不停止

關於如何停止行動有一個好消息，那就是診斷「為何不停止」的問題比「為何不開始」的問題容易的許多 —— 即使要解決這個問題不是那麼容易。每個 CREATE 因素都必須到位，才能開始一個（負面的）行動。要做診斷需要概述目前這些因素是什麼。觸發人們採取行動的線索是什麼？對於直覺或情感反應他們有什麼反應？諸如此類。

當你幫助用戶停止某個行動時，有必要去了解該行動是否為習慣是很基本的；也就是說，這是否為此人有意識思考之下的東西。這是因為，如我們在第二章所討論的，在一個習慣中，評估（Evaluation）、時機（Timing）和經驗（Experience）的步驟多數被省略了。一個提示（Cue）觸發一個反應（Reaction），並假設此人

有能力（Ability）去採取行動。在此，我們專住於 CREATE 中 C-R-A 的部分，而非整套流程。

這是以一個常見習慣來診斷干預點的案例：瘋狂地在線上追劇。而導致瘋狂追劇的微觀行為（microaction）是什麼？

- 拿起電腦或手機。

- 登入 Netflix 應用程式或網站。

- 選擇電影或影集。

- 開始觀看。

- 自動播放到下一集。

- 繼續觀看。

在每個步驟中，若不是習慣因素（C-R-A），就是有意識的選擇（CREATE）。我們接起電話通常是習慣性的。提示（Cue）是什麼？這是看到電話（外部提示）或覺得無聊（內部提示）。

診斷你要停止的行為需要：

- 確定導致行為的微觀行為（micro-behaviors）—— 行為地圖。

- 在每個微觀行為中，確定這是習慣性的還是有意識的。

- 使用 CREATE 進行有意識的行動，並使用 C-R-A 進行習慣性行動，制定出當前每個微觀行為的因素。

在行為地圖中，我們對行為本質的理解，以及使用 CR（E）A（TE）因素，正是我們設計解決方法所需要的。

這裡先給你一些前情提要：我們都聽過這個建議，為了避免使用者分心，把手機放在看不見、聽不到的地方；這是一個干預微觀行為的例子（特別是介入了 CREATE 行動漏斗流程中的提示（Cue）階段）。假設以上無法做到，且不能阻止此人使用電腦或手機，那麼你可以更改此人登入的方式（改變密碼或使密碼難以記住！），或去自動播放程序（更改設定使自動播放不會發生）。

自動播放的問題在於這是一個欺瞞的行為：自動播放使軟體承擔了個人工作。但我們還是可以透過取消這個設定，把這個工作還給使用者；也就是關閉了自動播放設定。阻止行動時，我們將使用這種行為地圖和列出促成因素，來尋找隨後過程可改變的小行動。然後，我們可以用 CR（E）A（TE）來辨別可以在哪裡創建行為障礙。

自我練習

本章是關於你檢查對用戶和其狀況的假設，所以可以精煉我們對於用戶的願景，並診斷他們面對的特定行為障礙。

這裡是你需要做的：

- 研究並記錄用戶的特徵，尤其是先前經驗的行為、先前產品的經驗、現有動機行動，他們與公司的關係（信任）以及行動障礙。
- 產生行為人物誌 —— 你期望的用戶會有不同的反應，嘗試改變產品的行動。
- 制定一個行為地圖，顯示行動者採取的步驟順序，從目前的狀態到採取行動。
- 為用戶採取的措施進行評分，包含有效性、成本、用戶動機和可行性。
- 根據這些標準選擇理想的目標行動。

你怎麼知道有問題：

- 用戶看起來都一樣，但並非如此。你可能還未深入研究他們的現有經驗和行為。
- 對潛在行動進行評分時，所有行動皆有相似的評分，或這些行動對公司的成本太高，又或對用戶來說太現實了。很抱歉，你可能需要回去思考更多用戶行動。

可交付的成果：

- 包含細節的用戶觀察值。
- 一組人物誌，指出產品的主要用戶（潛在用戶）和其特徵。
- 描述用戶的微觀行為的行為地圖。
- 在該行為地圖上，診斷用戶會現在或未來會面對的問題。
- 更新產品介紹，包含目標成果、行動者和行動。

活用習題：行為地圖

定義 （Define） 問題	探索 （Explore） 情境脈絡	精心策劃 （Craft） 干預措施	在產品中 執行 （Implement）	判定 （Determine） 影響力	評估 （Evaluate） 下一步

描述用戶從不行動到行動的每個微觀行為。然後詢問 CREATE 的六個步驟中是否有執行行動的先決條件。檢查現有先決條件，並簡單描述它們作為參考。當有其中一個消失時，可以思考如何重組行動、改變環境或教育用戶來幫助他們來完成整個流程。

用戶的初始狀態是什麼？久坐，不常運動

用戶首先要做什麼？打開電子郵件邀請他們來下載應用程式

- ☑ 提示（Cue）：雇主的電子郵件
- ☑ 反應（Reaction）：中立，收到雇主的各種電子郵件
- ☑ 評論（Evaluation）：打開的成本低，也很重要
- ☑ 能力（Ability）：簡單
- ☑ 時機（Timing）：來自公司的電子郵件應該要盡快打開
- ☑ 經驗（Experience）：中立

用戶首先要做什麼？用員工 ID 安裝應用程式和設置密碼

- ☑ 提示（C）：電子郵件中有呼籲採取行動的標示（CTA，call to action）
- ☑ 反應（R）：喔，又是另一個應用程式
- ☑ 評論（E）：可以幫助我維持身材
- ☑ 能力（A）：沒有員工 ID
- ☑ 時機（T）：坐在家裡閒閒沒事
- ☑ 經驗（E）：中立

用戶接下來要做什麼？去健身房上課！

以此類推每個微觀行為。尋找第一個主要的障礙：這就是你的行為判斷。雖然可能還會有後續其他問題，但是如果現在無法解決，表示這關連性不大。

以我們的運動應用程式為例，我們提早在此過程中發現了兩個問題：用戶對下載另一個應用程式產生負面的情緒，以及無法登錄帳號創建一個新帳戶。

活用習題：精煉行動者和行動

在某些情況下，對於某些產品（特別是現有產品）行動者和行動是非常明確的時候，請跳過此練習。但是當你在探索（Explore）情境脈絡時，可能會因為了解到你用戶更多，而發現你最初的假設是不正確的。如果你認為這個產品可以吸引或幫助另一個小組，或提供你的團隊一些以前無法解決的方案，這個活用習題可以幫助你改進和精煉。

行動：腦力激盪四種用戶會因為這項產品做出的行動，來實現你的目標成果。當想一想可能的行動時，請牢記以下幾點：

- 人們目前在實現成果所面臨的障礙

- 在成果即將發生之前需要做些什麼

- 你的公司如何獨特地幫助人們獲得成果

- 目前完成行動的人正在做什麼

行動 1：每週跑步兩次，每次兩英里

行動 2：寫下運動目標

行動 3：去健身房找私人教練

行動 4：參與現場健身計畫

為了探討更多內容，我們假設對於 Flash 運動應用程式，公司已鎖定行動（去健身房）和目標用戶（白領階級需要久坐的員工），其餘的將繼續按目標執行流程。在練習題本（*http://oreil.ly/behavior-change-wkbk*）中，你會找到一個額外的練習，幫助你腦力激盪不同類型的行動者，和評估可能的行動者和行動。

第八章

了解我們能付出多少努力：
一個關於魚的故事

D	E	C	I	D	E
定義 （Define） 問題	探索 （Explore） 情境脈絡	精心策劃 （Craft） 干預措施	在產品中 執行 （Implement）	判定 （Determine） 影響力	評估 （Evaluate） 下一步

假設你正沿著海灘散步。你看到一條魚擱淺在沙灘上，在離水幾英尺遠的地方掙扎翻騰。我們假設你想要幫助牠而非吃了牠，你會做什麼？

你會靠近魚然後跟牠說，「你有什麼問題嗎？難道你不知道在水裡多重要？如果你跟我一樣知道水有多重要，就會想趕快回到水裡！」

又或者你會很平靜的想要教這條魚，「讓我來跟你解釋你的鰓如何作用。你的鰓會吸收溶解於水中的氧，然後讓氧氣回流到你的血液裡，所以身體其他地方也能使用它。如果你不在水裡，就無法取得氧氣，很快就會死亡。」

以上的事不太可能會發生，顯然太愚蠢了。魚不是因為沒有動力而躺在沙灘上，也不是因為缺乏知識的理解。或許魚不知道這些知識細節，但是卻「知道」最重要的部分：牠需要重新回到水裡。

除此之外，在那一刻你還能做四件事。

首先，你可以撿起那條魚，捧在手上，然後把牠放回水裡。魚只需要保持原狀，不需要花太多力氣掙扎——這看似很小的事但對於魚來說卻意義非凡，比起自行游回去水裡簡單多了。

其次，有一種方式可以處理所有的問題。你可能以某種方式讓魚進入休眠模式，把牠放入水中後再將魚喚醒。這樣一來魚什麼事都不用做（甚至不用為了掙脫你而不斷掙扎擺動）。

但是，如果你不想用手去抓黏搭搭的魚，你可以在沙中挖一條水道，倒一些水在魚身上，引導牠游回水裡。如此會更容易完成本來魚自己想做的事；這是我們的第三種選擇。

第四，如果你能事先花一些寶貴的時間訓練魚如何翻躍得更好。但是，當問題很嚴重時，你通常沒那麼多時間。

無論哪種方式，大吼大叫、教育講道理或靠魚救自己都不是好主意。

在設計行為改變時，我們第一個直覺是大喊：試圖激勵某人去做某事。或者，我們會嘗試弄清楚他們的想法，認為如果他們能像我們一樣理解問題，他們就會採取行動。但是，這些都不是非常有幫助。當我們的用戶（他們不像魚，至少會了解問題的關鍵所在）是那些有問題的人；即使他們不知道所有細節狀況，但他們已經了解基本的知識 [1]。

相對的，我們應該從一開始就認真地研究人們苦苦掙扎的行動本身。有沒有更簡單的方法可以達到相同的目的？對這個人而言，有更自然可以完成的方式嗎？

我們應該（1）改變行動使其更容易。改變行動最極端的方式，是將工作完全由我們自己承擔，或（2）替他們而做，所以這個人根本不需要做任何事情。或者，（3）改變環境，使人們更有可能採取行動。最後，如果我們有時間和能力，我們可以（4）改變此人為他們的行動做準備。

1　如果他們認為有待解決的問題，或者儘管意識到了問題卻不認為重要，那麼我們不應該一開始就參與其中，即是說服或強迫。

圖 8-1 改變行為的四種方法：替他們做、改變此人、改變行動或改變環境

這些選項中的每一個都塑造了行動的情境脈絡。每個都被設計來增加好的成果的可能性；這是我們在特定情況下進行干預的四種主要方法來促成行為改變。

設計過程的目的是精心策劃一個有利於（或阻礙）情境脈絡的行動。以先前的例子來說，若能精心策劃一個更好的情境脈絡，就不太可能需要對魚大吼大叫。

讓我們簡單地來看改變行動的極端狀況：替他們完成事情。這是我們用欺瞞的方式在設計改變行為，並幫助他們完成所需要做的事情。當我們可以用這種神奇的解決方法時很棒，但我們不應該抱太大期望。之後的幾個章節，我們會探討更多改變行動、環境或人的細節。

如果可以，請替他們完成

當你把一個行動變成有獎勵的、簡單的、熟悉的、社群接受的，或其他我們在先前第二章討論過的，這行動還是需要牽涉用戶完成。在理想的情況下，公司可以找到方法將此負擔轉移到產品上，透過聰明的方法，使用戶不必積極的參與此過程，甚至不用獲得用戶允許。所以這就是為什麼我將其稱為欺瞞——用一個簡單的方式替換掉用戶討厭的問題：用戶決定是否要讓產品替他們採取行動。如你所見，這個策略僅在某些情況下適用，但是一旦可行，它的作用會非常強大。

公司究竟如何「欺瞞」，取決於目標行動是否採取了單次性或不頻繁執行（例如，買慢跑鞋），或重複執行（例如，每天晨跑）。我將分別討論這兩種狀況。

單次行動的欺瞞策略

要進行單次欺瞞行動，可以透過直接行動使其自動化；也可以使其變成另一個行動的附加作用。以下我們對這兩者有更詳細的說明。

使其自動化

為了自動執行一個行動，公司首先找到一種方法替用戶行動基於利益。然後，公司通常會將其與另一種省時的工作技術結合：預設值。他們給用戶一個選擇，選擇是否讓產品代表他們採取行動。當用戶選擇「要」則執行產品預設值；當然用戶也可以選擇「不要」。

大多數的自動化是看不見的 —— 當自動化發生時，你甚至不會意識到。實際上，我們並不習慣發現我們周遭的自動化行為，因此我們很少將其視為解決方案。有鑑於這點，我提出自動化的最常見反應是，「太好了，但是在這裡是行不通的。你不能使這種行為自動化。」以下有些例子來說明自動化如何在現實生活中運作：

尋求行為改變：讓用戶為未來儲蓄

最近歷史上兩個最成功幫助使用者的省錢案例，一個是 401(k) 自動註冊和自動升級[2]。（401(k) 是美國雇主為員工提供的退休儲蓄計畫。）在自動註冊下，有資格參加 401(k) 計畫的員工將自動被預設為參加，但是若他們不願意也可以退出。這樣自動化將員工導向 401(k) 提升了參與率；同樣的，隨著時間的進展，自動升級也會增加參與率，但是員工還是可以隨時選擇退出。

用戶最初採取的行動通常很少。例如，在新的員工文件上簽名。之後，401(k) 計畫會自動從該員工薪水中扣除，並轉入其退休帳戶中。員工不用選擇每月為退休計畫提供存款（或找人力資源部門去做書面合約來參與這項 401(k) 計畫）。這個過程幫助了用戶省去了很多繁瑣的工作。

2　對於許多美國人而言，行為改變並不是我們的政策制定者和公司所想要的，它已成為一種短期儲蓄手段。但是對儲蓄的影響結果仍是驚人的。有關自動註冊和自動升級的弊端，請參見 Fellowes（2013）。

401(k) 自動註冊是增加儲蓄的有力案例，但這也規避了自願行為和欺瞞行為之間的界線。有些雇主努力告知員工其退休計畫和違約金，但在某些情況下，員工並不知道他們的帳戶設定，直到有一天他們離職時收到一張支票 —— 結果他們很快就把這筆錢用在非退休的需求上，因為他們從一開始就沒有被告知，也沒有在過程中做投資。

自動化和預設值的影響

在這種情況下非常重要：預設加入計畫比起沒有預設加入計畫，帶來了近兩倍的參與者 [3]。

尋求行為改變：讓用戶拍高品質的照片，而非糟糕的照片

高級相機製造商會遇到的問題：許多消費者想要很多功能，但是這些功能會使相機容易因為用戶的不當使用，導致照片品質變差。

好的相機製造商有一個簡單的解決方案，幫助人們拍攝高品質的照片，但是仍然提供強大的選項（以及高昂的價格）：這些相機有強大的內建功能，可以幫助用戶處理大部分的拍攝工作。這些功能（例如，自動對焦或去除紅眼）的預設值被開啟，使相機變得容易操作，並能提供良好的圖片。除此之外，這相機還有時髦的外觀和其他功能，使其比一台普通的廉價相機更具有吸引力。

電腦軟體中也有許多類似的自動化和預設值組合（「你會想要用標準安裝，還是令人怯步的客製化安裝？」）—— 選項都有了，軟體製造商也提供了智能預設值。因此大多數的人不必擔心太多，即可輕鬆的完成軟體安裝。

自動化和預設值的影響

顯然這些相機不能幫我們拍一些有趣的照片。更值得探討的是：若相機少了預設值，如對比度、白平衡和 F- 停止等功能，還能在廣大的市場中存在嗎？

使其成為附加的

如果行動無法簡單地設為預設值，那麼還有另一個明智的選擇 —— 使其行動成為附加的。換句話說，不要讓用戶考慮採取任何行動。當用戶執行其他行動時，使

3　Nessmith et al.（2007）

行動自動發生 ── 一些內在的更有趣或更吸引人的東西 ── 但留給用戶拒絕採取此行動的權利。以下有兩個案例：

尋求行為改變：改善人們對重要維生素和礦物質的攝取

好的，在我介紹解決方案之前，什麼是提高取得維生素和礦物質最有效的方法？說服大眾攝取維生素和礦物質的好處？請名人做一個公開的活動來宣導礦物質的好處？那麼這樣如何：在經過同意下，把它放入人們吃的食物中，例如：將碘加入食鹽中。

缺乏碘是精神發育遲緩的主要可預防原因[4]。缺乏碘會造成發育遲緩、嬰兒死亡率提高、智商降低、甲狀腺（頸部腫大）等等[5]。據統計，有二十億人有碘不足的問題。實際上，生產碘並把碘加入鹽裡的過程，兩者皆幾乎不需成本。

以下這個碘加入食鹽中的故事還說明，即使是預先設定也不允許被轉化為強迫的，無論是在實際上或道德上。在很多地方，人們都反對在未經過他們的同意下，將碘添加到鹽中。所以導致提倡加碘的活動失敗（並且碘缺乏症的問題還繼續存在）。如果無法有其他選擇（無碘的鹽）和在沒有同意的情況下進行，那就不是「預先設定」了 ── 但這是一個有道德問題的指令。這必須要先得到人們的同意。

碘成為附加品的影響

在許多使用碘鹽的地方（經過同意），缺乏碘的問題已經不存在了；這是策略改變行為最理想的成果。現在美國已經很少有碘缺乏症的問題了，除非在碘沒有被加入鹽的地方例外。

尋求行為改變：讓人們（自願）為儲蓄計畫提撥款項

在這種情況下，一種解決方式是儲蓄樂透彩券（又稱獎金連結的儲蓄帳戶）。一個與獎金連結的儲蓄帳戶，就像樂透彩券一樣，人們可以「購買」多張彩券[6]。每張券都是儲蓄帳戶的存款。就像任何樂透彩一樣，會有一個大獎讓一個（或多）贏家得到。但和一般樂透彩不一樣的是，參與者不會損失其成本；

4　McNeil（2006）（*https://oreil.ly/EmZdB*）。不過我當時的參考來自維基百科（*https://oreil.ly/D4lmY*）。

5　American Thyroid Association（2020）（*https://oreil.ly/DdXEW*）

6　從法律上來說，與獎金掛鉤的儲蓄通常在美國會構成抽獎活動；不過，這裡無需進入法律定義。

這些券的錢會存到他們的儲蓄帳戶中[7]。對於參與者來說，有非常多好處且幾乎沒有令人沮喪的缺點。

對於喜歡玩樂透彩券的用戶，儲蓄的部分是附帶的：因為他們無論如何都會買彩券[8]；對他們來說不會浪費買彩券是一個額外的好處，但並不是他們參與這個活動的主要原因。

使其為附加品的影響

> 獎金連結的儲蓄計畫始於英國[9]，幾世紀以來在世界各地都很受歡迎。最近在美國的也受到歡迎，這要歸功於麻塞諸塞州的一個非政府組織——Commonwealth 的努力不懈[10][11]。

還有很多我們在日常生活中很少想到的例子。如果你想讓你的小孩吃藥，可以將藥丸壓碎放入他們喜歡的果汁中。幼兒不在乎或不知道（如果他們不知道，他們就不會抱怨）藥丸的存在；因為它是被附加的，而果汁是個關鍵！

即使行為改變是產品的副作用，相同的道德標準在用戶直接採取行動時也適用[12]。副作用真的對用戶有幫助嗎？如果他們知道了，他們會對副作用感到驚訝或沮喪嗎？

---

7 Tufano（2008）

8 Filiz-Ozbay et al.（2013）

9 Murphy（2005）

10 我們也可以將州彩券作為向學校捐款的附加例子。自 1985 年以來，僅在加州就在「教育資金」投入了 240 億美元（Strauss 2012）（*https://oreil.ly/_Das-*）。但是，州彩券還是一個很好的例子，說明了大腦與有意識的預算過程有多麼不同。在我們看來，學校捐款是我們購買彩券的附加作用，不需付出額外的工作。實際上，州預算編制者有意識地知道一美元就是一美元，並將這筆錢從一個預算類別（學校）轉移到另一個預算類別。改變彩券參與者的行為並不意味著你也在改變會計師的行為！

11 另一個使儲蓄成為習慣的好例子來自 IDEO/Bank of America「保留零錢」（Keep the Change）的計畫。美國銀行將人們的金融卡消費金額四捨五入，並自動計算其差額轉入至用戶的儲蓄帳戶中。該用戶什麼也沒有做，就能使儲蓄行為成為偶然。

12 感謝 Peter Hovard 特別強調了行為改變附加的倫理問題。

重複行動的欺瞞策略

你還可以將預設值和使行動成為附加的這兩種方法，用於重複行動。舉例來說，透過獎金連結的儲蓄計畫，儲蓄樂透彩可以每個月重複，以鼓勵人們持續儲蓄供款。

此人每次行動，儲蓄都是附加的。同樣的，此人每次使用應用程式，都可能會遇到相同（可配置）的預設值。

除了這兩種方法之外，重複行動還有另一種可以實現的方法：透過**自動執行重複動作**的方式，將重複行動轉為單次行動。

自動執行重複動作

基本上，重複執行某個行動比單次行動要困難許多，即使這個人花了很多時間學會了如何做得更好。所以，為什麼不把重複行動轉為單次行動呢？

在這種情況下，個人設定採取單次行動或自動化處理，然後剩下的部分就在不受干預下交給了產品本身。這個原理很簡單，並且與預設單次行動非常相似：在幕後施展魔法，將用戶原本的工作交給產品完成。

在健康領域中，有些自動重複行為是很好的例子，例如人們隨身攜帶的運動追蹤器。這些產品包括了運動手環，像是 Garmin 和 Fitbit，以及手機應用程式（例如，Runkeeper）使用 GPS 或手機加速器去完成追蹤，而不需要再透過額外的設備（請見圖 8-2）。這些應用程式和設備自動記錄和比較用戶的運動目標，成功地替用戶完成一些繁瑣卻有幫助的事（例如，記錄在運動日記中，將其與每日目標做比較）一旦**運動追蹤**自動完成，公司就可以專注在更有趣的（和對用戶有益的）目標行動，像是幫助用戶進行**更多運動訓練**。

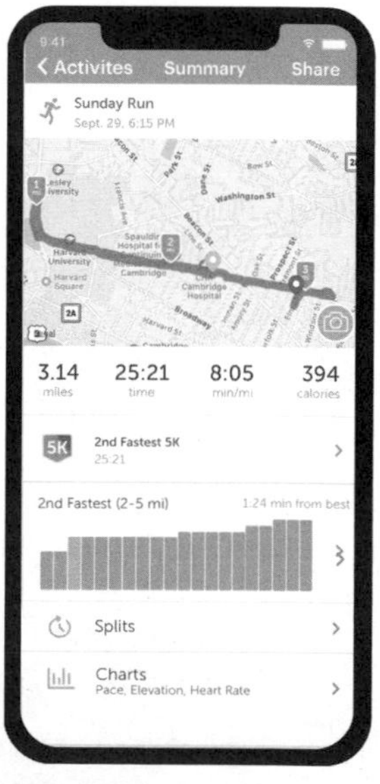

另一個行為自動化的例子是在個人理財領域。使用自動對轉帳交易進行分類和追蹤支出的軟體，例如：Acorns、Mint 和許多其他銀行網站。在過去的時代（即 1980 年代），如果你想知道你的帳戶裡還有

圖 8-2 Runkeeper，一個自動化運動追蹤的手機應用程式（圖為 Runkeeper 提供）

多少錢，你必須查看你存簿上的收支（還記得紙本支票嗎？）。當自動提款機在 1990 年代開始流行時，你還是必須追蹤和用現金提取。如果你有信用卡，則銀行每個月會寄送該月的帳目明細，但是在送達以前，就不是很方便查看了。

使用個人理財應用程式，可以幫助追蹤並結算產生花費。每一筆交易都會被自動記錄，並與目標或預算項目做比較。與許多其他形式的自動化一樣，一旦為用戶自動化操作，產品團隊便可以自由地專注於更有趣且難以更改的行為。例如，幫助用戶對預算保持關注。但是，對大多數的用戶來說，如果一開始就花費時間在追蹤自己的支出，就是不可行的。

最強大的組合就是將自動化與預設值設定結合起來，自動化使它成為一次性動作，而預設只不過是一次被允許的自動化。我之前沒有詳細介紹，但是 401(k) 自動註冊就是這樣一個例子——儲蓄供款自動扣除，預設是註冊該程序。

但是，欺瞞終究還是欺瞞吧？

在我繼續談其他行為改變策略之前，我想探討一個我已經在許多優良產品中看過的隱含假設（implicit assumption）。如果我們作為設計行為改變者想要幫助人們採取行動，我們應該要鼓勵人們前進。我知道雙方都會覺得不容易，但這也是為什麼會是值得的對吧？

其實不然。

如果目標是讓人們更健康，則該行動與目標是一致的（例如，使人們已經吃過的食物變得更健康，但味道和價格卻不改變），況且自動化沒有討厭的副作用，如果用戶不必為了這件事努力，這件事本身還有意義嗎？我只是聽到自己內在的聲音說：「好吧，這畫錯重點了，我們希望人們做出明智的選擇，了解營養能帶來的奇蹟，對我們為幫助他們投入所有精力的心存感激。」有時候，當我們為行為改變設計時，我們暗自希望得到的不僅僅是簡單地幫助我們的用戶：我們也希望他們成為有道德的人。我們想要他們學習我們知道的所有重要事物，我們希望他們關心我們關心的事情，我們希望他們為實現目標付出真正的努力，以證明他們的決心和承諾。但是，這些都是來自行為設計師的渴望，而不是關於用戶以及幫助用戶成功的因素 [13]。

13　當然，這種有道德的人的形象是根據我們自己（行為設計者）所建的。當我們嘗試讓用戶更喜歡我們時，這就像是一種自我肯定的形式。遺憾的是，我已經在自己和其他許多人的作品中看到了這一點。

因此，弄清產品的最終目標至關重要。例如教導人們對健康飲食的了解是一個值得稱讚的目標。但是我們真的只想教人？還是我們教導人們改變飲食習慣，從長遠來看，這會使他們更健康嗎？如果我們能往前解決這個非常特殊的問題，然後繼續進行其他工作，那是一件好事嗎？也許讓食物更健康有助於減少缺乏維生素的目標，但不能解決新血管疾病的問題。很棒的是，食物解決方案到位後，你就可以將精力投入到下一個問題：幫助人們減少心血管疾病。

任何產品都有多個目標。但是你應該有一件清楚的事情，檢測其成功的依據，最中成果或目標（一件事可以是綜合的多個較小事物）。在第六章和第七章中，我們已經介紹過如何辨別和調整產品目標；我們假設你已經這樣進行了。當你清楚關於到底在尋找什麼的時候，就盡力去做吧，即使這會感覺像是在欺瞞（因為不會讓人有感覺）。有益的行為改變沒有殉道者。使工作神奇消失的關鍵是你可以繼續前進，並幫忙你的用戶解決其他更棘手的問題。

這背後也有很好的行為科學佐證。簡而言之，我們的自我觀念根據我們自己的行為不斷進行調整。我們經常忘記（或忽略）我們為何會去做事情的原因，並根據對自己的行為所觀察到的事情為基礎，建構出我們的人設故事[14]。例如，如果我們成功的為退休計畫提撥款項，即使我們提撥款項是預設的既定結果，我們也會突然間覺得那是我們能做到的事 —— 我們是儲蓄者！人們對於透過自動提存計畫（automatic enrollment）而省錢感到自豪，那種自豪感是真實的，不應被打折扣。我們認為自己是儲蓄者的這個自我概念，會對其他相關行為產生連鎖效應 —— 我們為未來的行動作好準備。

Freedman 與 Fraser 在該領域進行的一項經典研究中[15]，研究人員首先要求房主在窗戶上貼一張紙條，來鼓勵安全駕駛。幾週後，這個隨機被選擇的小組與其他房主相比，更有可能接受關於安全駕駛的大型看板標誌；高達 76％ 接受了大型標誌，相比之下，沒有被要求貼過小紙條的則佔 17％。在其他研究中，房主也更有可能接受其他不屬於駕駛行為類的標誌。這些房主開始將自己視為社區的活躍人物，這也對他們的行為產生了廣泛的影響。

---

14 Wilson（2011）。建立與我們自己的行為一致的（非不和諧的）故事的相關趨勢，已經從北韓古拉格（gulags）到得寸進尺策略（foot-in-the-door technique）的連續銷售承諾。參見 Cialdini（2008）。

15 Freedman and Fraser（1966）（*https://doi.org/10.1037/h0023552*）。

當然，在某些情況下這種方法行不通。當人們不知情的情況下行動就發生了，那麼自我觀念就不會改變——但在那種情況下，根本不是自願的行為改變；這是幕後的騙術。

欺瞞行動漏斗

還記得圖 2-3 的 CREATE 流程嗎？讓用戶緊迫的從最初的提示，到有意識地選擇採取行動完成整個行動漏斗流程很難吧。欺瞞策略佔用了「行動漏斗」，並改變了其意義。藉由刻意選擇要採取艱辛的行動，在用戶經歷「漏斗」時，就會成功。當產品欺瞞時，若用戶同意即表示動作已成功發生，但沒有通過漏斗來阻止它發生。

當無法替代用戶完成時，就使用 CREATE 流程吧！

當你有能力施展魔法時，你應該：神奇地使用戶的行為挑戰消失（並讓用戶保有選擇的權利）。可惜的是，魔法並不會如我們所願。因此，接下來的兩個章節將引導你完成制定干預措施的詳細資訊；如何特別地改變行動、環境和幫助（或阻礙）行動的人。解決方案（干預措施）：與第七章中的行為診斷有密切的關係。解決方案，像是有關行為的問題，請使用 CREATE 行動漏斗。

當你著手開發解決方案時，以下是關於行為設計的哲學或設計改變行為科學的一些經驗教訓：

* 記住要有跳脫用戶動機的思考。
* 記住要有跳脫螢幕（產品以外）的思考^{譯注}。

譯注：指全面性的思考。產品設計流程，不會只從產品上才開始，必須從使用者的整套行為地圖去思考。舉例來說，當使用者想叫一台 Uber 會有哪些流程？Uber 產品設計師在設計 Uber app 上的叫車流程介面時，必須要把整套用戶旅程圖（user journey map）考慮進去。包含從用戶出現想要叫車的念頭（還沒跟手機、甚至這個 app 互動）這個行為開始…到整個流程結束。用戶體驗不單只有在 app 上，這樣的考量才會全面）。

跳脫動機的思考

正如我們在開頭的故事中讀到的那樣，魚具有恢復原狀所需的全部動機，並回到水中——魚的問題在其他處。這也鼓舞了當我們在設計行為改變時，要看超出用戶的行為動機。那是因為設計師和產品經理的第一個期待改變行為是增加動力。以我的經驗，這是當我們被問到如何鼓勵人們去做某件事情時，我們大多數的人都會想到的策略。問題是，我們通常不需要額外的動機，或是至少不是靠動機本身。

這是一個真實的案例：當雇主為你提撥款項（即雇主對應提撥（matching contribution））來投資退休計畫的財務性報酬（financial reward），是巨大的。我們談論的是數十年來不斷增長的免費資金、免稅福利，用魔法複利。員工需要親自提撥一部分自己的錢來獲得對應提撥款項，但是這也是他們自己知道，無論如何都要去做的事。這樣才能享受退休生活（而不是到了 70 歲時，需要住在自己孩子的地下室）。不過，多達 50％的人在初步並不會選擇這麼做，除非採取了一些鼓勵改變行為的策略 16，例如流程自動化（自動加入）或提供一個誘因使用戶做出選擇（一個強烈驅動的行動）。

換個方式來思考這個問題：什麼是最有效的賺錢方法？換一種說法，你如何獲取最大的經濟回饋？對於我們大多數的人來說，我們**根本不知道**，我們也不會浪費時間尋找那個「產生最佳經濟」的答案。我們選擇了其中最好的職業管道，包含我們需要留意的、可行的、多樣化的。符合我們個人故事和以往經驗的一組動機和選擇。金錢和其他動機一樣，只是故事中的一部分。

這裡是過度關注動機時，會出現的一些挑戰：

- 當一種產品正在幫助人們採取他們已經想做的動作時，根據定義，人已經有一定的動機。對於大多數的「良好」行為，例如運動，每個人都已經告知此人運動有多重要。

- 總是有其他競爭動機去做其他事情。我們理解將採取哪個確切的行動、為什麼，以及何時採取行動是開始的關鍵。而答案往往不是「最有動力的」。

16　Nessmith et al.（2007）

這並不是說讓人們更有動力不重要。只是說這樣還不夠。增加動機的策略（例如凸出顯示用戶的現有行動原因，或嘗試為用戶找到合適的激勵因素），效果最好與 CREATE 行動漏斗的其他部分一起仔細執行，例如第二章。有更多動機可以提高一個人成功通過直覺反應和有意識評估的漏斗組成部分。但別忘了還有其他事要去做。

舉個例了，假設你在用戶完成某項行動時給予了一個認可勳章，這就是增加動機的一種策略。這很有幫助，但需要與 CREATE 行動漏斗的其他部分一起進行。例如，要使用戶從這種額外的動機中受益並最終採取行動，必須讓用戶先注意到獎勵的存在。換句話說，用戶需要被**提示**來思考，目標行動也必須**勝出**（相對更具刺激性、更緊急等）用戶可能採取的其他潛在行動。這兩種策略——提示和阻止競爭——會接著而來。

當教育你的使用者時，會有哪些價值和限制？

在行為改變的脈絡中教育用戶，就是為他們提供他們需要的訊息，然後希望當時機到時，他們能夠做出明確的決定。

專注於資訊是一種沒有爭議且通用的行為方式。我們認為，只要他人能夠取得和我們相同的訊息和訓練，他們就會和我們一樣去相信。這是我最喜歡的其他許多非政府組織（NGO）和政府機構所採取的方法。

可惜的是，資訊不能使我們平等，也不能使我們的行為相同。正如我們在第一章中所看到的，有意識的訊息可能與行動無關。基本上，有可能是習慣性動作或是直覺反應。或者，當產生影響，可能會被我們所有其他經驗過濾掉。

向用戶提供訊息的功能可以是非常強大的。但是我們應該考慮如何使用。在以下情況下，教育工作將很難推行：

- 人們根本沒有意識地思考自己將要採取的行動——是習慣性的或自動的。

- 人們被太多的訊息淹沒。

- 該訊息在離需要做決定之前，太早或太晚出現。使我們快速地忘了不連接、不習慣的事情。

一個顯然不可行、只能做為教育之用的例子是，美國房屋抵押貸款的揭露做法。抵押貸款機構必須提供大量的文件說明全部狀況，從貸款的方式，到大多數較老舊房屋都有使用含鉛油漆，均需和盤托出。這些是重要的訊息，卻很少被讀取。其中有太多東西要理解，其內容結構沒有要求要特別注意的地方，也沒有清楚指出可採取的行動。在承受抵押人取得所有的揭露文件之時，他們唯一能做的「行動」就是離開，沒有房子，也不確定第三方保管的錢的去向。

為了更好地了解何時可以有效地進行教育，我們舉一個常見的例子：向人們宣導具有金融知識的退休計畫儲蓄重要性的研討會。在 1990 年代，退休計畫的使用增加許多，就是因為 401(k) 計畫的貢獻。這些研討會和在學校的金融知識宣導，已經造成許多爭議，許多研究人員開始質疑其影響力[17]。

考慮退休教育產品可以採用的三種不同方法，可以教育人們有關一項行動*為什麼重要*、*該行動如何進行*，和所需的*原始數據來做出好決定，或該如何做來採取行動*：

Why（為什麼）

> 整體而言，我們已經知道養成退休儲蓄的習慣很重要，畢竟沒有人想死於貧困。但是，對於其他有益的行動，很多用戶在使用產品時並不知道該行動的重要性。例如，一直到最近，我才知道皮膚癌篩檢對（相對）年青人的重要性。

How（如何）

> 我們不了解 401(k) 計畫的內部運作方式，關於複利等基本財務問題也讓人一頭霧水[18]。而且有證據表明，這些知識可以幫助我們做出明智的財務選擇[19]。但是當資訊太超前或離當下的決定太遠，就如同很多理財知識課程一樣，我們很容易看過就忘。

17　Bayer et al.（2009）；Mandell and Klein（2009）；Lyons et al.（2006）；Fernandes et al.（2014））

18　Lusardi and Mitchell（2007）

19　Hilgert et al.（2003）

What to do（該怎麼做）

當面對數十種 401(k) 選項時，我們不知道該怎麼做。事實上，我們通常會採取天真的策略，將相等數量的資金投入每個基金。這是一種簡單的啟發方式（heuristic），可以輕鬆實現多元化經營——使用股票市場指數基金或目標日其基金——可以簡化並影響用戶的決策效益。

哪一種教育方式最好，取決於特定的情況。伴隨自願行為改變，我們假設用戶已經有一些行動的動機。有關系統如何運作方式的訊息，可能會讓那些已經在其中的人著迷。但是對於不在其中的人，會覺得有壓力且離實際決策太遠。邏輯訊息（logical information）（要做什麼）可以提供明確可行的指導，和增加用戶立即採取行動的能力，這是 CREATE 行動漏斗流程中的重要關鍵。

螢幕之外的完整脈絡

設計行為改變的部分哲學是，我們不僅限於在產品中的行動；或者，再回到本章節初所提到的魚的故事：即使你的產品當時還不在沙灘上，你仍然可以幫助改變行動的脈絡，透過要求採取的行動類型、完成環境，以及用戶準備採取的行動。

情境脈絡包括兩件事：

產品本身

　　對於軟體應用程式，環繞用戶的主要環境即是產品。特別是，在網頁上用戶會在哪裡採取行動，或是 Fitbit One 追蹤器上那一丁點大小的進度螢幕。

用戶本身所處的環境

　　在使用應用程式時，用戶的體驗也涉及了所處的物理環境（請想像在地鐵內，網路訊號不良的請況下使用了這個應用程式）和使用者的社群環境（例如，來自朋友圈中定義「正確」的行為）。

當然，你可以控制大部分產品的使用情況。但是，你也可以使用該產品延伸到螢幕外和真正接觸到用戶的日常生活。例如，產品中提供的指南，甚至是圍繞產品周圍的行銷材料，為用戶定義行動。這些形成了用戶思考行動的方式，和他們在產品外面的日常生活中試圖要實現的目標。行動該如何改變的基本定義，可以且應該以用戶為基礎量身訂製。

自我練習

我們的產品以及產品如何解決問題很容易引起用戶的興趣。我們假設用戶對我們的解決方案同樣會感到興奮；我們只需要幫助他們了解這有多麼棒。但是若用戶無法立即「明白」，我們會想向他們大叫。我們會想趕緊告知利益。我們想要當頭棒喝告知他們的問題，以及我們如何為他們解決問題。

如果你從事產品開發或市場行銷有一段時間，那麼你可能已經在會議上，遇過會議中的每個人都確信用戶基本存在著某些問題。我們只需要教育／激勵他們，用戶就會用我們的解決方式。因為那些痛苦的會議，我寫出了前面那篇魚的故事，來提醒各位，當我們假設一個理想的故事情境，通常用戶不會有什麼問題。

相反地，若情境脈絡有問題，設計行為改變通常是透過以下四種方式之一來改變那個情境 [20]：

- 替他們做，減輕用戶的所有工作負擔

- 對行動進行結構設計，使其對用戶可行（或者相反，使其難度更大）

- 建構環境來支持（或阻止）行動

- 準備讓用戶採取（或抵抗）行動

第一個確實是一個特例：若能得到很好，但是你不該抱太大期望。

這是你需要做的：

- 問是否可以完全自動執行行動（即是此人不需要做任何事）。

- 特別注意預設值（在某些情況下自動設置合理的選項，使用戶可以做選擇），使其成為附加的（將有利益的一面和用戶所做的其他事情綁定一起，例如含有豐富維生素的麵包），或在用戶做出初始選擇後自動重複（例如用戶設置了轉帳功能後，將存款存入儲蓄）。

20　這個改變情境脈絡的流程與 Sebastion Deterding 在遊戲設計（Detering 2010）（https://oreil.ly/c7e-2）中的描述相似，並和傳統的流程——單純只有產品（工具）本身被設計有所區別。

- 不要強迫用戶辛辛苦苦的做完行動，只因為你認為「這對他們有幫助」。如果可以幫助他們實現成果，那就去做 —— 並解決更多艱難的問題。

你怎麼知道有問題：

- 用戶無法阻止產品代表他們執行動作，也不能在用戶體驗中找到簡單明瞭的方法。這不是為改變行為而設計的，這是一種強迫。

可交付的成果：

- 可能的話，一個神奇的解決方案 —— 請替他們做。

練習：複習地圖

從第 153 頁的「活用習題：行為地圖」來查看你的行為地圖。並診斷最可能出現問題的障礙。是否可以簡單地完全消除障礙 —— 跳過該步驟或為用戶減輕工作負擔？如果是這樣，那就太好了 —— 尋找下一個行為地圖中的障礙，並嘗試執行相同的動作。如果沒有其他障礙，請跳過接下來的幾章，我們直接介紹執行解決方案（第十二章），

以我們的運動應用程式為例，我們發現的障礙之一是當用戶收到電子郵件時，沒有員工 ID 號碼在身邊，而造成行動漏斗中的能力（Ability）中斷。我們可以透過將 ID 附加在邀請電子郵件裡面，來跳過這個步驟。然而，還是存在另一個障礙：一個負面的反應（Reaction），即下載並使用其他應用程式。所以我們要精心策劃干預措施來克服障礙。

第九章

精心策劃干預：
提示、反應、評估

行為科學中最早且最有力的發表來自英國的行為洞察團隊（Behavioural Insights Team）。他們與有稅收債務的人溝通，並與他們分享一個事實，即大多數的人確實在繳交他們的稅款。這鼓勵了那些自己尚未繳稅的人。換句話說，他們使用**描述性規範**（descriptive norms）。結果清晰有力：在 23 天內支付債務增加了 5.1%[1]。

從那時起，守法納稅（tax compliance）不意外地一直是各國政府行為科學中的重要領域。這些花費的成本很小，並且擁有悠久的成功歷史。

---

[1] 有關於其他國際稅務合規研究的摘要，請參見 Hallsworth et al.（2017）。對於有關 BIT 在此領域的工作以及其他突破性項目的更多的訊息，請參見 Halpern（2015）。

其中一項努力來自科索沃這個小小的低度開發國家，世界銀行的思想、行為與發展部門（eMBeD）和德國國際合作機構（GIZ）協助該國的稅務機關設計，實施和評估了三項測試性試驗，用來改善稅收情況[2]。在美國，許多美國人抱怨稅率以及政府如何不需要他們；在像科索沃這樣的地方，低稅收也意味著政府在提供基本的服務給市民上有所困難。

該團隊測試了鼓勵居民自行報告其應納稅額的訊息——使用簡訊、電子郵件和紙本郵件。在交流的過程中，他們使用了：

- 社會規範法：「10 間公司中有 7 間準時提交了聲明。（別再等待，成為大多數人的一部分）」

- 呼籲公民：「不繳稅會帶給一些科索沃公民不公平的負擔。請不要成為一個不負責任的公民。」

- 關注利益：「你知道你繳交的增值稅是投資在自己身上嗎？」

- 將不付款視為主動（有意）選擇，而非不採取行動：「如果你現在不表態，我們將認為這是你的決定⋯⋯」

整體而言，這成功地增加稅務申報；以實體信件為例：所有預期接收者（企業和個人）的回報增加人數達 73%，成功收到信也大幅增加繳稅的人數達431%[3]。與許多行為研究一樣，守法納稅研究表明低成本，簡單明瞭的營銷和傳播方式如何提供超出的結果。

我們來到了有趣的部分：精心策劃干預措施。我們的產品和溝通應該做什麼來促進或阻礙行動？我們在第六章中定義了問題。在第七章中，我們研究了情境脈絡並診斷了行為問題。在第八章中，我們談到了是否有一種方法可以把問題神奇的消失，並代表用戶執行所有行動。我們假設沒有神奇的方法能快速解決問題，現在，是時候直接面對問題了。

2　我感謝 eMBeD 的 Abby Dalton 提出了這項研究，這是世界銀行（World Bank）已實施的眾多研究中的一項。本段內容是基於他們的報告「透過行為洞察促進科索沃的守法納稅」（Hernandez et al. 2019），以及隨後與 Abby Dalton 進行的電子郵件交流。

3　也就是說，對個人納稅人的待遇。先前的數字為 73%，是針對個人和企業納稅人的治療意向分析法（intent-to-treat）人口。目前由於訊息聯繫不佳，有個嚴重的問題是無法投遞。

值得慶幸的是，解決方案直接來自於我們對問題的診斷，有時也很簡單明瞭。如果你的測試結果，說明了你的用戶不知道產品的新功能（缺少了提示），很明顯，解決方案是：

向他們展示新功能。當不太清楚該怎麼做時，我們可以借鑑在行為科學中進行許多研究。這些研究可以是分為鼓勵採取有益行動的方式和阻止負面影響的方式，而我們將從鼓勵受益的行動開始。

如你在第七章中所看到的，我們可以診斷用戶為什麼不採取一項或多項措施，和更多的行為障礙：缺少提示，情緒反應消極等等。我們使用 CREATE 行動漏斗。對於每個 CREATE 障礙，行為科學家已經制定了一套干預措施，來幫助克服這個障礙[4]。

讓我們來介紹干預措施[5]。

表 9-1 提供了兩打策略來促進行動，這些策略由 CREATE 行動漏斗的一部分所組成，受其影響也最為強烈。以下各章節描述了每一種認知機制（cognitive mechanism），以及如何將它們執行到用戶的利益上。這裡列出的許多策略前面章節已經簡單提過，在當我們第一次介紹大腦如何運作時。基於那些案例，我們會著重於如何將這些策略付諸實踐。本章節的目的在於，將集中在此提供每個你能使用的主要策略，來策劃你的干預措施。

表 9-1 支持行動的策略

CREATE 元素	做什麼	試試看這樣做
提示 （cue）	創造提示	告訴用戶行動是什麼 重新標記某些東西為提示 使用提醒
	提升提示強度	明確表示從哪裡行動 移除分心物
	確定目標提示	去找引起注意力的地方 與用戶時間保持一致

4　CREATE 是組織各種行為發現的框架。最初的研究人員沒有使用此框架 —— 在行為文獻中，通常沒有關於組織這種原則的任何討論。相反，每篇論文都自行研究每種行為機制。Dan Lockton 提供了一個很好（但很罕見）的系統組織這些策略的例子 —— 他將它們作為思考行為改變的八個「鏡頭」進行了討論（2013）。

5　此表格形式的報告是受到與 Nir Eyal 和 ideas42 的行為地圖（Behavioral Map）所啟發的。

CREATE 元素	做什麼	試試看這樣做
反應 （Reaction）	喚起積極的感覺	敘說過去 伴隨著積極
	提升社群動機	利用社會認同 使用同儕比較
	提升信任感	展現強大的權威 真實且個人化的 專業美觀的設計
評估 （Evaluation）	經濟學入門	確保誘因正確
	強調和支持現有動機	利用現有動機 避免直接給付 測試不同類型的激勵因素
	提升動機	有效利用損失規避 使用承諾合約 把未來的動機拉入現在 使用競爭
	支持有意識的決策	確保它是可以理解的 避免認知過度 避免選擇超載
能力 （Ability）	移除摩擦 移除摩擦	移除不必要的決策點 將全部設定為預設值 引出執行意圖
	增加可行性（自我效能感）	利用（正向的）同儕比較 幫助他們知道自己會成功
	移除物理障礙	尋找物理障礙
時機 （Timing）	增加緊迫程度	建立文本避免短視近利
	增加緊迫程度	提醒先前的行動承諾 向朋友承諾 獎勵缺稀

CREATE 元素	做什麼	試試看這樣做
經驗 （Experience）	擺脫過去	重新開始
	擺脫過去	編輯故事 用方法慢下來
	避免和過去有關的經驗	刻意使其不熟悉
	不斷跟上變化的經驗	再次拜訪用戶

因此，讓我們依順序來說明上述項目。之後，我們將會回到行為挑戰：阻礙負面的行動。

用提示讓使用者行動

當你看到雜草叢生的景象會使你想要修剪草皮；看到電視上的牛排廣告會讓你覺得餓。對許多行為，動機經常是現在，但卻被隱藏在背景之中。這時候，你需要一些提示讓你**現在**思考而非之後：線索提示是 CREATE 行動漏斗中的第一步，我們在第二章談論過。

明智的放置提示對於改變行為非常重要。對於無意識習慣是無疑的──環境中營造的提示，帶來了慣性的習慣──而對於有意識的決策去行動。

用戶訪談

提示人們採取行動的一種簡單方法就是詢問他們。這非常簡單明瞭，但是我們卻經常忘記這樣做──因為我們的產品太棒了，我們預設了人們已經在使用我們的產品。

我知道，你無法想像有人會犯這樣一個明顯的錯誤。但是，我們卻一直在做。你是否在電子郵件的末端添加了個人網站的連結？如果是這樣，你希望人們去瀏覽你的網站嗎，或是希望這個網址是顯而易見的？你是否在發布 Twitter 文章時，渴望人們會追蹤你的帳號？當然，讀者可以了解到我們的企圖（查看網站、點擊 Twitter 帳號）。但是，在眼睛所見和開始行動之間必須要做許多精神上的飛躍，越少被打斷，越有可能會完成動作。

Dustin Curtis 進行了一系列實驗，展示了如何向他部落格的讀者推廣他的 Twitter 帳號 [6]。他從一個簡單的訊息聲明開始：「我在 Twitter 上。（其中 Twiiter 字樣設置了超連結到自己的 Twitter 帳號）」4.7% 的讀者點擊。然後，他試圖做的更明顯，告訴讀者該採取的行動：「追蹤我的 Twitter」有 7.31% 的讀者點擊。最後，他有更清晰的訊息：「你應該點擊此處並追蹤我的 Twitter」有 12.81% 的讀者點擊。在最後一個陳述中發揮了許多作用（像是明確的個人訴求）。所以，請求採取行動的效果是不可否認的。我們學到了一課：**直接、毫不掩飾地要求人們採取行動**。

如果你做得很好並且不經常做訪談，問得少會導致比都不問還少的行動。在產品設計中，要求採取行動有三種不同的效果：

提示（注意力）

人們不但忙碌，而且他們的注意力也受到極大限制。Dean Karlan（與合作人員）表示，增加對問題的關注是驅動用戶產生行動的關鍵 —— 特別是當用戶已經產生了動力要去做 [7]。

義務

對合理的要求說不，是很難受的。如果公司（尤其是，產品擬人化的特定人）可以被視為友善的、擬人化的呈現。那麼這可以幫助刺激行動。

緊急／緊迫

大多數「好的」行為，例如：省錢、多運動或少吸菸，都是一個人可以隨時做的事情，因此可以被推延。要求人們**現在**立即去做（出於某種緊急原因），可以幫助人們克服「我想待會兒在做」的想法。

要求用戶採取行動並不需要太多成本。電子郵件、簡訊、明顯的立即行動按鈕「Act Now」等等。這些是觸發行動的明顯有效方法 [8]。在你還沒有嘗試以上的做法以前，請先不要浪費時間投入複雜的心理學方法。

---

6 Curtis（2009）

7 Karlan et al.（2011）

8 有效是指與不使用相比，帶來更多行動。這種技術確實很明顯，但是實際上有實驗研究表明有效。關於優化這些簡單的號召性用語的範例，請參見 guessthetest.com。

重新標記某些東西為提示

用提示引起行動的另一種方法，是幫助用戶將其環境的現有狀況重新解釋提示。讓他們可以自然地從生活中看到或聽到內容 —— 就像他們最喜歡的廣播電台晨間秀。然後，使他們將該動作與相關線索連結（例如：早上聽完廣播後，就開始跑步。或是，這週四，當我從地鐵站出來後，我要順道去買跑步鞋）。

諸如此類的簡單條件規則（if/then rule）已經使用了數千年 —— 你的產品可以透過將用戶所見與用戶想做的事做一連結，以此種方式協助那些用它的人。最近，研究人員透過實驗確定實施意圖的影響，使人們可以具體計畫未來的行動[9]。實施意圖是一種表達思想的方式，每當發生 Y 時都要執行 X。他們將思考的重擔從未來轉移到現在，允許此人花費時間來制定計畫以立即採取行動。當環境提示將要採取行動時將自動執行。

以下是我個人案例，說明如何制定具體計畫來制定提示以採取行動。寫這本書時，我使用了 Anna Tulchinskaya 編寫的鼓勵作家定期寫作的簡易線上程式。圖 9-1 顯示了首次註冊所要填寫的內容。我制定了一個計畫，規定自己要在每天的特定時間、特定地點去完成此事。因此，當我看到時鐘時，這便成為我採取行動的提示。

寫作願景：

你在哪裡寫作：

（在我的辦公室）

你什麼時候寫作：

（8-9pm）

你需要準備好什麼才開始寫作：

（暖氣、水）

圖 9-1 我每晚寫作的計畫

9　Gollwitzer（1999）

清楚的指出從哪裡行動

我們習慣性掃描文本，而非逐字仔細閱讀。所以，請不要期待用戶在你的頁面上閱讀大量的文字。「二秒原則」即是一個很好的測試。如果在兩秒之內，沒有讓用戶看到重點，你可能就會失去用戶的注意力。Krug 的著作 *Don't Make Me Think* 提供了很好的概述和實際範例，Johnson 的著作 *Design with the Mind in Mind* 談到了視覺感知系統和相關心理學的應用。

有些我們很快就辨識出來關鍵的事物，就是我們能夠在網頁上互動的方式（Norman 的經典著作《設計的心理學：人性化的產品設計如何改變世界》*The Design of Everyday Things*）看起來可點擊、可行，抑或是能帶你快速離開到下一個頁面去。這個經驗教訓很簡單：使按鈕看起來像介面按鈕，並且清楚地讓所有的人知道在哪裡可以採取行動。

消除那些令人分心的事物：在競爭因素中脫穎而出

鼓勵尚未得到多少回報的行為有另一方面要注意改變的行為。即是，每種不同類型的行為都在與其他所有類型行為競爭 [10]——競爭去吸引用戶非常有限的注意力（即競爭觸發因子），爭取用戶的時間（即競爭使其更簡單、更快），並成為最有動機的。我們可以從一系列的問題釐清這些競爭或阻止的因素：

- 環境中的什麼內容已經引起用戶的注意，因此排除了你的行動意識？

- 同樣地，環境中是否充滿了其他會引起用戶注意的東西，且已經更簡單或容易去操作？

- 環境中的哪些東西使個體戶變得消極，或者更巧妙地激勵個體戶做其他事情，進而影響了原本的目標行動？

面對激烈的競爭因素，這裡有三種對策。

首先，如果競爭因素在應用程式內，則產品團隊需要做出艱難的選擇，並減少對於其他行動的注意力／動力／容易程度。通常，你真的不需要全部更改，只需要一次使用戶專注於一件事上。如果你已經在他們在做該做的行動的時間獲得了用

10　我們在第二章中簡要討論了這一點，即在 CREATE 行動漏斗的每個階段，該行動必須比該人正在考慮執行的其他潛在行動要好。

戶的注意，那麼你的應用程式如果在其他時間，鼓勵用戶做了其他事也沒（那麼有）關係。「簡化」是一種直接的方法，減少其他有競爭力的注意力擷取者：刪除其他呼叫用語（call to action）、刪除分散注意力的文字，並從頁面中刪除不必要的內容。此外，清楚地把其他要執行的動作，放在應用程式的另一部分中，並與現在的這個動作做區隔。

由於用戶會快速掃過螢幕以節省工作時間，他們只會點擊第一時間看起來像是按鈕的東西。所以，做出一個明確的呼叫行動（call to action），並移除多餘的連結和按鈕。或是，當這些按鈕有其功能性不能被移除時，可以透過階層排序，把它放在資訊架構中的次要階層。

其次，你可以利用競爭因素（competing factor）來發揮自己的優勢。如果用戶總是被其他東西吸引，試著用聰明的方法把它連結到你的目標行動裡。無論在哪裡，能夠有用戶的注意力就是最好的地方。這就是為什麼很多應用程式專為 Facebook 設計——用戶已經開始關注這些地方了。

第三，採用激進手段——大聲呼喊、激發用戶動力，並使產品用起來比呼吸還容易。我並不建議這麼做。因為如果用戶正在做某事（其他事），則可能使（a）一個好藉口，（b）需要更多時間來克服根深蒂固的行為習慣。轉換行為有真實的成本，例如：我們已經討論了改變習慣。但是，如果你不能直接抑制其他行動或找到巧妙地方法來發揮自己的優勢，這可能就是你唯一的選擇。隨著時間的推移，你可以在應用程式中建立有競爭性的習慣和經驗，來排除其他行動。或者，你可以回到草圖階段，發想另一個不同的目標行動，卻又不會和其他現有行為有如此強烈的競爭。

去找引起注意力的地方

最容易引起別人注意的地方是哪裡？他們的注意力集中在哪裡，這就是行銷會議中宣傳品的邏輯。藥廠業務大量的發送附有藥品公司商標的免費筆、磁鐵板、貼紙等給醫生。這樣一來當醫生在開藥時，就會想起這些特定企業的產品。

基於同樣邏輯基礎的穿戴式設備，則有更多為人稱道的目的。試想如果一個人想運動但卻頻頻忘記，這該怎麼辦？我們可以投入大量廣告預算，從投放標誌廣告，到運動員的影片推薦等。或者，我們可以簡單地給他們一只運動手環可以兼作手錶（或者在這之上，一只手錶同時有運動手環的功能）。人們將其戴在手腕上，因為可以執行關鍵功能，並在使用的過程中，經常被提示而想到要去運動。

如果要引起某人對於循環活動的關注（例如，撥出時間進行冥想），可以試著讓他們在手機安裝一個應用程式來發送提醒通知，因為他們大多時間的注意力在手機上。或者，我們可以給他們一個日曆（google calendar）邀請，藉此建立一個定期循環的約定 —— 因為同樣的，他們大多時間的注意力是在此日曆程式上。

和用戶的空閒時間保持一致

在我的研究中，我發現最重要的因素是讓用戶注意到提示的時間。也就是說，你要和用戶有精力去集中注意力的時間保持一致。

這些年來，我進行了不下百次關於「一天中的時間」和「一週中的某天」的研究。圖 9-2 說明其中一組測試結果。這項特殊的研究受測者為美國一家大型製造公司的員工，並透過電子郵件發送。結果，我們發現，到目前為止，聯繫他們最佳的時段為星期二的工作開始時間。

在你把所有行銷活動和產品發布都安排在周二上午之前，有個重要的警告你必須知道。每一組人，實際上每個人的**注意力結構**都不同：每個人都有不同的生活節奏。夜班工作的人比白天班工作的人更能夠注意到時段變化的提示。圖 9-2 中，我們與其他小組進行了一系列的實驗。包括服務業中大量的最低工資人口。他們之中，有許多人同時兼兩份工作，所以平日實在很難和他們接洽。所以，週日傍晚變成吸引他們注意力最佳的時段 —— 大約提高了二到三倍。

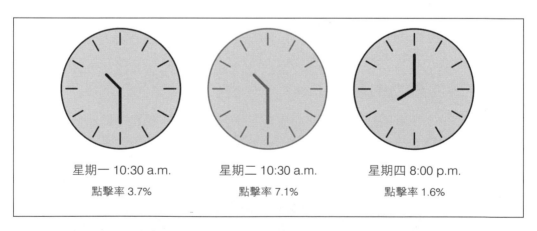

| 星期一 10:30 a.m. | 星期二 10:30 a.m. | 星期四 8:00 p.m. |
| 點擊率 3.7% | 點擊率 7.1% | 點擊率 1.6% |

圖 9-2 聯繫用戶時和他們能有注意力的空閒時間保持一致，會對回應率產生巨大影響

因此，當你嘗試與人互動時，這非常重要。這裡沒有簡單的規則：這取決於你對人口和其注意力結構的了解。

使用提醒

我們所有人都曾忘記日常生活中的事情，甚至對我們來說很重要的事也不例外。然而我們通常不會將健忘視為用戶不使用的原因之一。

研究人員確實發現許多人沒有遵循原先他們想要採取的行動，只因為他們記不住[11]。提醒功能不必花俏或複雜；一封電子郵件、簡訊、電話、手機內訊息等就很足夠了。生活常有許多繁瑣的事，所以請不要以為行動是重要的人們就會記住，大家都很忙——你的用戶也是。在我自己的一些使用電子郵件來接觸不同人群的研究之中，我發現跟一次提醒相比，二次提醒可以使回應提高大約 50%。當然，這不是一個定律，另外，在不同時間點做提醒，也可以避免人們因為和用戶時間不一致，而錯過了訊息。

加強策略：閃爍的文字

閃爍的文字很難不引起我們的注意，是一種很好的提示。但是同時也很惱人、因為它不斷的引起我們注意而且很難被忽略。所以，適度使用閃爍、動態的文字置頂在螢幕上會是一個很好的選擇。（但請盡可能不要這麼做，我是認真的。）

直覺反應

一旦引起用戶的注意，我們的大腦就會做出反應——通常是在一眨眼間。先不論行動（和產品）的優點，這個反應可能會造成用戶離開（關閉應用程式）。以下有一些技巧來處理問題。

敘說過去來支持未來行動

自我述說（self-narrative）是我們如何在過去標記自己；產品可以幫助人們以不同的方式看待自己。以一個行為改變的觀點來說，目標是幫助人們將自己的行動視為自然、正常的那類人。

11　Guynn et al.（1998）

換句話說，如果你想幫助人們開始運動（例如 Fitbit 的應用程式），幫助他們將自己視為已經進行小規模訓練，只是需要更多（例如，初次使用 Fitbit 的用戶可能驚訝地發現自己每天的步行量）[12]。支持此過程最簡單的方法是向人們詢問過去他們所做的相關事情，並對於已完成的事加以讚賞。

支持自我述說的基本要素是相信自己能夠完成此動作（即用戶需要感覺到該動作在他們的掌握之中，並且他們擁有實現這目標的技能和資源）。這就是第 43 頁中所提到的能力（ability）[13]，談論到自身過去的成功，可以幫助建立自我效能（self-efficacy）的意識；階段性的「小勝利」和正向的回饋在最後兩章中會談論到[14]。

把成功放在第一位

與重述過去來塑造某人的自我觀念（self-conception）類似，這是一種將某人現在的注意力放到先前的成功上的技巧。我們每個人都有我們用來解釋和回應外界的參考框架。那些框架，經常是基於我們最近的經驗。

如果你要某人承諾每週跑步一次，首先要讓此人思考上一次跑步是什麼時候（只要是正面的經驗都好）！當你要求他們要跑步，跑步所帶來的好處就會更清楚地在他們的思路中浮現。

聯繫正向與熟悉感

第一章和第二章中討論了在生活中的許多選擇，而我們能憑直覺知道採取行動對我們來說是否合適。其中很大一部分是我們和過去的聯繫——我們從過去的經驗了解到，買一雙花俏的鞋子走出門時，至少有好幾天會讓我們覺得狀態棒透了。

12　Clear（2012）（*https://oreil.ly/MGDMd*）在他的「行為改變層」（Layers of Behavior Change）模型中，進一步擴展了這個概念。他描述了逐漸增強的行為控制能力的三個層次：外觀（appearance）、表現（performance）和特性（identity）。

13　Bandura（1977）（*https://doi.org/10.1037/0033-295X.84.2.191*）

14　另一方面，產生一種支持性的自我述說（self-narrative）可能需要克服**學習的無助感**（Maier and Seligman 1976）。如果人們一直失敗，並認為他們無法控制結果，那麼他們就可能停止嘗試。例如，一個很努力卻屢屢在數學科目失敗的學生可能會停止學習，並且會覺得自己不夠聰明。學習的無助感很難克服；產品必須找到創新的方法來重新解釋過去的事件，並讓用戶開發其他方式來解釋未來的事件，表明該人確實能夠控制自己的未來，以及過去失敗的原因並不適用於當前狀況。

產品可以建立這些關聯以幫助人們改變行為。在第八章中，我們討論了改變行動本身，以便利用先前的經驗。這裡，可以改變產品，以幫助用戶在他們想要採取的行動和他們先前的經歷之間建立起心理聯繫。我稱之為行為橋樑（behavioral bridge），因為它可以幫助用戶通過以下方式從一種行為轉變為另一種行為，使其不像是一個「新的」行動且不再那麼困難。橋樑將過去的經驗和未來的動作聯繫起來。

舉一個例子，Jive Voice 是一個電話會議的應用程式，該程式讓用戶可以切換使用撥號號碼或長 PIN 碼，來使用 URL 之中的簡單連結。但用戶卻經常混淆輸入撥號號碼和 PIN 碼的位置。當用戶點擊這個 URL 時，Jive Voice 會撥給他們並將其連入會議線中。這個挑戰來自於使用一個 URL 是出新出奇的。在這個產品中，公司強調了新的獨特功能（容易使用等），但也要注意行為橋樑──一段關於用戶如何在需要時，將其視為普通電話會議的安撫資訊；由於底層技術就是電話會議連結加上撥號號碼與存取碼。

利用社會認同

如果我們看到其他人正在採取行動，那麼我們更有可能覺得這個行動是有價值且值得的。這是一個快速閃過的概念──如果他都這麼做了，那一定是沒問題的吧？這是我們大腦主要節省時間快速做出決定的一種方式。

落實社會認同（social proof）是銷售一個重要的策略，和說服力具有悠久的研究傳統[15]。你可以從別人的臉或簡短話語來傳達別人正在採取相同的行動。社會認同的不同類型包括用戶或專家見證（通常在產品頁面上）、名人代言（在電影或電視廣告中）[16] 或線上用戶評論（例如 Amazon 網站上）。除了具有悠久的研究傳統外，在行銷活動中也被廣泛使用和濫用。從假專家的有償證明，再到看起像是忠實顧客，其實只是訓練有素的臨時演員寫出來的支持產品的評論[17]。有關此主題的更多訊息，請參閱第一章。

---

15 Cialdini（2008）

16 有時名人會自欺欺人（*https://oreil.ly/Y420a*）。

17 許多例子中的一些（*https://oreil.ly/WsDhJ*）。

沒有魔法棒

在本書中，我提供了尋找行為流程和產品功能的工具，能適用於特殊情境中，並且於各位所面對的用戶族群中，證實這些工具的影響力。

但我無法教給你秘密行為訣竅，保證能以預測的方式改變用戶的行為。因為這種魔法公式本來就不存在（遠離那些告訴你可以做到的人們！）。所有的行為改變干預措施，都要與個體的慾望、先前經驗、個性與知識互動，才能對此人有獨特的影響。在眾多人中，實在有太多變數，所以沒有絕對有效的方式。

我在此提到的大多數方法和經驗教訓，都在研究人員的實驗室或是在特定產品設置中測試過。對於大多數的案例，我也在本身工作的實作中，或透過我所訪問與學習的數十間公司上觀察到這些技巧。可惜的是，很少有研究是以可推廣到許多其他產品的方式來應用，並且嚴格測試行為改變的理論。這是我的團隊致力的目標——但是，即使如此，還是很難讓適用於我們的案例，例如幫助人們做理財規劃的工具，也能用同樣的方式適用於其他案例，例如飲食控制的軟體。

我們都還處於學習如何使用產品來幫助人們改變行為的初期階段。因此，在第十二章到第十四章中，我提供了一些關於如何測試產品中特定干預措施的指南，並幫助推動這領域的發展。我鼓勵你將調查結果分享給廣大的社群，讓我們都可以一起學習並發展自己的技能。

使用同儕比較

被告知以及比較同儕與自身的行為是很有威力的。這是一種特殊的社會影響力方式，就像社會認同。我們的行為認定我們同儕會做的事（例如：描述性規範），這伴隨著一種錯誤的認知，就是我們以為同儕會觀察並評斷我們的行為（聚光燈效應（*spotlight effect*））。從能源的使用到投票的進行，都體現了這種模式[18]。

18　能源消耗：Cialdini et al.（1991）；表決：Gerber and Rogers（2009）

對於行為產品，同儕比較的意義是巨大的。社會規範是我們微觀環境不可思議的強大組成，並且可以鼓勵（或勸阻）行動。這同樣適用於每個獨立螢幕上的脈絡，用戶與之的交互。

要使用此方法，請將用戶的表現與他們在意的參考組（他們的朋友或同事）進行比較，並確保參考組比此用戶做的更好。但是，這裡需要注意：同儕比較可以鼓勵人們朝著規範邁進。因此，如果你告訴他們，已經做的比大多數人好了，那麼他們可能開始放鬆而沒有那麼努力。負面的影響可以和獲得社會的認可而抵消[19]。圖 9-3 顯示了我們在 HelloWallet 進行的一項研究，該研究鼓勵了人們進行儲蓄。

圖 9-3 利用同儕比較，來鼓勵人們儲蓄

對主題展現權威性

人們更可能信任在該領域被視為權威的人士。如果你要用戶執行 X，以增強他們的能力來達到目標 Y，就請專家說話，不要寫些亂七八糟的文字。並確保你的這些憑證可以毫不費力地被用戶看見。

19　Schultz et al.（2007）

大量研究顯示穿著西裝或是具有專業頭銜的人，是更可以被信任的。使用（感知）權限，也是銷售和說服他人時最常被用的策略。請參考 Cialdini 談論的基礎研究（2008）。

真實且個人化的

人們對於個人化的感染力行為關注遠高於非個人化的行為。如果你收到帶有手寫信封的信件，你打開信件的可能性有多大？如果是用機器列印標準印刷地址呢？結果可能有很多，但和手寫信相比，我們更可能會忽略機器印製的信件 [20]。對於這種情況，不管是電子郵件或非個人化的其他來源，我們會有「這是一封垃圾信件」的反應。

這裡有一個使用個人化和真實性來引起人們注意的案例。在俄勒岡州，有一種免費醫療保健樂透，提供給無法負擔的人。但是，有些人登記了此方案也中了獎，卻因為沒有打開信件而失去了免費醫療的機會。

ideas42 是美國行為經濟學研究的先驅公司，向俄勒岡州醫療樂透的得獎者進行了簡單的宣傳活動。他們用一張帶有人們笑臉的明信片，通知人們他們已經贏得了俄勒岡州普羅維登斯（Providence Health）的醫療樂透，並有專人協助註冊醫療保健。收件人的姓名和地址手寫在明信片上。如圖 9-4 顯示。

20　參見 Garner（2005）；Noar et al.（2007）。

圖 9-4 由 ideas42 設計的明信片，主要用來幫助俄勒岡州醫療保健的樂透獲獎者，以防他們忽略信件，用以幫助閱讀更多內文來知道自己贏得了免費的醫療保健

請記住，我們已經習慣拒絕非個人化和電腦自動生成的東西。我們大多數的人都有這樣的直覺反應。為了避免這種直覺反應，我們的產品需要表現出特別感，且無論如何這是一種很好的做法：真實且個人化的。

專業美觀的設計

最後，當然不能忘記基本的專業。我們很少考慮到不專業的外觀網站會影響應用程式的信譽 [21]。如果你要幫助某人採取行動，不要讓他們有不信任的直覺反應。我們發現簡單和乾淨的產品更易於用戶使用 [22]。即使你的產品是用來幫助人們，但還是要看起來美觀。

21　Fogg et al.（2001）

22　有關案例，請參考 Anderson（2011）。

人們經常會依照書籍封面來判斷一本書。你可以花一整天的時間爭論人們這種膚淺的直覺反應，或者，你可以直接設計一個更好的書籍封面。在打開書後（就像開始用應用程式），他們會發現書本的內部也同樣很美觀。

有意識的評估

一個人的意識評估和大多數人用刻板印象做決定類似：利益大於成本嗎？有哪些方案，且這個動作如何對抗它們？這雖然相似但當然不是一個完美的成本效益分析：因為人們經常分心，他們可能不會小心考慮所有特定操作的收益（或成本！）他們可能只有有限的資訊。即使他們認真思考並掌握必要的訊息，他們可能過於關注當前的偏誤，或錯誤地估算了成本，或者收益（例如指數增長偏誤）。

由於這些不完美，我們應該再問一次：有哪些道德的方法用來設計行為改變？一項行動的核心成本和收益顯然很重要；如果成本超過收益，用戶就不該這樣做。改變核心誘因以使其對人更有價值，降低成本或增加收益，這似乎是合乎道德的。而且沒有特別神奇的秘訣，因此我們僅僅在這裡提到一下。

雖然肯定有不明確的地方，隱藏成本的行動聽起來是操縱性和不誠實的。凸顯現有（但未被留意或計算錯誤的情況）福利似乎是允許的──不管是哪一種情況，作為行為改變的方式都應該要持續被審視，就如第四章所述。

因此，在本節中，我們將重點介紹在以下三個選項：增加利益、減少花費或強調現有利益。在成本方面，我們將考慮實質的變化，而不是小的變化。次要成本非常重要──其中許多行為科學的初期案例都涉及調整表格域、預設值等諸如此類。微小的變化可能會導致巨大的成效。但是，這些影響不是因為人們進行了有意識的計算──一個額外的表格域，完全不應該影響有意識的成本效益分析。相對的，它們讓我們停下來並面對一個決策點（這一概念我們在第 43 頁的「能力（Ability）」中介紹過。在下一章中，我們將談論如何制定干預措施來提高能力。）[23]

也就是說，我們先從最基本的開始：誘因。

23　感謝 IMEC 的 Emiliano Díaz Del Valle 提出了有關當人們不願意採取行動時，改變行為設計的道德基礎疑問。

確保誘因正確

行為經濟學和行為科學的相關領域，一大部分是對傳統經濟學的擴展，甚至是對傳統經濟學的修正。傳統的經濟學側重於一個人的偏好和實現這些偏好的最佳途徑。在許多經濟模型中，這可以歸納為簡單的觀察：「人們想獲得報酬，所以付錢給他們，他們就會做事；多付錢給他們，他們就會做的更多。」行為經濟學表明情況並非總是如此，人們除了獲得回報以外，還有許多動機[24]。人們受到利他主義，自尊心等等的刺激。這些都是真的，但是我們應該永遠不要忽視這個簡單的事實：人們真正的行為動力就是得到東西，特別是得到金錢。

如果用戶面臨的行為障礙是評估之一 —— 他們看來不覺得收益大於成本 —— 那麼我們首要解決的問題就是這個。確保它確實在用戶的狹義興趣來使他們採取行動。如果不是，（a）可能克服這一類基本的誘因問題很困難，或者（b）可能涉及更多技巧。

因此，如果你的產品不是很好，並且沒有給你的用戶帶來足夠的好處來證明成本 —— 從用戶的角度，而非你的角度來看 —— 這樣的設計行為改變，就不會幫助到你。首先修復產品，必須是以某種方式解決用戶需求，使用戶覺得值得付出。這可能需要降低價格，或者意味建立更好的產品。無論哪種方式，你都無法避免。是的，這也是當有人問我如何推廣產品給那些根本不想要這個產品的目標族群時，我重複了無數次的內容。

好的，現在我們假設你已經學完了經濟學入門。現在來談論一些更有趣的部分。

在添加新動機前，先評估現有動機

你的產品是否需要增加新的動機來促使用戶採取行動，凸出現有的動機，或是兩者並進？首先，了解當前促使用戶採取行動的因素。使用從第六章與第七章中學到，關於你的使用者為何他們要採取行動的相關資訊。或許這些使用者的醫生告訴他們多做運動；或許他們真的喜歡跑步，卻無法找到適當的運動時間。因為我們經常會分心思考其他事情，「簡單的提醒」可以讓人們想起他們現有的動力，並在做決定的那一刻發揮效力。提醒人們所要花費的成本很小，要添加一個新的動機則需要花費更多成本。

24　而且，明確的說：傳統的經濟學不單只關注貨幣激勵，也不偏好僅限於金錢。而許多經濟論點和模型都採用這種簡單形式。

如果你不確定用戶當前的動機，則可以進行一些簡單的測試——檢查特定動機與其他事物相比有多重要。蒐集訊息的一種方法是提出一系列權衡取捨——詢問該人想要的兩件事中比較想要哪一件事（例如，作為鍛鍊的動機：「可以多活五年」或「計畫下個月約會」相比）。簡單地進行詢問：「這對你有多重要？」的這種操作不太理想。因為我們通常沒有設一條基準線來回答這個問題，它涉及到我們大腦的另一部分，和在做決定的那一部分不同。

現有動機很重要的另一個原因，與外在動機和內在動機有關[25]。**內在動機**來自於內在的活動本身的享受，不需要考慮任何外部壓力或回報。**外在動機**是實現特定成果的渴望，例如獲得獎勵（像是賺錢或贏得比賽）。

你的用戶可能有早已存在的內在動機**和**外在動機，你的產品可以利用這兩者來引導和推動用戶的行為。但是，當產品為用戶**增加**了一個採取行動的新動機，根據定義，該動機幾乎總是來自用戶的外部，是以成果為導向，或者說是外在動機。例如，使用 Fitbit One 的人，通常具有原本的內在動機和新的外在動機：享受來自運動和鍛鍊肌肉的固有樂趣，以及利用產品實現特定目標並為此受到獎勵祝賀的渴望。

不直接涉及產品時，內在動機可以使人們在他們的生活中繼續前進。產品提供的新外部動機無法做到這一點。他們僅在產品直接涉及時才有效：當它們停止時，用戶也會停止。如果你的產品添加了外部動機，那麼它也可能排擠人們現有的內在動機——如果用戶開始為此付費，意味著他們失去了為自己做某事的快樂動機[26]。

但是，這並不意味著新的外部動機總是一件壞事；他們只是需要謹慎使用：

如果此人對整套行動中某個特定步驟沒有強烈的動機

例如，某人確實想要有健康的身體，但不知道定時的血壓檢查很重要。稍微提醒就可以幫助。

25　Deci and Ryan（1985）；Ryan and Deci（2000）

26　Deci et al.（1999）。儘管存在各種形式的外部動機，但總會存在外部控制因素，我們認為，內在激勵是**我們想要做的事情**，外在激勵是**我們需要做的事情**。即使要獲得我們想要和選擇的獎勵也是如此。當透過添加外部動機將「想要」轉變為「需要」時，很難回過頭來就覺得這是我們想要做的事情。當我們尋求的結果（外部動機）與我們的其他目標和願望保持一致時，外部控制的破壞性自然就會減弱。這種綜合動機不太可能會破壞內在動機。

對於一次性行動，其與排擠內在動機不相關

　　例如，某人確實想鍛鍊但沒有動力去購買運動服。一個誘因可以使他們超越障礙，並更接近目標。

幫助用戶從外在動機轉變為內在動機，讓人們發現活動本身的樂趣

　　例如，會話俱樂部可以使用一個小誘因（免費晚餐）來邀請第一次學語言的同學。當他們在那裡體驗了沉浸式學習的樂趣，可以幫助他們未來的學習 [27]。

避免直接給付

和我們之前討論的一致，關於在添加新動機之前請先善用現有動機。你可以付錢給人使他們點擊你的按鈕，但我並不建議這樣做。如果必須要付錢才能使該人完成這個動作，那表示你並沒有把此行動和使用者的動機做連結。

有大量數據證明，財務誘因（financial incentives）可以誘使使用者進行他們不會進行的行為 [28]。人們會受到金錢的激勵。不意外吧？但是，當一個人已經傾向採取行動時，財務誘因可以透過減少預先存在的內部動機來產生反效果；當誘因被移除之後，個人更有可能停止這項行動 [29]。同樣地，當我們開始思考自己行動上的報酬時，其他社會動機也被排除了 [30]。直接給付不太可能引起一次性的行為問題，例如報名健身房。但是，他們會破壞長期的內在動機，例如持續使用健身房！

因此，我們將目前為止有關用戶有意識的評估（evaluation）的觀點匯集：我們確實希望基本誘因一致。也就是說，應該在人們自己有興趣的情況下採取行動。但是，如果你發現自己在此基礎上增加了額外付款，以使行動「更有動力」，那麼這可能表示實際上並不符合人們的興趣（誘因已關閉），或者你沒有連結或利用此人現有的內在動機（並有可能將其排擠）。

27　隨著時間的推移，一個事件可以從依賴外在動機轉變為內在動機。以一個在父母的注視下彈鋼琴的孩子為例，隨著時間的推移，孩子可以使父母想要他學習鋼琴的願望成為自己思想的一部分，並在腦海中聽到父母碎念的聲音（內向動機；Ryan and Deci (2000)），感謝 Sebastian Deterding）。最後，孩子可能會學會真正喜歡鋼琴 —— 使學琴成為一種內在的動力。

28　Jenkins et al.（1998）

29　Gneezy et al.（2011）

30　Ariely（2009）

有效利用損失規避

人們對損失的反應比對收益的反應要來的強烈許多 —— 人們「厭惡」損失。實際上，在許多情況下，人們會捨棄兩倍的錢保留自己已經擁有的（並且沒有其他個人依附），而非再花相同的錢購買類似商品。有詳細的文獻對損失規避（loss aversion）的一般情況下皆適用：損失的動力大約是收益的兩倍 [31]。

損失規避是幫助人們改變其行為的非常強大工具。透過有選擇性地呈現出避免損失更勝過得到收益的渴望行動，可以讓應用程式觸發強烈的直覺反應來採取行動。例如，告訴人們若不保持運動，身材可能失去性吸引力，要比告訴他們會獲得更吸引人的腹肌來的有說服力 [32]。

但是，在利用損失規避時，請記住，你的用戶可能停止使用這項產品，來避免損失伴隨而來的負面情緒。產品的設計必須被視為有價值且令人愉快的 —— 損失規避（loss aversion）應該只用於少數的情況下。

使用承諾合約和承諾措施

如果使用損失規避的頻率過高，或人們實際上不得不經歷損失，就會有一個明顯的缺點：你最終可能會懲罰你的用戶。如果你持續給用戶帶來糟糕的體驗，大多數情況下，用戶可能會停止使用你的產品然後做其他的事。假設你可以強迫用戶忍受你的懲罰，那可能會有效。但事實上你不能，而且用戶可以選擇無視或避免使用你的產品。

不懲罰用戶並不意味著他們可以完全避免受到威脅。一種強大的威脅類型是承諾合約，在這意即人們預先承諾要採取行動，如果用戶違背承諾，就會失去某些他們很在意的東西 [33]。例如，stickK.com 使用承諾合同來產生具有創造性的個人懲罰，像是如果你減重失敗就將錢捐贈到 NGO。重要的是，這些懲罰是自我強加的（self-imposed）和自我校正的（self-calibration）；人們選擇對自己進行的懲罰。我們對外部施加懲罰的負面觀感，比對自己個人實施的懲罰更大。

31　Kahneman and Tversky（1984）

32　Kolotkin et al.（2006）

33　他們利用損失規避，一種認知上的怪癖，使我們會更加努力地保留自己擁有的東西（或者感覺已經屬於我們的東西），而不是使用其賺取同等價值的東西。

整體來說，訣竅是謹慎使用懲罰所帶來的威脅（一個理想的自我強加），激發動機而不是懲罰用戶，驅使他們離開產品。

另一項相關技術是使用承諾措施，人們可以將其鎖定在自己的決定中，以避免未來再以這種方式行事。這就如同承諾合約但是作法更極端：未來的行動已被封閉，而非使用懲罰來威脅。使用戒酒發泡錠（disulfiram）就是這種措施，如果戒酒者想要跨越戒酒的界線，它可以讓戒酒者感到噁心[34]。

測試不同型態的激勵因素

身而為人，總是有激發我們動力的事物，錢、食物、控制、尊重。學者努力研究我們的動機已有幾世紀[35]，從馬斯洛（Maslow）的需求層次結構（我們解決一系列連續需求中的缺陷，從基本舒適到自我實現），再到馮紐曼（von Neumann）和摩根斯坦（Morgenstern）的預期效用理論（我們應該進行能為我們帶來最大收益的行動）。我不會嘗試爭論哪些動機對全人類最重要，但會觀察一下。動機最重要的形式是考慮到他們的生活情況之下，對用戶來說確實有吸引力。辨識出那個動機了解用戶以及與他們產生共鳴的一部分[36]。這可能需要進行實驗——嘗試現金給付或獲得公眾好評，或提供一種掌握感。你可以使用產品探索的三個主要領域是：

- 準備貨幣獎勵，例如可兌換現金的積分（請注意可能會排擠其他動機，並需要現金，因為該產品從根本上說是與用戶需求不符合）。

- 進步與成就的獎勵（包括徽章和其他遊戲化的技巧）

- 社會動機，例如地位或同儕的尊重

- 內在利益，例如探索新事物（產品可以強調用戶已經獲得內在的獎勵）

34　參見 Rogers et al.（2014）總結了健康方面的承諾設備。

35　其實，這個研究有幾千年了。例如，Plato 看到慾望出自自靈魂的三個部分（Blackson 2020）。

36　了解用戶動機的環境，可以使用諸如誘惑綑綁（temptation bundling）之類的巧妙技術（Milkman et al. 2013）。在這種方式中，你可以設計人們真正喜歡做的事物，例如閱讀《飢餓遊戲》（The Hunger Games），和人們喜歡但沒有那麼強烈動機的事物，例如在健身房運動。但這並不意味著你可以用人們喜愛的東西要求他們去做討厭的事。相反地，研究人員的重心是蓄意的、自願綑綁（voluntary bundling）——讓人們同時可以選擇獲得書籍和運動。

另外，嘗試隨著時間的推移改變動機——我們在任何一個領域都感到滿足，至少在短期內，然後開始尋找新的回報。舉例來說，這在食物上很明顯（如果你不再餓了，就不會受到更多食物的刺激），但這也適用於其他形式的獎勵（如果你在一次比賽中贏得了 10 次與朋友的比賽，再多贏也沒那麼有趣）。

善用競爭

喚出人們現有的社會動機之一：公平執行的競賽，可以是相當有作用的。我們所有人都有天生喜歡競爭的一面——儘管有些人比其他人強得多。通常，我們建立的是產品整體的競爭機制，但也可以部署頁面層級的競爭機制。試想有個讓使用者把西班牙與單字和其英文意義配對的頁面，頁面可以同時包含使用者當下答對的題數，以及其他同在此頁的人答對的題數。

把未來的動機拉入現在

我們人類喜歡現在的東西，而非日後的好處。即使計算過通貨膨脹、不確定性等因素後，眼前的好處和體驗，就是遠比未來的東西更能讓我們動心。「短視近利」（temporal myopia，就算對我們有損害也只看到眼前的利益），又稱「高估現狀偏誤」（present bias）相當根深蒂固，而有太多行為改變的計畫都忘了這件事。

對於大多數人而言，大多數聽到「從現在算起的幾年後」根本不會放在心上。因為覺得不切實際，到**那時**才發生的事，不會成為**現在**的動機。

這是一個嚴重的問題。假設我們希望透過減重來避免心臟病，或是我們真的認為退休儲蓄很重要。但是，如果心臟病的威脅或退休金的需求仍遙遙無期，那對我們來說就沒有真實感 [37]。Daniel Goldstein 將這個稱之為現在和未來自己的掙扎戰 [38]。我們有長期的崇高目標，但總是受到現在要去做其他事情的誘惑。

我們如何使未來的動機影響我們近期的行為？可以用最有利的時刻（當我們實際上在考慮未來時）鎖定的動機，承諾措施（如先前所描述）是一種選擇。荷馬（Homer）《奧德賽》（*Odyssey*）一書中描述了其中的一個極端版本，稱為「尤利

---

[37] 從經濟學術語來說，我們會降低未來事物的價值或將其「打折扣」。離我們越遠的未來，我們重視的程度越低。

[38] Goldstein（2011）

西斯合約（Ulysses contract）」：尤利西斯讓船上的船員們將他綁在船杆上，使身體無法回應海妖賽蓮（Sirens）的召喚。在尤利西斯合約中，人們可以綁定有約束力的制度，限制他們將來要做的事情。

另一種方法是嘗試將未來帶入我們當前的意識。例如，研究人員使用照片成像技術，來幫助人們可視化其所見即未來，並根據他們未來的自我動機採取行動[39]。

Dan Ariely 講述了一個個人故事。故事中描述了他如何將長期動機轉化為帶有「獎勵替代」現在有意義的東西[40]。他需要服用高度讓自己不舒服的藥物一年以上，來獲得長期的利益（戰勝病魔）。但是，這種長期利益還不足以克服停止服藥的誘惑。所以，他把服藥和自己近期內喜歡的東西連結，像是看電影。他只會在服藥以前看電影，有效地用一種動機（享受電影）替代了另一種動機（擊敗疾病）。

如果這些方法起不了作用，我們可以把長期動機的存在姑且放一邊，只需要尋找一個與眾不同，並且再不久會到來的動機。例如，與其討論保持身材對健康長期的好處，不如凸顯健康對某人愛情生活所帶來直接的好處。

每一項都是使現在行動成為具有動力的技術。只要記住：當我們要求人們思考他們將在 20 年內擁有多麼美好的退休生活，或者他們在減掉三百磅後能做的事，事實上是在要求他們做一件對大腦思路而言，非常陌生的事情[41]。

決策筆記

在本章以及實際上在本書中的大部分內容中，我們注重於促進（或阻礙）行動。正如我們在第一章和第三章中，簡要討論的那樣，在行為科學領域工作，圍繞如何做出更好的決策：如何幫助人們放慢腳步，做出自己想做的選擇。這裡有一些方法可以幫助到你，類似於 CREATE 行動漏斗中的評估（Evaluation）。

39　Hershfield et al.（2011）

40　Ariely（2009）

41　參見 Laibson（1997），Kirby（1997）。

避免認知過度

思考目標動作的心裡代價的一種方法是認知過度（*cognitive overhead*），或者是「你的大腦必須要進行多少邏輯連結或跳耀思考才能將所看到的東西具體化。[42]」不應該是讓用戶而言猜測該怎麼做。這意味著將動作變得稍微難一點使其易於理解[43]。

David Lieb 提供了一個很好的產品勢力，該產品在物理上易於使用，但由於存在認知過度（cognitive overhead）[44]。這是假設的用戶思維：透過 QRcode 嗎？不是？那這是一個網站嗎？但我用網頁瀏覽器打開網站而非相機。所以我用它來拍照片嗎？不，我用手機應用程式來拍照？哪一個應用程式呢[45]？迫使你的用戶決定該怎麼做很重要並且會影響其成果；不要因為產品令人困惑而迫使你的用戶花費過多精力。

使產品簡單直覺，讓用戶每次都有非常清楚的邏輯，「喔，如果我這樣做，則可能會發生這樣的事，當然我不確定」，這要花費代價，需要時間和精力來完成手上的任務。

請確認指令是清楚的

這是相對直接的。請看一下行為地圖，特別是那些告訴用戶下一步該怎麼做的微觀行為（micro-behavior）。寫下最多兩個句子，來陳述預期的用戶其各方面是怎麼被描述的。想一下第七章中定義的行為人物誌，這些人物會了解這些敘述嗎？根據需求，在一些範例用戶中運作看看。

42　Demaree（2011）（*https://oreil.ly/YDxBG*）

43　Lieb（2013）（*https://oreil.ly/eXo8c*）

44　Ibid.

45　Ibid.

避免選擇超載

越來越多的產品表明了當人面對困難時遇到的困難，是由於選擇太多。儘管人們普遍認為「選擇越多越好」，有兩個問題會出現。首先，人們可能根本拒絕做出任何決定。第二，人們可能會後悔他們在不可能尋求最佳選擇時所做的選擇[46]。

例如，Lyengar 與 Lepper 經常被引用的一項研究——在雜貨店放置了兩種不同的展示果醬數量的方式：一種是 24 種果醬，另一種是 6 種果醬[47]。24 種果醬的展示法，起初吸引了 60% 的客戶，但是只有 3％ 的人完成結帳。6 種果醬的展示法，儘管最初只吸引了 40％ 的客人，卻有 30% 客人購買了一種。隨後的研究也表示，無論選擇是什麼，若要消費者對自己的選擇感到滿意，則提供的選項應該要再減少。

在應用中建構單個頁面時，這裡有一個明顯的含義——避免用戶必須在大量選項中進行選擇（如果你希望用戶做出選擇並對此決定感到滿意）。還有一個不太明顯的經驗教訓：提防需要更多選項的用戶。此用戶可能是說實話，但是出自於自身有意識審慎的角度，但這並不意味著為用戶提供更多選擇是正確的事。

慢下來！

確保清晰度並避免選擇過多，所有這些都是幫助減少有意識的大腦需要做的思考努力——幫助人們專注於決定中重要的是什麼，而不會因為受到其複雜性而推遲。但如果人們根本沒有進行有意識的評估呢？在這裡，我們注重於更廣泛的判斷和決策文章中的技巧，特別是刻意在過程中增加摩擦，使用戶難以用直覺做出反應。你可以嘗試在決定之前等待一段時間，或有意地使問題更加繁瑣或文字內容更難閱讀。請翻閱第 67 頁中的「倉促的選擇和後悔的行動」，來獲取多相關訊息。

46　See Iyengar (2010)；Schwartz (2004)

47　Iyengar and Lepper (2000)

自我練習

在制定干預措施時，有多種方法可以用來支持行動。在本章中，我們回顧了 CREATE 行動漏斗中的前三個障礙：提示（Cue）、反應（Reaction）、評估（Evaluation）。讓我們來看看下面的筆記。

這裡是你需要做的：

- 行為解決方案通常直接來自問題的明確判斷。如果你無法引起用戶對新功能的關注，那麼請引起他們的注意。如果他們不喜歡產品的外觀，請做改變。花足夠的時間在診斷可以使干預措施變得簡單明確。

- 但是，當解決方案不明顯時，我們仍有許多解決技巧。其中包括消除引起用戶注意力的競爭、社會認同、損失規避和承諾合約。

你怎麼知道有問題：

- 當無法明確知道用戶面臨的問題（請回到第七章使用診斷（diagnose）法）。

- 當提高用戶的動機，像是唯一的解決辦法時（請回到第八章）。

可交付的成果：

- 一種或多種干預措施來嘗試與你的用戶配合，以查看是否有助於他們採取措施行動並克服障礙。

活用習題：用 CREATE 行動漏斗
來評估多種干預措施

當你的團隊在為特定微觀行為和行為地圖評估替代的干預措施時，可以快速利用下列清單（從行為的觀點）來檢查優勢和劣勢：

狀況	當前狀態步驟：安裝應用程式	干預1：應用程式的好處	干預2：社會認同
提示（*Cue*）採取行動	☑	☑	☑
情緒反應（*Reaction*）	☐	☐	☑ 看別人的試用報告，得知下載來用應該不錯。（如果大多數都使用這產品，也可以用描述性規範。）
意識評估（*Evaluation*）的花費和好處	☑	☑ 增加動機，但這不是最主要的問題	☑
行動（*Ability*）能力（資源、組織工作、自我效益）	☑ （第八章中，移除需要員工填入ID號碼）	☑	☑
行動的時間（*Timing*）和緊迫性	☑	☑	☑
過往經驗（*Experience*）採取行動	☑	☑	☑

第十章

精心策劃干預：
能力、時機、經驗

| 定義
（Define）
問題 | 探索
（Explore）
情境脈絡 | 精心策劃
（Craft）
干預措施 | 在產品中
執行
（Implement） | 判定
（Determine）
影響力 | 評估
（Evaluate）
下一步 |

我太太有使用 Fitbit 的習慣——一個可以掛在衣服上的小型追蹤器，把運動過程透過螢幕顯示，並把用戶的細節資訊傳回電腦或手機中。

Fitbit 做了很多事來鼓勵運動。它使兩件非常麻煩（可能導致抑制行為）的事自動化：自動追蹤使用者進行多少運動，記錄並自動上傳整個過程到電腦或手機中。這是轉移人們負擔的例子，幫助減少用戶到產品的工作量（又稱欺瞞）。

此設備還使用許多其他行為技術來幫助人們養成運動習慣。例如：

- Fitbit 提醒人們要運動。在螢幕上提供隨機的訊息。我還記得第一次看到訊息顯示「帶我去散步！」時，會心一笑，也就是說，Fitbit 提供了有趣的**提示**（Cue）。

- Fitbit 提供了即時而有意義的**回饋**。記得我太太在使用後不久,看著螢幕說她走了 9,945 步。接著她就在房間裡跑來跑去,只為了要突破 10,000 步門檻。也就是說,它透過建立近期目標來創造急迫性。意即透過近期目標(即使是任意目標)來創造迫切性(定時)。因為運動的好處是長期且抽象的,10,000 步目標可以作為當前的現實目標。

在上一章中,我們介紹了干預措施,鼓勵採取行動時受到提示(Cue)、反應(Reaction)或評估(Evaluation)的阻礙。這裡,我們要談到 CREATE 行動漏斗的下半段:能力(Ability)、時機(Timing)和經驗(Experience)。

使用者行動的能力

能力顯然是做某事的物理手段:穿鞋去跑步、吃健康食物等。從行為障礙的角度,我們也可以將其視為無需要進一步思考和恐懼失敗,即可以採取行動手段。每當你的用戶停下來去思考下一步該怎麼做的時候,都會有一個分心的機會。行為地圖中每個微觀行為都可以變成障礙,單純是因為它需要額外的思想、努力和信心。你的用戶可能真的想學習一種語言,並打算下載該語言課程,但這時電話響了。你的同事可能想要找新的工作,但是想到要在眾人面前報告就讓他卻步。

在本章節中,我們將研究以下能力(Ability)的類型:對於每個微觀行為中身體的行動能力、過程中所需要自信心,和加上一步步跟隨的心智能力,而不需要停下來,集中精力思考下一步要做什麼。

移除摩擦和管道因素

小摩擦(small frictions)在行為科學中起了巨大的作用;該領域大部分的初始工作都著重於小分歧如何阻擋人們向前進。

前面我們談到了自動化的重要性:當你能夠為用戶承擔工作的重擔時(例如,手動進行 401(k) 轉移),更能幫助實現!自動化通常和預設值做結合使用:在預設值的情況下,用戶會直接進行轉移。這會對產品起作用,除非用戶選擇退出。這兩種技術本身都很強大,暫時先撇開自動化,讓我們看一下設置預設值。

早期有一個令人震驚的例子來自器官捐贈領域。器官捐贈是道德上重要的主題,而我們也確實有能力拯救某人的生命。各國參與器官捐贈計畫的方式差異很大,

許多國家的人口比例為 98% 到 99% 同意在死亡時捐贈器官；而在其他國家，只有 0% 到 10% 的人願意這樣做。甚至具有相似歷史和文化的鄰國（德國和奧地利）也呈現了這些變化。德國的比例為 12%，奧地利高達 99%。

造成這個差異的原因，並不是兩國對器官捐贈有道德上或宗教上的想法。主要原因可能是因為奧地利將器官捐贈的計畫設定為預設值，並讓使用者可以在不同意的情況直接退出該系統。德國則設定為讓不捐贈器官為預設值，但讓用戶隨心所欲的進入器官捐贈系統（如果器官捐贈是他們的選擇）。似乎重要的是勾選（或取消勾選）表單上這個簡單的行為。對於用戶來說顯示了預設值和摩擦力（僅勾選或取消勾選一個項目）不可思議的力量[1]。

我們可以從中學到什麼？顯然地，設置適當的預設值。更廣泛地說，尋求消除這些小摩擦的方法。

移除不必要的決策點

消除用戶需求去做額外工作是一種高級的行為改變策略（如欺瞞），並且應在特定的互動中使用。如果你不需要問用戶問題，那就不要這麼做。如果你能讓用戶無需滾動頁面至網頁下端，那非常好。這只是用戶在前往行動的途徑上會遇到的小而惱人的摩擦。消除這些摩擦會稍微降低動作成本，所有其他方面都是不變的，但是最重要的是，消除這種摩擦可以減少決策點被分散注意力的機會。如果這個人選擇去做某事，請讓他們繼續做下去 —— 當你中斷他們的次數越多，用戶越有可能離開此產品。

這並不是說用戶沒有能力執行工作。可能在有非常重要的訊息相疊的情況下，用戶確實需要停下來閱讀或對其採取動作。但是，如果在「要使用」或「不使用」附加工作與用戶可以完成相同任務之間做出選擇，請選擇工作量較少的方式。

設置適當的預設值

即使在產品內沒有太多大選擇可以預設（例如器官捐贈），也要尋找一些小的選擇。例如，請記住應用程式中要求各個輸入的片段。假設許多用戶堅持使用產品

1　Johnson and Goldstein（2003）。從技術上來講，這種分析顯示了已經存在自動化的情況下設置預設值的邊際影響——因為無論有沒有設置預設值，沒有人可以在死亡後摘掉自己的器官。但重點是一樣的：預設值可以在邏輯上與自動化區分開，並具有強大的邊際效應。

內的任何預設值，會發生此種情況是因為使用者很忙，而且沒有完全閱讀向他們提出的問題。因為使用者不確定問題的含義或他們根本沒有強烈的偏好。因此，預設值非常重要，不僅因為可以創造決策點（並減少分散注意力等），而且還可以為人們改變成果。

預設值非常有用（a）預設值所在處可以幫助人們離該「行動」更近，（b）可以對重要用戶進行微調，以及（c）其他人都可以輕鬆了解預設值的價值。但是，預設值僅應在無響應的情況下使用；它不應該用來蒐集重要基本資料。而且，由於當用戶被迫回答時，可能會做出不實的回答（或乾脆離開當無法回答那些問題），這時就不該設定預設值答案，直接移除該問題是更好的作法。當提供預設值時，所蒐集到的答案應解釋為一部分是事實，另一部分是用戶無反應。

例如，假設你的應用程式詢問用戶是否有小孩。如果有一個特殊建議是專門給有小孩的用戶，你可以把預設值設定為「沒有小孩」。然後，讓有孩子的用戶確實注意到，並能接收到特殊內容。

明確的執行意圖

你可能還記得，執行意圖是人們制定的具體計畫[2]。它們是行為自動化的一種形式，可以告訴大腦當發生 Y 時要去做 X。這個人思考現在要完成什麼事，然後，當實際需要採取措施時，就不需要思考和不會有邏輯障礙 —— 該人只是執行行動。執行意圖應包括觸發動作的事件、該動作和該人應該做的肢體動作。例如：星期五若我的主管對我大吼這個工作項目，我會暫時離開休息一下，而不會大聲爭論。

你可以鼓勵用戶創建未來的行動計畫（執行意圖），用戶承諾將來採取任何措施的地方，**尤其**在該操作不在應用程序中。制定具體的計畫可以鎖定用戶跟隨步驟完成行動，即使產品沒有時時提醒他們。

對於行為產品，**籌劃實施意圖**可能意味著，添加文本到用戶如何描述自己會如何採取行動。關鍵在於有意的讓人思考，可能的話視覺化這些行動。這個挑戰在於執行意圖是一種摩擦，使人放慢腳步，讓他們做更多工作[3]。正如我們在上一章節中所提到，這並不是一個好主意。相反地，你可以考慮這種方式：如果通行無阻

2　Gollwitzer（1999）

3　感謝 Paul Adams 的建議。

的路徑（消除摩擦）不能幫助人們自己消除障礙，你需要幫助他們面對障礙時（透過執行意圖或其他類似技術）克服並達到目標。

善用同儕比較

我們在一個脈絡中討論了在同儕比較中，該人的情緒的反應：當知道別人在電力的花費比你少，或比你更頻繁的投票，皆可以觸發一個更直覺的反應。此外，同儕比較會影響我們的意識能力。我認為同儕比較具有「可以，你行」的能力（Ability）維度和「對，你應該要」反應（Reaction）方面。

如果我們認為這個任務無法完成，我們的時間可以拿來做其他更棒的事。在你的頁面上，不僅要確保用戶*可以*做到他們應該做的事，還要確保他們知道自己可以做到。一種方法是透過前文所提的同儕比較；向用戶顯示其他人正在成功執行操作。然後他們就會知道，這也是他們可以做的事情。

但是請記住，同儕比較很複雜。如果對照組領先個人太多，這可能會造成反激勵（我永遠也追不上），如果對照組落後於個人，也可能造成反激勵（喔，那我可以放鬆一下 —— 我已經比其他人都做得還要好了），

牆的另一邊：離成功不遠了！

在過去的一週中，你嘗試過多少次你確定會失敗的操作？重要的是，其他人知道你失敗了會怎麼評論你？我猜不會很多次。那是因為我們的大腦刪減了這些選擇；我們不會真正考慮如何做一些不太可能的動作（白日夢例外 —— 在這裡我談的是有意圖的行動）。

如果你認為自己將無法完成某事，則嘗試的可能性較小。基礎研究來自 Bandura 的自我效能概念。相信自己可以在類似的經驗中有效地完成任務的信念，來自關於目標完成的研究。

幫助你的用戶知道他們將獲得成功，和深入學習並建立他們的專業知識和信心來採取艱難的行動一樣複雜。然而，它也可以像重新定義動作一樣簡單，使其感覺更加熟悉和可行。圖 10-1 展示了我與 John Balz 在一篇論文中，一起進行的實驗 [4]。

4　Balz and Wendel（2014）

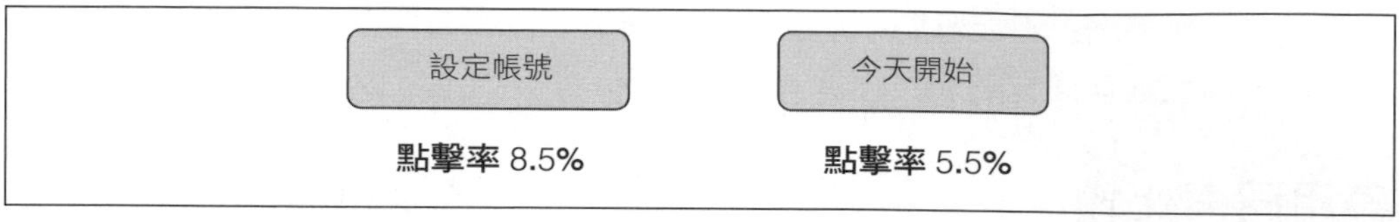

設定帳號	今天開始
點擊率 8.5%	點擊率 5.5%

圖 10-1 運用簡單的文字改變，幫助人們了解他們要做什麼（並且是否有能力完成它）[5]

找出「真正」的障礙

到目前為止，我們在能力（Ability）下談論的障礙在某種程度上是心理的，從嚴格理性的成本效益角度來看，不應該成為障礙。但是人們確實在使用特定產品或服務時，面臨到障礙。例如：沒有密碼或網路可以使用你的應用程式。在事後看來這很明顯，但我自己卻錯過這些障礙。在我過去談到的研究中，有一項我們透過電子郵件向用戶發送號召性用語（call to action），但卻寄到那些用戶已經忘記密碼的電子郵件信箱……然後坐著納悶為什麼沒有人回應。因此，有一個簡單的提醒：查看你的使用資料並與用戶進行定性研究，以確保你在尋找更多複雜的障礙時，不會錯失了最基本的障礙問題。

找出對的時機

理想的情況下，該動作本質上是時間敏感的：人們需要立即採取行動，由於一些現有的外部理由（例如 4 月 15 日的稅務）。然而，如果無法實現，則可以使用一些其他的策略。

制定文本來避免短視近利

我們希望對當前的重視遠超過對未來的重視，這就是我們的短視近利。我們之前曾討論過立即透過以下方法激勵用戶，而不是未來的回報。好吧，如果你困惑了，應用程式的基本架構和核心動機已被修正完畢了嗎？你仍然可以避免短視近利，透過精心策劃提供給用戶的描述。

在設計行為改變時，意味著對安排時間要非常小心。尋找以近期利益為單位來構成收益的方法；在練習範例中，可以參考該人的感覺和外觀立即的改變，而「令

5　Wendel and Balz（2014）

人苦惱和需要付出努力的事」則恰恰相反：在未來需要做的努力有時候比承諾現在要做出努力要容易許多。所以如果苦惱和努力都需要討論，盡可能把它放在未來。Benartzi 與 Thaler 漂亮的把這個理論運用在他們的「留給明天計畫」（Save More Tomorrow plan）——人們承諾開始儲蓄（即苦惱）是在一個未來的日期才開始[6]。

提醒先前的行動承諾

我們不希望與過去的行為不一致。這使人非常不舒服，我們傾向於按照我們先前的信念行事，或改變我們的信念使它們符合我們的行為[7]。實現此目的的一種方法是讓用戶強迫自己——承諾在特定時間採取行動，然後回到他們身邊提醒他們。除了他們的其他原因採取行動，這會促使他們繼續前進，避免前後矛盾。

向朋友承諾

另一種採取迫切行動方法，是對你的行為做出明確的承諾。社會責任感是強大的力量——我們不想讓我們的朋友失望，或在他們眼中失去自尊。我用我的朋友 Justin Thorp 的故事，在下面的欄框說明了這個論點。

我們的朋友讓我們維持負責

我的個子一直很魁梧。早在 2009 年秋天，我當時體重大約是 280 磅。當我跑了幾段樓梯時，開始對自己這樣的狀態忍無可忍。我知道是時候做點不同的事情了。

所以我決定開始慢跑。對我來說，這是一個艱難的任務。我幾乎無法跑超過一個街區。身為一個書呆子，我的第一個想法……有沒有什麼比運動更好？那就是用技術來運動。因此，我仔細研究了應用商店，並購買了 Runkeeper 應用程式。該程式使用手機的 GPS 追蹤了我走多遠、走多快，以及跑到哪裡。我立即被吸引住。Runkeeper 使我可以看到整個跑步過程中的進度。

6　Benartzi and Thaler（2004）（*https://doi.org/10.1086/380085*）

7　See Festinger（1957）

過了一陣子，我注意到 Runkeeper 用戶運動資料回報底部的 Facebook 和 Twitter 分享按鈕。在按下按鈕後，我就可以和朋友分享跑步訊息。當時，我就在想「這是什麼玩意兒？」，沒有考慮太多就按下按鈕。

幾天過去了，我的朋友和同事開始注意到我跑步的習慣。他們開始在我 Facebook 的貼文中留言。他們開始在社群媒體上為我加油。當我不去跑步時，我老闆會問我：「Justin，你為什麼今天沒去跑步呢？」

當我早上起床不想去跑步時，我會在我腦海中聽到我的朋友和支持者在為我加油。我不想讓他們失望。他們相信我，並且覺得我可以做得到。

而我確實做到了，我減了 50 磅。我參加了櫻花 10 英里路跑（Cherry Blossom 10 Mile Race），獲得了很大的自信。然後我現在仍然定期在跑步，這對我來說是鍛鍊身體和清理思緒的好方法。

— Justin@thorpus

正如我們之前所提到，在社會認同和描述性規範的力量下，我們的朋友對我們的行為有廣大的影響力。但是，告訴朋友我們正在做的事情，在我們告訴對方我們會去做的時候，它就具有說服我們採取行動的特殊力量。不僅是他們判斷我們的舉動，還包括我們是否整體上保持言行一致——包含時效性。

當然，這完全取決於我們向誰尋求支援。如果我們向不在乎或不重視我們行動的人，那麼他們的不感興趣就會削弱我們的動力。產品可以緩解這個，透過明確的要求人們選擇支持的朋友和同事。或者，透過配對將該人與其他有相同行為改變目標的使用者做連結，來支持相同的行為或提供支持的經驗（即產品可以構建一個當地網絡，裡面包含有將會推動我們成功的同儕）。Coach.me（*http://www.coach.me*）就做此類似的事情。

獎勵缺稀

你可以獎勵少數人（例如，前一百位減掉 100 磅的用戶大名，將會在我們的網站上秀出來），或人為的時間敏感（例如，在接下來的五分鐘內採取行動，你將再獲

得 10 分）。這是一種最受歡迎的銷售和行銷策略 [8]。這最好是一次性行動，而不是重複行為。如果你試圖對少數人重複推行，他們會停止相信你。此外，你冒著讓人們對於普通狀態（也就是在當沒有人為的獎勵缺稀或時間敏感）麻木的風險。

然而，這種技術在現場已被濫用，因為它造成了利益的缺稀，並輕易地傷害客戶的公司。第四章中 thredUP，就是關於道德論述的例子；飯店預定網站像 Expedia、Hotels.com 和 Booking.com 就是其他被監管者點名的例子 [9]。

處理先前的經驗

人們過去的經驗，以難以預料和理解的方式影響他們的反應。我們的直覺反應，了解行動的成本和好處，以及我們的自我效能都受到我們隨時間建立起相關聯的事物，和隨時間累積的訊息所引導。前面幾個章節中提到障礙中的提示（Cue）、反應（Reaction）、評估（Evaluation）等方面都說明了人們面臨類似的挑戰，是因為受到大腦思路的影響，或人們有在生活中有類似的經驗。其中這個經驗（Experience）是一張通用卡。提醒你，無論我們在研究社群中蒐集到有關行為的普遍經驗教訓是什麼，人們面臨的障礙以及克服障礙的方法，都取決於個人的特殊經歷。

例如，損失規避（loss aversion）在整體來說肯定是很強大的。但是，某人若持續受到損失威脅增加，可能會對其特別敏感，或者可能已經知道要直接拒絕。積極投入佛教的人，可能對評估（Evaluation）階段的大多數技巧反應較慢，他們能夠比我們其他人更有效地釋放對生活物質的慾望。

在更日常的層面上，看過輕率而操縱使用社會認同（social proof）的不良產品廣告（專家推薦等），可能拒絕任何訴諸此技術的投放。最後，人們可能理所當然地不信任你所說的任何話，如果他們對你虛張聲勢或是誇大好處的產品或服務先前有不好的經驗。

因此，當某人的先前經驗給某事帶來障礙時，我們該怎麼辦？雖然這方面的研究較少，但這裡有一些想法和方法。

8　Cialdini（2008）；Alba（2011）

9　請參見 Monaghan（2019）（*https://oreil.ly/BoQwW*）有關英國成立競爭及市場管理局（Competition and Markets Authority）的故事如何壓制這些技術。另外，我要再一次感謝 Paul Adams 的建議！

重新開始

重新開始是當我們覺得自己有新機會改變自己的某些事物，是我們生命中的特別時刻 [10]。賓州大學的 Hengchen Dai、Katherine Milkman 與 Jason Riis 做了一項關於新開始的研究，發現了這些事：人們在過度時期做出重大生活承諾的比例不成比例 [11]。例如，這些科學家研究了人們更可能在新年（新年決議）、生日和步入婚姻時做出承諾，像是多運動或吃得更好。

故事編輯法

在第 33 頁的反應（Reaction）中，我們談到 Tim Wilson 在自我敘說（self-narrative）的研究：根據過去的經歷，我們講述自己是誰的故事以及對未來旅途的見解。我們專注於匯集相關的過去經驗（尤其是成功經驗），使新動作變得更加熟悉和自然。Tim 還討論了一種相關技巧：故事編輯（幫助人們「編輯」他們的自我敘說，以重新詮釋過去的負面經歷。）

我見過有關行為改變得最佳研究之一，是 Wilson 的故事編輯。他和他的合著者 Gilbert 測試了一群掙扎中的一年級大學生（他們在學校表現不好，很擔心自己的未來），並將學生隨機分為兩組：一組接受了短暫的 30 分鐘干預；另一組沒有接受什麼特別的干預 [12]。

Wilson 擔心學生將自己視為失敗者。他的干預包含提供學生關於他們在學校表現不佳的可能解讀：

> 我們給了他們一些來自其他學生的事實和證言，表明他們的問題可能有不同的原因……也就是說，剛開始很難學習的東西，會隨著年級的增加，做的越來越好。尤其是當發現如何去調整不同於高中的學習方式 [13]。

10　本段摘自 Wendel（2019）.

11　Dai et al.（2014）（*http://dx.doi.org/10.1287/mnsc.2014.1901*）

12　我們在第一章中簡單的討論過此研究，作為對自我概念（self-concept）或自我敘說（self-narrative）的介紹。

13　Gilbert and Wilson（2011）（*https://oreil.ly/LVulI*）

這個被隨機選擇的小組重新詮釋了他們糟糕的成績，並在未來取得了更好的成績表現。此組人一直到大學最後一年都取得了較好的成績；他們也不可能會輟學。雖然這項研究沒有追蹤他們到完整隨著時間推演的學業表現，但我們可以假設所付出的努力不是立竿見影的。相反地，學生們似乎會慢慢地改變他們看待自己的方式。並且在最一開始的推動之後，逐漸改變了他們學習上的努力程度。

僅進行 30 分鐘的干預就改變了這群學生數年的成績表現？這實在令人讚嘆。

Wilson 更廣泛地支持故事編輯思想。像那群在他實驗中的學生，我們可以重新解釋過去發生的事情，改變我們自己講述的故事 —— 我們的自我敘說[14]。重新詮釋後續會影響我們的未來行為，當我們改變行為時，我們也會改變未來體驗，使他們更有可能提供支持我們的自我敘說。隨著每一次新的經歷，我們關於自己是誰的內部故事只要稍加變化，就刺激了行為改變的新週期。

對於學生來說，會像是這樣：Wilson 幫助其中一半的學生以不同的方式解讀自己的表現。那些認為自己暫時經歷困難的人（而不是失敗），將更有可能更努力地工作，在下一個測試中表現的更好。然後，他們會回顧一下（改進）的效果並加深對自己的認識，學習並克服第一年生活中的挑戰。然後他們會在下一次測試中，表現更好。隨著時間推演，內部故事或自我敘說，兩個群組有所不同，這要歸功於初步干預。

我們在生活中的每一天都對自己的經歷進行解釋和重新解釋，從而塑造我們的自我敘說和未來行為。這些解釋和行為的週期可以明顯地支持有益的變化，例如學習更多。但也可能導致負面效果，例如當某人感到失敗並且不努力嘗試改變這種情況。這取決於我們如何利用過去的經驗，以及我們是否認為自己控制我們的生活結果。

用技巧來支援更好的決策

如果某人對某項行為有強烈的負面情緒反應，則根據過往經驗，或類似執著於行動成本的單一面向，將其視為決策問題而不是行動問題可能會有幫助。我們在第三章中討論過如何幫助人們更仔細地做決策[15]。這裡有一些要點：

14　Wilson（2011）

15　參見 Soll et al.（2015）。

- 緩慢的思考為的是更仔細的思考。

- 增加摩擦使人慢下來：藉由添加認知過度和增加完成一個行動的步驟數。

- 直接關注問題核心，但忽略問題的其他面向。

刻意使其變得不熟悉

雖然我還沒有看到專門針對這一想法進行研究，但另一個靈感來自現有工作的技術。如果以前有熟悉的經驗（外觀相同或相似）的產品，或訊息引起負面反應會阻止動作，你可以刻意地改變外觀以不再觸發該反應。這僅僅適用於當某人面對一個自己不想要的反應時 —— 即在更安定的情況，他們會想要採取行動。

許多不道德的公司也使用了這項技術。當我和我的妻子在加勒比海度假時，我們遇到一個旅行服務，看起來很棒。這個服務為未來的假期提供了合理的折扣，價格似乎合理（但並不低）。我上網查了這間旅行公司，一切看起來也都正常。才幾週後我們就發現，該公司反覆更改其名稱 —— 每當出現不良評論和訴訟問題時，這間公司都只是改變名稱和行銷活動。還是一樣的公司，一樣（差）的服務，卻是煥然一新的外表。此公司故意透過使自己品牌陌生來吸引顧客。你可能在 Amazon 上遇過類似的公司 —— 他們改變產品或公司名稱，來避免過去用戶對自己不好的經驗和負面評價。

所幸還可以設想其他有益的用途。想想過去曾經在減肥方面苦苦掙扎，認為自己永遠不會成功的人。為這群用戶刻意地創建一種外觀和手感（look and feel）與市場上標準產品（不適用於他們）的不同服務。例如，送餐服務或飲食規劃器，這樣可以鼓勵他們再試一次。即使服務本身相同，由於個人周圍的環境可能已經在改變，因此這次可能會成功 —— 只要他們能克服以前的負面經驗。這喚起了本節的最後一個要點 —— 記住人們會改變。

再次調查確認：你不是和相同的用戶互動

人們的經驗不僅在一個人與另一個人之間有所不同。另一方面，每天你的用戶也在改變和調整 —— 以通俗的方式（老化）和特殊的方式（結婚、生子等）。六個月前你發送電子郵件給他的那個人，和現在正在溝通的人截然不同。透過用戶研究，你可以**與用戶再次確認**，並深入了解用戶是隨著時間如何變化。如果公司有個退休工作坊，來自上個退休聯誼會，那麼你可以在這個基礎上去細分討論，針對這些已經參加過的人。

自我練習

在本章節中，我們談到了第二組干預措施可以用在 CREATE 行動漏斗中：能力（Ability）、時機（Timing）和經驗（Experience）。讓我們來看看這些筆記。

這裡是你需要做的：

- 理想情況下，一旦用戶決定採取行動，他們可以從微觀行為中得到靈感，直到最終行為。不幸的事，大大小小的能力（Ability）障礙阻礙了他們的前進。例如，缺乏實質資源（需要密碼），缺乏自信，或需要更多時間繼續進行。

- 要消除物理障礙，解決方案通常非常明顯：如果我們小心的話，觀察路徑上的每個微觀行為並注意它們。為了要移除自信的障礙，我們會與同儕比較，並消除不確定性。為了消除摩擦性的停頓（決策點），我們使用預設值並簡化互動設計。

- 人們會自然而然地專注於眼前的任務和需求 —— 所以長遠來看有利益的活動容易被忽略。為了解決這個問題，我們重新設計了談論方式的好處，造成當前的短缺，或者透過人與社會的承諾，來集中人們的注意力在現在的行動上。

- 先前的負面經驗可能會使他們忘記了一個動作的好處，每個人的經歷都是特別的。要幫助人們移除過去負面經歷，我們可以使用全新開始的概念（生日、重大生活事件等）重置時鐘，編輯故事以重新構想這些預示未來的經歷。我們還可以避免直觀的聯想，和調動深思熟慮的系統二思維，並透過增加摩擦力或減慢下來。或者，我們可以透過使動作看上去跟感覺起來像是其他不熟悉的事物，以這樣的方式來避免先前的經驗。

你怎麼知道有問題：

- 當產品單純就是難以使用時 —— 行為技巧可以幫助使輕微的摩擦和挑戰更順利；但它無法修復損壞的產品。

- 當我們使用行為技術來彌補產品先前的錯誤時：我們要試圖避免過去自己不良的經驗，並說服他們應該在產品上花更多時間等等，這在當產品沒有真正被改善時會發生。

可交付的成果：

- 一種或多種干預措施，嘗試與你的用戶互動，以查看是否有助於他們採取措施行動並克服障礙。

練習

你將繼續使用在第 201 頁中「活用習題：用 CREATE 行動漏斗來評估多種干預措施」，關於能力（Ability）、時機（Timing）和經驗（Experience）。除此之外，用來支持行動所建議的干預措施表格，也重新複製在練習題本中方便使用。

第十一章

精心策劃干預：進階討論

New Moms 是芝加哥的一間小型非營利組織，為有無家可歸風險的年輕媽媽提供服務，包括從低收入住房到陪產員和家長教育。然而面臨了許多挑戰：媽媽們對課程有興趣，卻很少有人加入。從行銷術語來說，該轉換漏斗面臨了在整個流程的每個步驟中，人數逐次下滑（棄產品離開）的問題。

與大多小型非營利組織不同，New Moms 長期以來研究行為與大腦科學。執行長 Laura Zumdahl 說：「我們的組織是 ideas42 的大粉絲！[1]」在 Dana Emanuel —— 學習和創新執行長的指導下，他們跟 MDRC（*https://oreil.ly/NEqfo*）的行為科學團隊合作，一起找出在這個過程中媽媽面臨的障礙。就和其他應用程式和產品一樣，此組織找到許多問題。以下是他們發現的內容：

1　ideas42 是一個大型的非營利行為科學組織，總部位於紐約市。

- New Moms 的行銷資料以技術術語談到了工作培訓的長期利益（誰對提升「工作技能」不感興趣呢？）在他們進行行為分析後，他們發現這些年輕媽媽對近期目標有強烈的偏見，而且理所當然地把養活小孩當成是短期目標。所以 Dana 描述，組織將行銷資料方針更改為「傳達媽媽的動機」。換句話說，為家庭賺錢和更靈活的時間表。這是一個教訓，尤其對許多訴說著「從長遠來看對你有好處」的產品而言，都會從此案例中學習受益……

- 為了註冊該計劃，媽媽們必須填寫多頁的資料。然而，他們發現許多內容是不必要的，並且會導致不必要的障礙（即麻煩因素）。所以，他們大量地簡化註冊過程。

- 一旦新媽媽參與了計畫，該組織要求媽媽每個季度要設定一次六個月到一年的目標。許多媽媽因為從未工作過，對長期的工作目標僅僅有抽象的想法。這些目標不但沒有幫助他們，反而讓他們感到沮喪。因此，New Moms 團隊與這些媽媽一起設置了更多短期見效，且易於管理的週目標和日目標。這些小勝利幫助媽媽們看到了自己的進步，並且團隊更容易掌握媽媽們的進度，並使他們一直在對的方向。

從小型非營利組織到國際科技公司，我們的用戶所遇到的問題都非常相似，因為這是出於我們的大腦的思路，以及我們如何在不了解這種心理機制的情況下，開發產品和服務。與許多產品和服務一樣，New Moms 發現媽媽們不只經歷一個單純的障礙，而且在許多步驟的流程中都有疑慮。他們觀察入微的分析，發現了每種案例下的障礙，以及如何解決問題並提供更好的服務給用戶。

我們在第九章和第十章中討論的行為解決方案，是運用時間上的干預措施來支持行動：在行為地圖中的特定點採取行動的方法。在本章中，我們研究了三個方向：隨著時間的推移使用多重干預、養成習慣，並精心策劃干預措施來阻止負面行動。

多重干預

對於某些產品（和許多溝通）行為地圖很直接明確，或者有單點問題需要引起注意。在這裡，我們退後一步，研究一下更複雜且需要從整體上解決行為地圖的一系列微觀行為，為用戶制定更可行的流程。特別的是，我們將研究如何簡化行為地圖、如何在過程中提供回饋，以及如何建立習慣。

整合可能性

過程中的每個步驟都應代表**最大**可能的工作，且是可以理解和可行的。試著將多個步驟合併成單一步驟。**最大的**？是的，這裡有一條界線在將行動分解讓每個步驟更易於管理，與步驟太多會讓用戶不知所措之間。這裡沒有嚴格的規定，但請記住這點，特別是當你未來看到任何過程中有超出一打的個別步驟！

再次建議，使用欺瞞策略吧！

了解如何將用戶每一步驟的工作負擔轉移到產品上。也就是說，在用戶必須執行的每個步驟中，使用欺瞞策略。查看行為地圖，是否有可能將整個行動自動化？如果無法全部自動化，是否能將單獨步驟使用欺瞞策略？

透過第七章中的廣播節目（歐巴馬的競選活動，鼓勵人們加入廣播節目來表達他們的支持），實現全自動化是不可行的。但是其部分是可以實現自動化或設置預設值。例如，該平台可以：

- 自動將用戶與來電廣播節目匹配，並提供必須撥打的電話號碼，進而節省用戶要研究相關廣播節目的時間。

- 無需尋找電台頻道（使用軟體應用程式），透過產品本身軟體程式來串流 call-in 節目。

- 提供廣播節目所要說的智慧預設值（例如，簡單的腳本。用戶可以根據需求編輯和個人化）。

透過簡化過程、自動執行、使用預設值，或使步驟成為附加的，便會幫助用戶減少不必要的工作。第二章中提到的 CREATE 行動漏斗，意味著降低行動成本（一部分思想意識的評價），和增加基本的身體能力來完成行動。這種簡化過程，使你可以將注意力集中在更棘手的行為，或應用程式中更令人興奮的用戶行為上。

提供階段性的小勝利

除了**簡單**之外，每個步驟要有足夠的**意義**，使用戶可以獲得成就感。這取決於產品，幫助用戶感到成就（通常將其表示為朝著目標行動的方向前進），但是步驟本身需要支持。在研究文獻中，這被稱為「小勝利」——在每一小步驟中人們都會覺得完成了某事，並且越來越接近他們的目標，那麼他們更有可能繼續前進。

舉我之前在 HelloWallet 的工作來說,在設計指南時我們遇到一個棘手的問題 —— 每個月你應該要鼓勵人們儲蓄多少?Jean Chatzky 和其他作者,告訴他們的讀者每天要省 $10 美金 [2]。這是簡單俐落的,但對於許多用戶而言,要麼太容易要麼太難。我們有用戶每週要擠出 $10 美金就很糾結了,更不要說是每天;有用戶甚至覺得這是一個可笑的目標。因此,我們建構了一個更有意義的省錢方式,來達到小勝利。先不論他們的財務狀況,我們將目標金額以收入的百分比計算(四捨五入後,成為人們會記得的簡單數字)。

做出行動來達到這個小勝利 —— 必須清楚向用戶說明該步驟已經完成。換句話說,必須明確說明成功或失敗,並提供相關的回饋。減重應用程式就是一個很好的例子 —— 用戶設定了明確的減重目標,鼓勵他們改變體重。一個沒有清楚目標的例子,如告訴用戶減少抽菸,而這並沒有讓用戶知道他們是否成功。當用戶開始懷疑自己是否做對時,他們便會開始分心,然後你就會失去這個用戶。

產生反饋迴圈

多重步驟和快速重複的行動,提供了另一種改變行為的機會:使用戶隨著時間來調整課程,來滿足他們的需求目標。

現今穿戴式的產品,像是 Apple Watch、Fitbit、Versa 和 BodyMedia CORE,被創建來向用戶提供睡眠習慣和運動的回饋。例如,我太太的 Fitbit 告訴她做了多少運動。當她在日常生活中做了調整,就會反應在 Fitbit 追蹤器上,隨時查看自己的狀態。這個反饋迴圈(feedback loop)使她能夠調整自己的行為,以實現自己的目標 [3]。

為了使回饋有效地幫助人們改變自己的行為,應該要:

及時的

理想情況下,回饋應在執行動作時發生,因此用戶可以進行實時調整,並查看所帶來的影響。

---

2 Chatzky(2009)

3 量化生活運動(quantified-self movement)(*http://quantifiedself.com*)引起了人們對反饋迴圈以及告知行為改變能力的關注。

清楚的

用戶必須了解訊息的意義。

可行的

用戶必須知道如何針對訊息採取行動。

這似乎很明顯，用戶必須足夠**在意**回饋來改變行為。被回饋吸引是不夠的，用戶必須想要且能夠進行必要的調整，來改善其表現。而此用戶也必須注意。在這種動機、注意力和行動能力的結合下，我們發現許多關於設計行為改變我們已經討論過的相同問題。

一般性的錯誤

這裡有兩個在這個階段中，常見的錯誤：

這很簡單！

第一個常見的錯誤是在**你輕鬆完成操作後**感到滿意。很多時候，尤其是在我先前的政治宣傳工作中，我看到宣傳廣告希望人們要整夜守夜；自己起草寫一封寫一封信給他們的代表，卻有很多自己不了解的問題；或自己組織當地的行動主義者。將這些任務給從未做過的人實在令人生畏 —— 儘管對那些已經建立專業知識的人，相對簡單許多。

超出自己的經驗是很困難的（如果只是因為考慮到該行動，你的系統一會立即刺激了和過去相關的經驗，從直覺上來說確實**很容易**）。不過，如果有任何疑慮，請讓從未採取過行動的人來執行該提案。

付出努力的行動就可以建立承諾

另一個常見的錯誤是相信行動會兌現承諾，並有**目的**的使你用戶的行動變困難。這個觀點半對半錯。付出努力可以建立對產品的承諾，並可以對你已經開始的產品建立持續發展的承諾。完成艱鉅任務的人，更能承諾致力於進一步發展。在心理學和經濟學方面，有一種眾所皆知的心理沉悶現象，即**沉沒成本效應**（sunk cost effect）：你投入某項工作越多，就越不願意放棄它 —— 即使它不符合你的經濟利益。

如果用戶將目標行動視為艱鉅的任務，那就太好了。當完成動作後，他們會被承諾。產品的行動是盡可能吸引越多的人完成使用產品。「讓他們努力行動」的方式導致使用者非常投入 —— 但是那些忠誠的人，只佔了可以完成任務的一小部分；這創造了幻覺效果 —— 因為其他人早就被過濾排除了！

因此，建立承諾並不意味著每個步驟都需要付出很多努力，也不意味著我們應該設計一個困難的應用程式。對於任何「難」的行為（運動、學習語言等），會有一些事是產品可以使其變得更容易，而有些卻不能的。把事情變得更簡單去做 —— 然後對剩餘較難的任務建立興奮感。在用戶完成艱鉅任務時給成就感 —— 而不是做不好的設計 [4]。

建立習慣

第一章介紹了兩種基本的習慣類型：習慣重複產生的習慣（提示 — 慣常行為，提示 — 慣常行為等），以及具有以下特點的習慣：最後的獎勵（提示 — 慣常行為 — 獎勵），促使人們重複該行為。你產品的用戶可以透過簡單的重複來養成習慣，但是行動和意志力的重擔都在他們身邊。在設計行為改變時，請在最後添加一個獎勵，幫助人們返回養成習慣。

但是，無論哪種方式，習慣都會在頭腦重複行動並使自己自動化時形成。早期在每個迭代中，所有的 CREATE 因素都很重要。這建立在有意識的行動，我們需要牢記所有可能出現導致行為障礙的因素。但是，隨著時間的流逝，行為變得自動化，提示、反應（慣常行為）、能力（實際採取行動）是最重要的。

但是，重複並不是唯一重要的面向。如何利用產品養成習慣，以下是一個簡單明瞭的方法：

1. 識別出一個需要被重複數十次的行動，每次都沒有重大變化或需要思考。這通常被稱為習慣。例如，你的行為地圖可能包括「每天早上跑步 30 分鐘」。這是一個很好的「習慣」。

---

[4] 如果整個過程可以自動化（這也是我非常建議的做法），那麼對行動的承諾就是一個現實的問題。例如，用戶在沒有真正承諾的情況下自動加入 401(k)，很可能會將這些錢兌現並將其用於其他用途。但是，如果產品沒有實現自動化，仍然可以簡化用戶的需求完成所有工作，且這將是一個很好的高階問題。

2. 確保立即獲得強大而直接的利益，尤其是當其觸發強烈而積極的直覺反應（Reaction）或有意識的評估（Evaluation）。這在習慣中被稱為「獎勵」。舉例來說，就是從應用程式或朋友那邊收到祝賀。

3. 在日常生活中，識別出一個清楚、明確、單一目的的線索提示或是在產品本身（如電子郵件、警報等）中。舉例來說，每天的特定時刻都會收到來自該產品做的提醒。

4. 確保用戶了解提示、慣常行為，尤其是獎勵[5]。

5. 確保用戶想要並且可以使用其剩下的 CREATE 行動漏斗流程來完成慣常行為。

6. 有效利用提示。

7. 追蹤慣常行為是否發生。

8. 一旦慣常行為發生，請產品立即獎勵用戶。這使大腦中的多巴胺增強並強化神經元，在記憶消失以前聯繫提示和慣常行為。

9. 重複步驟 8-9，追蹤完成的時間和完成率，並調整流程直到正確為止。

當然，這裡有許多細微差異。

首先，提示確實需要是單一目的且明確的（即習慣形成之後，提示接到特定的慣常行為，而沒有其他任何連結），因為你希望避免大腦在提示發生時思考該怎麼做。Fogg 與 Hreha（2010）認為，觸發因素（即提示）可能是：

- 與其他事件綁定（例如，早上在浴室照鏡子時，就會順手拿起牙刷）

- 每天或每週的特定時間

觸發／提示，可以是內部的（無聊或飢餓）或外部的（早上第一件事就是看到時鐘或收到一封生氣的電子郵件）。內部觸發因素很棒，因為是人類狀況中固有的；但是，一生中還有很多其他事情爭奪相同的觸發因素（這使它們不具有單一目的，因此不明確）。如果建構的恰當，外部觸發也可以有同樣功效。

5　在對動物進行經典條件的研究中，實際上不需要預先連結提示、慣常行為和獎勵。用簡單的嘗試與錯誤（trial and error）即可養成動物的習慣。但對人類，尤其是自願行為改變的範疇，我們可以跳過「嘗試與錯誤」的部分，直接告知事情的情況。

其次，雖然必須對慣常行為進行結構化，以便可以有效地發生而無需思考。它不必是「愚蠢的」或「簡單的」。對於大多數人來說，良好的駕駛是（複雜、印象深刻）的習慣。還記得學開車有多難嗎？記得啟動汽車並使之行駛所需的所有思路嗎？但是，在學習之後，我們避免在行駛中與其他汽車過近，我們會將眼睛所見與雙手做操作的進行協調，諸如此類。原因是駕駛使用了一系列的分層習慣──大而複雜的習慣是建立在成千上萬小而慣性的行為。從環境中受到提示，並連續地一個接一個的連結。每一塊都經過結構化，因此可以持續的在提示出現後執行，而無需經過有意識的思考。

隨時保持習慣

習慣一旦養成，將具有極大的威力，但也可能十分脆弱。他們取決於具有穩定的提示，並在穩定的脈絡中觸發。對於手機上的應用程式，提示可能在主螢幕上看到應用程式或發出推送後的通知。如果提示消失了，例如當用戶更換手機而未安裝應用程式時，習慣不再觸發。

我使用一個名為 YouVersion 的免費知名應用程式在手機上閱讀聖經。YouVersion 知道他們的用戶可能會在聖誕假期前後得到一部新手機，因此他們會發送一封電子郵件，提醒人們在新手機上安裝應用程式，以維持他們閱讀聖經的習慣。圖 11-1 顯示了去年 12 月底我收到的電子郵件。

圖 11-1 我收到了一封電子郵件，打算在新手機上重新安裝 YouVersion 應用程式 —— 一種確保習慣一旦養成，提示不被打亂的聰明方法

可以養成習慣的慣常行為，通常會產生強烈和清晰的反饋迴圈（即在採取行動之後，立即獲得明確的獎勵成功）。習慣形成不是有意識的事件，儘管我們可以有意識地讓自己處於我們將學習的境地。

第三，不必每次都提供獎勵，只要它仍然與慣常行為綁定。在某些情況下，隨機獎勵非常有效。在有限條件的操作中，一旦不再給予獎勵，隨機強化的習慣會花費最長的時間形成，但也要花費最長的時間消滅。賭博提供了隨機獎勵 —— 一旦發現錯誤，就很難擺脫所有麻煩。隨機強化之所以如此強大，是因為我們的大腦並不真正相信隨機性，我們到處在尋找模式。所以，驅動隨機獎勵的部分慾望是我們的大腦試圖要尋找一種模式（你是否曾和一個有「系統」的賭徒談話過？）[6]。

---

6 但是如果期望有一個明確的模式而這個模式卻沒有出現時，我們會生氣。如果你每天早上去星巴克喝咖啡，有幾天很難喝而有幾天味道卻很棒，那麼你會開心嗎？這就是隨機強化（random reinforcement）。

最後，使用產品養成習慣的關鍵部分是實驗和微調。你的產品可能會在第一次有問題 —— 提示不清楚或無法吸引用戶的注意力，用戶可能不再關心獎勵，或慣常行為的內容改變而需要進行有意識的思考[7]。

用於形塑習慣：提示 — 慣常行為 — 獎勵的過程，如圖 11-2 所示（請記住，獎勵是可選的，但很有用）。例如，早上看到體重秤會觸發運動慣常行為。立即的獎勵是漂亮的肌肉線條。Charles Duhigg 在《為什麼我們這樣生活，那樣工作？》（*Power of Habit*）一書中，談到在傳統上建立行為分析[8]。

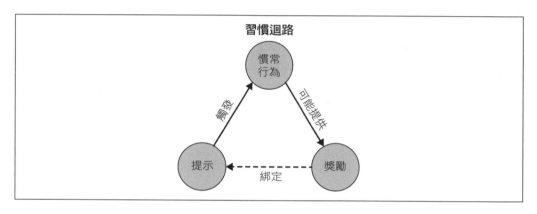

圖 11-2 提示 — 慣常行為 — 獎勵的過程，由 Duhigg 所提出（2012）

阻礙行動

信不信由你，我們已經在第三章和第七章中討論過，大多數需要阻止的行動的資訊。那是因為要阻止一個行動相對來說簡單很多，在診斷中，我們確定了 CREATE 行動漏斗如何支持負面行為：當前的提示是什麼？是什麼使人產生積極

---

7 關於設計習慣，人們還有很多話要說，但我的目標不是此做詳盡的介紹。關於在不同情況下養成和打破習慣的書籍很多；可以從 Duhigg（2012），Dean（2013）and Eyal（2014）開始。此外，BJ Fogg 還開發了一種動手的方法來建立自己的生活習慣；參見 Tiny Habits（*http://tinyhabits.com*）和 Fogg（2020）。但是，到目前為止，我的目標是為產品團隊提供足夠的基礎，以制定可靠的產品計畫，然後了解在特定情況下對他們真正有效的方法。

8 這個提示 — 慣常行為 — 獎勵的過程，是對理性情緒行為治療（rational emotive behavior therapy）和應用行為分析中使用的「前因 — 行為 — 後果」（antecedent-behavior-consequent）（ABC）模型的更清晰描述。有關 ABC 模型的應用，請參見 Miltenberger（2011）。

的反應與評價？是什麼使得該人能夠立即採取行動，將其優先於其他事情？在第三章中，我們研究了特定阻礙習慣的方法。

簡而言之，我們可以在 CREATE 行動漏斗中的任一點上增加障礙。我們首先問一個問題（就像我們在最初的診斷中在第七章中所做的那樣）：是習慣性的行為嗎？如果是習慣性的，那麼我們可以專注於提示、反應和能力（C-R-A）。如果不是，則使用完整的 CREATE 行動漏斗。創建障礙的實踐在行為科學中的研究較少，而對消除障礙實踐則較多，但是通常我們可以用反向思考找到簡單的解決方案。

習慣行動

整體而言，雖然停止對不良行為的研究尚不充分，但要停止習慣則有充分研究。當我們在第三章中，首次了解負面行為時，我們討論了可以用來塑造負面影響的許多核心干預措施。這裡有一些提醒：

1. 提示：避開提示。由於習慣是自動的，因此行為的學習是受一個提示所觸發，要阻止的最直接、最簡單的方法就是避開提示 —— 將其隱藏（如手機），避開可以看見的地方（例如避免讓飲酒者看到酒吧）。

2. 反應：透過劫持反應來代替慣常行為。舊習慣不會消失，但是可以更快地觸發另一個慣常行為。例如，在學習中感到無聊時，會下載 Duolingo 而非 Twitter。

3. 能力：以新的行為淘汰舊習慣。雖然一個人可以直接攻擊慣常行為，可以間接擠出時間和採取行動的能力，透過充裕的時間進行其他活動。再者，一個沒有香菸（或電子菸）的人，是不能抽菸的，但這並不是為改變行為而設計的；那是（可能有根據且有用）強制的。

4. 此外，儘管習慣因提示、反應和能力跑掉了，但有意識的方法成功了。

5. 評估：巧妙地使用意識進行干預，包括使用正念避免採取行動。雖然這令人沮喪和疲倦，有意識地超越習慣，然而正念練習已被證明可以教人們如何覺察，但是放下對提示要做出反應的衝動。

其他阻礙行動的概念

表 11-1 顯示了我們從第九章和第十章開始採取行動的技巧清單，在刪除了與此無關的某些內容後，重新構想阻礙行動的內容。

表 11-1 阻礙行動的方法

CREATE 元素	去開始	去制止
提示 （Cue）	重新標記某些東西為提示	取消行動與其行為連結
	使用提醒	刪除提醒
	清楚的指出從哪裡行動	使提示更難看到或被注意到
	消除那些令人分心的事物	增加注意力和更有趣的動作
	與用戶時間保持一致	將提示移到該人正在忙的時候，或使此人在現有的時間非常忙碌
反應 (Reaction)	敘說過去	敘說過去凸顯成就來抵抗此行動
	聯繫正向	將行動與他人不喜歡的負面事物聯繫
	利用社會認同	利用社會不認同（表明其他人迴避它）和社會對於改變的支持（匿名戒酒者的聚會（AA meetings））
	同儕比較	使用負面同儕比較（表明大多數人都抵制這樣做）
	真實且個人化的	在你的呼籲中保持真實感和個人化的
	專業美觀的設計	呼籲停止專業和美觀，或使行動變得負面或不專業
評估 (Evaluation)	確保誘因正確	增加成本，減少收益
	利用現有動機	從現有動機中，取消行動
	測試不同的激勵因素	不要以為人們有足夠動機去制止，即使**行動對他們有害**。此外，與開始行動一樣，測試不同類型的激勵因素
	有效利用損失規避	利用損失規避
	使用承諾合約	使用承諾合約
	把未來動機拉入現在	用未來的動機制止現在
	善用競爭	使用競爭來制止（例如，戒除的競賽、戒酒標誌、最大的輸家）
	避免認知過度	增加認知過度
	避免選擇超載	增加選擇超載

CREATE 元素	去開始	去制止
能力 (Ability)	移除不必要的決策點 將全部設置為預設值 明確的執行意圖 利用（正向的）同儕比較 告訴他們會成功 尋找物理障礙	增加停頓點和摩擦 需要選擇，刪除預設值 達成執行意圖（關於如何避免誘惑） 一樣，利用（正向的）同儕比較——其他成功制止的例子 一樣，告訴他們會成功 增加物理障礙（沒有汽車鑰匙等）
時機 (Timing)	制定文本避免短視近利 提醒先前的行動承諾 向朋友承諾	一樣，制定文本避免短視近利（停止的利益） 一樣，提醒先前的行動承諾（承諾停止） 一樣，向朋友承諾（去停止）
經驗 (Experience)	重新開始 故事編輯法 用技巧慢下來	重新開始 故事編輯法 用技巧慢下來

由於停止行為通常意味著停止重複行為（為什麼要嘗試停止過去不會再次發生的行為？），反饋迴圈尤其重要。正如我們在第 218 頁的「多重干預」中討論的那樣，我們反饋迴圈是及時的（Timely）（在負面行動後，應盡快給予反饋）、清楚的（Clear）（若此人不合時宜要明確表示）和可行的（Actionable）（他們可以做這東西，且知道如何做）。

令人難過的是，有許多企業和政府力圖在違背個人意願或明顯傷害他們為的情況下，制止其行為，這種例子比比皆是。《推力》的共同作者 Richard Thaler 將這種被誤用的推力（nudge）稱為一種惡意的「泥沼」（sludge）：懷有惡意的施加摩擦[9]。從藉著註銷登記來阻撓選民參與投票，到提供產品折扣卻讓人很難收到產品（要求某人完成繁瑣費力的折扣程序），這些例子並不難找到。在此列出的許多技巧能夠（而且確實已被）用於「泥沼」的情境；行為技巧是否積極，主要是取決於人們和他們的欲望，而非技巧本身。如同 Thaler 所指出的：「我們的目標……是幫助人們作出更好的抉擇，『有如他們自行作出的判斷』[10]」因此，當我們試圖

9　參見這個例子，Thaler（2018）：「使用「推力」來幫助用戶，而非讓用戶陷入「泥沼」來滿足自身利益。」（"Nudge, not Sludge."）。

10　Ibid.

制止某種行為時，和我們在第四章中討論的相同的道德規則，也適用於其他任何行為技巧：你的做法是否公開透明？這是自願的嗎？這是用戶要求的或想要的嗎？

自我練習

在本章中，我們討論了在制定行為干預的三個進階問題：採取多步驟行動，養成習慣並阻礙不必要的行動。讓我們依序來看一下每個經驗教訓。

要制止行動，這裡是你需要做的：

- 對於習慣性行為，請避開提示，透過劫持反應來代替慣常行為，用新的行為排除掉舊習慣。更多相關訊息，請參見第三章。

- 對於非習慣性行為，請創造摩擦來減少利益或轉移注意力。也就是說，反向使用 CREATE 行動漏斗。

你怎麼知道有問題：

- 當你試圖阻止人們想要採取的行動時。

- 當你不知道行動是否為習慣時。

可交付的成果：

- 阻止不良行為的一系列干預措施。

對於多重階段行動，這裡是你需要做的：

- 將目標行動分成階段性的行動。這些階段應該是：

  — 簡單和直接的（容易理解）

  — 容易完成（對用戶來說看起來很容易，並且在實踐中很容易執行）

  —「小」階段（以便用戶在每個步驟後都可以看到清楚的進度）

  — 有意義的，可以在完成後獎勵

  — 直接查看他們何時完成（所以用戶可以做出嘗試後，立即清楚地知道這個行動是否成功）

你怎麼知道有問題：

- 當團隊無法清楚、簡單的傳達用戶應該採取什麼行動時

- 沒有公司以外的人被問到行動有多困難時

可交付的成果：

- 更新的行為地圖，具有簡化、更可行的微觀行為

練習

你將繼續使用在第 201 頁中「活用習題：用 CREATE 行動漏斗來評估多種干預措施」來阻礙行動。但是，你要增加障礙。此外，建議的干預措施表也複製在練習題本中方便使用。

第十二章

在產品中執行

定義
（Define）
問題

探索
（Explore）
情境脈絡

精心策劃
（Craft）
干預措施

在產品中
執行
（Implement）

判定
（Determine）
影響力

評估
（Evaluate）
下一步

Safaricom 是肯亞最大的電信提供商，其產品服務廣泛：從電話服務到行動貨幣，再到音樂串流——他們雇用了一家行為經濟學顧問公司 Busara Centeru，總部位於肯亞的奈洛比（Nairobi），來幫助開發中國家探索新的教育保險產品。該產品將幫助學生和家人準備學校的費用——同時節省花費又能確保即使發生災難也能支付學費，例如父母去世。在與 Safaricom 討論和對該領域進行地性研究後，他們確定了主要的障礙，並開發了一套潛在的干預措施。

行為團隊通常可能會有多個干預措施想進行測試，而且不確定其是否有任何效果和利潤足以保證全面推廣。Busara 透過逐步開發產品來解決此問題，從使用目標群眾在他們的實驗室中進行一系列的低成本測試。他們「建立」產品線框圖（wireframe）和產品行銷，並測試大眾的意願。以這種低成本形式，他們可以測試多個干預措施：產品如何建構、人們貢獻的頻率、人們做出多少貢獻，以及是否提供了其他功能。從第一天開始，他們建立成功指標，以確保他們收到正確的數據來驅動未來的迭代。

然後，他們開發了一種「虛設的產品」，提供了以教育儲蓄為主的功能，但是在該領域這樣做更容易得到及時的回饋（譯注：虛設的產品（dummy product）即所謂的 low-fidelity prototype（低保真原型）。產品設計的迭代，主要訴求在快速產生的「原型」產品中不斷發現問題。因此，不一剛開始就講求「精緻、精美」。）：保險避免因為下雨而造成額外的教育費用（一個奈洛比常有的問題）。他們在該領域籌劃了簡單但真實的產品，並引起了極大的興趣和接受度，這使他們能夠更精準地計算整筆交易的真實利益和產品帶來的影響。有了這些結果，他們就開始在最小可行性產品（minimal viable product）範圍內進行迭代，可以體現用戶的核心需求並提高使用率。

設計行為改變不需要從全新的流程中執行干預或從中受益。實際上，設定干預措施時，該行動是在準備行為地圖和診斷，以及建立行動之後，就可以衡量對人們行為和成果的實際影響。許多公司都使用迭代開發產品，就像 Busara 在此過程中所做的那樣。例如，降低流程風險並評估實際的市場利益。迭代過程使團隊也可以評估不同干預措施的效果，這是非常有價值的。不過，這是必需的。其他人使用瀑布式開發（waterfall），在這種情況下產品和其行為干預措施已經執行，並在市場上一次推出。

不論實現產品本身的過程如何，都有一些指示可以幫助項目行為方面的方式。特別在這階段再次確認你的誘因與干預計畫是否合乎道德標準是很重要的，計畫從一開始就追蹤用戶的行為和結果，並確保周到的計畫不會妨礙創意的解決方案。讓我們依序來討論。

進行道德審查

確定干預措施後，進行建構的最後一步是與實際用戶一起落實道德審查。雖然你應該考慮一開始的道德規範 —— 詢問特定的行為設計如何使用戶受益，以及他們是否想要幫助 —— 僅在進行干預措施後，選擇使所有分支變得清晰。換句話說，整個過程要符合道德，並確保還有最終審查。

審查過程和準則的本身一樣重要。正如我們在第四章中討論過的，如果環境合宜，我們都會受到誘惑，很想要使那些界線變得模糊不清。所以，我們應該將行為科學應用於我們自己的決策環境，使那種誘惑變得更難推行。首先要確保我們自己的動機很明確，並且與用戶的利益保持一致，我們擁有獨立的審查機構，檢查我

們的計畫，無論其準則是什麼，都明確且難以誤解。更多相關理論，請見第四章。為了幫助整個流程進行，我提供了活用習題，見第 242 頁「自我練習」。

為創意發想過程保留空間

我們在過去幾章中開發的行為干預措施，基本上來說是**功能規格**；也就是說，它們是解決用戶行為障礙的想法或方法。這可能會附帶相關想法如何在工作中執行，但行為科學並不提供模板或平面設計。它無法提供最佳的頁面編輯或資訊架構。當然，它也不會提供正確的程式語言、正確的軟體工程樣本或籌劃架構。

我見過一些行為設計師試圖介入這些議題的爭論，將某一領域的專業知識，移植到另一個領域（我自己有時也會那樣做）。人們天生有一種傾向，會過度介入行為干預措施，除了產品功能外，還努力要決定產品的外觀和操作方式。其實迄今為止，大多數行為研究都還沒有證實某個特定的外觀和手感（look and feel）是有效的 —— 行為研究當然也還沒有證實某個特定的外觀和手感下，在各種不同的情境和使用者經驗中，可以有效地轉換。反之，我們的研究是測試用來塑造那些設計的根本概念；這個研究幫助我們塑造設計流程（使用者經驗、使用者介面、平面設計等等），但研究不能取代這個流程。

有部分的挑戰是內在張力中結構化分析的行為障礙和創意設計。到目前為止，我們已經進行了大量的計畫過程 —— 思考用戶為實現目標應採取的措施、行動的背景是什麼，以及如何塑造情境脈絡。然而，思考**我們希望用戶做的事**，和**我們希望用戶的行為即是用戶實際的行為**顯然太誘人。這裡還有更多用戶需求要被討論。

用戶必須想要改變其行為。如果有什麼產品可以幫助他們做改變，這意味著他們必須要使用該產品。產品不能讓他們放棄離開；如果人們不使用產品，那麼任何產品都不能有效地改變人們的行為。改變的慾望並不會吸引太多人使用難看、無趣的產品。開發人們喜歡使用的產品不僅需要自上而下的行為地圖、診斷和干預措施，還需要團隊的產品開發和設計專業知識。

那麼，如何整合計畫和創造力呢？部分的解決方案是哲學上的：但請記住，到目前為止，我們所做的一切都指定了所需要的功能，而不是產品應該如何實現。另一個細微部份的解決方案是透過有意識地將行為隔離開來，以避免成為一個強烈的參考點，從設計介面或溝通的過程中進行設計。我們的目標是避免將行為地圖和干預措施作為絕對的、無意的起點：而強烈影響最終設計的外觀。

如何開啟設計流程並避免拿到一個模板般的產品？不要試圖將介面設計歸類在行為科學和行為干預中。使介面設計專注於「what」，而不是「how」。然後，讓設計團隊（或正在充實需求的產品團隊成員）暫時擱置行為診斷和干預措施，和腦力激盪產品的外觀；把草圖（sketch）畫出來吧！並製作原型（prototype）。設計流程應該要被重視，並為其提供所需要的發想空間。

團隊中的人員可能同時兼任多項職責（wear more than one hat）——產品經理也可能是行為主義者；設計師也一樣。關鍵是在尋找設計創意時，暫時拿掉行為的審視帽（behavioral hat）。

警示故事：我的運動手環

幾年前，一項新的可穿戴技術擊中了市場。產品（是一條手環，白天晚上都可以戴）結合了運動和睡眠追蹤功能，這聽起來很棒吧，我已經預定了這項產品，也在聖誕節前收到貨。該產品體現了當公司花費心力在改變行為，卻忘了建立好產品的一個例子。（我不會提及這個公司的名字，因為他們還不斷的在修正他們的產品——況且他們不是唯一在創業早期有問題的運動手環！）

我和我太太將產品變成一份雙人的禮物：我會用運動手環，她會使用睡眠追蹤器。在聖誕節那天，我安裝了應用程式並開始試戴運動手環。

從行為的角度來看，該產品做了很多事情。自動追蹤睡眠和運動，而這些是手動流程很難完成的。使用者介面簡單、乾淨，幫助我設定了合理的目標，然後當我完成進度時，提供了持續的回饋和不錯的獎勵（螢幕上的小圖標）。

隔天我去辦公室，一整天的工作下來之後，我看了一下自己做了多少運動，我看到螢幕如圖 12-1 顯示。

圖 12-1 我每日的運動 —— 當我坐在電腦桌前一整天

信不信由你，那天我坐在辦公桌前，沒有走 38 英里（雖然我希望我有）。令人失望的第一點：追蹤系統中明顯的錯誤。

當我準備回家時，我穿上了外套。手環滑落了，因為小磁扣沒有固定好。接下來的這幾天，手環不小心掉下來好幾次，還好，我並沒有弄丟它。令人失望的第二點：工業設計問題。

再過一天，我把手環忘在辦公桌上就去用餐。午飯後回到座位，我看到了螢幕顯示如圖 12-2。

圖 12-2 我們該對此有點意見對吧？

這不是一個好的體驗。如果產品是絕對正確的，然後我又一直缺乏活動，或許我能夠理解這個產品出現這個訊息。但是，這個產品並不了解我，它因為沒有蒐集到數據，就直接指向我的行為有問題，而非它的認知不足。一個好的互動設計師應該要能夠注意到這一點。

好的，我們再回到主題。我仍然對此概念感到興奮，並期待著新的穿戴技術問世。但就目前而言，這是一個關於僅僅專注在行為改變卻沒有先建立一個好產品的警示故事。請記住，有行為效益的產品也必須同時要具備趣味和易用性。

從第一天就建立行為指標

儘管應用行為科學並未指定產品的製造方式，但確實非常明確地指出了必須包含的要素之一：成功的指標。這些不是事後的想法，或是在產品創建之後才要添加的內容。我曾經嘗試在許多產品和市場行銷活動中使用這種方法，也知道許多人也都有在使用此方法。我們很難將指標改編到產品或已經上市的廣告中 —— 從技術上和心理上都很難，因為團隊已經開始考慮其他事情。行為指標反而要成為產品本身的一部分，而不是隨後附加的配件。

為了做到這一點，我們需要確保這些指標定義明確，並且容易在產品中使用。

你應該要具備什麼

評量產品影響力的第一步，是絕對清楚你所關心的影響（即產品的預期成果）。這應該在第六章中被建立（並在第七章中進行精煉）。特別是，你應該具備：

- 尋求的明確定義、有形和可測量的成果指標（評量的方法）

- 明確定義、有形和可評量的行動，來驅動這一成果指標

- 定義成功與失敗的每個指標門檻

如果你手邊沒有以上這些，請重新準備。如果你不知道你的產品或廣告將如何被批判，根據定義，它將不會成功。

執行行為追蹤

知道要評量的內容後，現在你需要透過儀器來評量產品，或以其他方式蒐集有關用戶行為和目標成果的數據。如何蒐集這些數據，將取決於產品的類型和研究的行為改變，不論目標行為是在產品內部還是外部。

評量產品內的行為和成果

如果你的行為和成果是產品的一部分，那麼你很幸運。那是可以幫助你蒐集數據的工具。例如，假設你的應用程式匯集了用戶聯絡人，並協助用戶定期與其保持聯絡，像是 Contactually（*http://oreil.ly/Aetmu*）。行為改變的問題必須幫助你的用戶在應用程式中，如何最有系統的找出聯絡人。

你可以設計產品使其能自動記錄用戶執行的行動（整理聯絡人）來查看他們是否成功。在這種情況下，你可以把這個工作連結到外部第三方平台，如 Kissmetrics（*http://oreil/ly/p3sk8*）或 Mixpanel（*http://mixpanel.com*）（例如，Contactually 已使用此平台）。這是非常理想的，待產品上線後，甚至可以蒐集實時（real-time）數據，並且立即查看發生了什麼事。

評量產品外的行為和成果

如果行為改變的問題在產品本身之外，則可能更具挑戰性。首先，尋找提取現存數據的方法。在 HelloWallet，我們的主要目標之一是幫助人們省錢。但是他們若沒有使用我們的產品就不能實現 —— 他們透過銀行將錢存入儲蓄帳戶。在產品開發的早期，我們意識到需要要求我們的客戶以「讀」的方式訪問銀行帳號的訊息。有了銀行帳戶訊息，我們可以為他們提供更好的指南，而且非常重要的是，可以診斷出我們提供的指南是否確實有效。

你將會需要發揮創造力，並尋找可用的數據集（datasets）。在第十三章開始時描述的（Oracle 的 Opower）一張發送給客戶的郵件。這無法評量人們與那封郵件的真實行為。但是 Opower 與公用事業用戶合作記錄了人們實際使用了多少能源。憑著這些數據資料，即可以判斷發送的郵件對行為的影響。

你的公司可能需要考慮在應用程式上添加新功能，以便進行實際評量。假設你有一個可以幫助人們更健康飲食的應用程式。此應用程式提供了方便、健康的家庭烹飪計畫，因此不需要外出用餐。這太好了，但是你要怎麼知道該產品成功了沒有？創造用餐計畫還不夠。你需要知道人們是否實際上正對此建議採取行動。評量外部行為的一種方法（膳食的實際使用量）是添加一個功能並連結到該人的雜貨店會員卡。雜貨店知道用戶在買什麼，並且有經濟誘因讓用戶去購買更多，而非外出用餐。遵守以下飲食計畫的用戶便可以獲得獎賞，並且可以更了解自己的飲食習慣[1]。用戶、雜貨店和你都會從中受益 —— 當你開始評量影響力。

但是，有時候根本就沒有可以參考的數據集，或者該數據集太不完整或使用頻率太低。例如，假設你的應用程式鼓勵人們投票。投票行為不在產品的使用範圍中，需要幾個月的時間才能獲得有關某人是否投票的官方數據。

---

[1] 我們大多數人會忘記甚至根本不會思考自己吃了什麼。參見 Riet et al.（2011）的總結。

在這種情況下，如果你真的沒有辦法定期收集現實的數據，基準指標檢查產品影響的策略分成三部分：

1. 使用基準指標（benchmark），藉由定期地評量你產品的中間用戶，來檢查產品的影響力。即使不是最終你所在乎的現實成果（real-world outcome）。

2. 至少一次準確地判定如何評量現實成果。

3. 在定期評量中間用戶的行為與你所關心的現實成果之間建立一座橋樑。

橋樑基本上是第二基準指標檢查 —— 連接定期評量的行為（通常在應用程式中）和不定期評量的現實成果。我們將在第十四章中討論更多細節。

執行 A／B 測試和實驗

在下一章「判定影響力」中，我們將根據你剛剛執行的指標，詳細討論實驗和其他方法來確定產品的影響。這是一個簡短的版本：在可能的情況下，實驗是判定你是否已經達到所尋求影響力的最佳途徑。因此，就像指標本身一樣，你應該計畫執行能力去進行實驗，並視為產品或溝通本身的一部分。否則，你將很難進行改變。

如果你還不熟悉，A/B 測試會隨機抽樣一群用戶，並向此用戶群展示產品版本（版本 A），然後再隨機抽樣另一群用戶展示另一個產品版本（版本 B）。下一章將討論 A/B 測試和多變量測試的機制。現在讓我們看一下你需要在產品中執行什麼。

行為追蹤和實驗的工具

為了評量產品的影響力，我們需要追蹤網站頁面的轉化率（conversion）。通常在應用程式中要尋找的影響力不是只是簡單的事件，像是網頁瀏覽。例如，如果該產品可以幫助用戶養成每月更新預算的習慣，評量使用習慣比他們瀏覽過的頁面更重要。其次，需要登入原始和個人數據（per-person data）用於統計模型（statistical modeling）。第三，為了評估影響力的改變，我們可能需要進行 A/B 測試。

大多數針對網站和應用程式的行為追蹤工具，都預設提供了綜合訊息：哪些人在做什麼，或者有多少人遵守你應用程式中特定的途徑。以 Google Analytics 為例，可以很清楚的了解你的應用程式發生了什麼事，但不能告訴你個體戶在做什麼，因此你不能做更多細微的分析和實驗測試。

獲取個體戶的數據（每個人在系統中所做的事情）需要更強大的能力；基礎版的 Google Analytics 並沒有提供此功能。本書出版時，Google Analytics 360 軟體提供了個體戶的數據，其他類似的還有 Heap、Adobe Analytics，以及一些透過 API 調用或導出數據檔案的套件。Heap 是目前我個人最喜歡的，它神奇的在幕後啟動並追蹤大多數的使用者行動，甚至是在使用者想好要找什麼行動之前（在 GA 和其他工具中，必須先指定要找的內容後，才能開始追蹤）。一旦你要求該行動，它會提供從你一開始使用 Heap 的所有歷史數據 —— 這是非常有用的。

Google Analytics 有一個開源版本，可以完成 GA 的工作（儘管落後了幾個版本），並提供個體戶的數據：Matomo（*http://matomo.org*）。這可能有點笨拙，但是如果你知道如何分析原始數據，就可以完成工作。

使用電子郵件時，幾乎所有功能都可以追蹤電子郵件 —— 只要你使用商業工具而非透過 Outlook 或 Gmail 帳戶發送郵件。對於像大量文字訊息（例如，SMS、WhatsApp 等）、Twilio（*http://oreil.ly/vWRRK*）和 Vonage（*http://oriel.ly/mheO*t）也是一樣。

支持 A/B 測試或其相關的多變量測試工具會說明這事實。有多種工具可以處理 A/B 測試。在我撰寫本文時，用於應用程式和網頁的工具包括 Google Optimize 360、Adobe Target、Optimizely、VWO 和 Mixpanel。許多都有支援行動裝置，像是具有針對性的 Apptimize（*http://apptimize.com*）（現在是 Airship 的一部分）。在文字訊息世界中，A/B 測試還支持了許多外部的大供應商（*http://oriel.ly/PAJVY*）。同樣地，在電子郵件中，你甚至找不到一個不支持 A/B 測試的！

第三方追蹤平台和實驗工具的經濟效益非常好，以至於你不太需要自己建構自己的追蹤器。但是如果需要，公司還是可以輕鬆地執行個人戶追蹤，透過在數據庫內部的推送活動事件做為後續的分析。這是我過去多年來必須要做的事，但是我現在依靠第三方平台來完成。

自我練習

應用行為科學和設計行為改變的過程，並沒有什麼太多在執行產品開發過程或軟體架構上的話要說。但是，有兩個必不可少的領域，我們已經在此章節介紹了：把行為設計和介面設計區分開來，確保此指標（metric）是產品的核心，而非後續才要進行的動作。

這裡是你需要做的：

- 行為科學團隊應該要在做計畫的過程中喘口氣（已在第六章和第十一章中介紹），並在產品中執行（我們已在本章中介紹）。第六到十一章提供了功能規範 —— 如何幫助用戶克服行為障礙。行為科學團隊無法提供一組視覺設計說明產品的外觀如何，或應該如何與用戶產生互動，因為那是設計師的角色。共同合作很棒，但是不要讓行為設計影響了視覺設計。

- 使指標（metric）在產品的第一版本中就成為產品本身的一部分。行為追蹤和實驗（A/B 測試）都屬於任何 MVP。如果之後才要對產品進行大改造，那是非常痛苦的。

- 幸運的是，許多第三方軟體可以幫助我們來滿足這些需求 —— 我們幾乎不再需要自己建構它。

你怎麼知道有問題：

- 行為設計被用在介面設計（或視覺設計）。

- 當建構產品時，追蹤成果不是產品第一版本中的一部分。

可交付的成果：

- 該產品內建立行為指標（behavioral metric）！

與其他「自我練習」的活用習題一樣，我們將使用同一個幫助人們透過跑步來完成運動鍛鍊的案例。一個完整的活用習題在此處，一個空白的版本會附在練習題本中（*http://oreil.ly/behavior-change-wkbk*）。某些內容可以直接從項目摘要中複製，或者在此附上項目摘要供資料參考。

活用習題：道德檢查表

D	E	C	I	D	E
定義 （Define） 問題	探索 （Explore） 情境脈絡	精心策劃 （Craft） 干預措施	在產品中 執行 （Implement）	判定 （Determine） 影響力	評估 （Evaluate） 下一步

如果公司具有 IRB 或以 IRB 為模型的流程，則應該使用模板和該審核的流程。如果沒有 IRB 流程，請使用以下的活用習題來幫助你開始。這些工具模型已在我的團隊中使用。某些內容可以直接從項目摘要中複製，或可以附上項目摘要供資料參考。

實踐者：Steve Wendel

項目：Flash 應用程式

時間：2020 年 1 月 1 日

描述與目的

1. 請描述要使用的產品、功能或溝通（以下簡稱為「產品」）開發：Flash 應用程式是一個被設計來鼓勵運動的應用程式。Flash 應用程式被出售給雇主，並作為福利計劃分發給員工。

2. 項目尋求什麼行為（行動）的具體改變？是支持還是阻礙？主要的行為目標是鼓勵用戶去健身房運動。

3. 產品使用什麼行為干預措施來支持這種變化？該應用程式在與產品互動的不同階段使用多種干預措施。首先，為了鼓勵下載該應用程式，軟體會顯示誰也下載過的評論（社會認同）。其次，在應用程式中，它使用社會競爭來鼓勵參與。還利用小勝利來鼓勵人們繼續使用該應用程式並不斷進步逐步實現目標。

4. 誰是目標人物？（行動者）現有的白領階級客戶，並且並不時常運動。

5. 如果有的話，這將如何使該人群（用戶成果）受益？目標成果是幫助用戶減輕常見的疼痛問題：背部疼痛、頸部疼痛、關節疼痛。

6. 在短期或長期內，這種干預措施會對個人造成什麼重大損害（例如，試圖使用戶對其使用的產品上癮）？除了鼓勵措施外，這些干預措施或產品似乎對不應該運動的人，沒有什麼嚴重的弊端（由於心臟病等）：我們讓他們自由選擇退出此應用程式，並且不會受到雇主的處罰。

7. 這將如何讓你的公司或團隊受益？這將增加我們公司客戶健康計畫的收入。

8. 該項目的成功會對你的財務或個人利益造成什麼影響？我的工作會不保——如果這個項目不成功，我可能會失去工作或錯過升遷的機會。

透明度與選擇自由

1. 目標人群是否想實現這一個目標？他們是否想改變這種行為？是的，在我們質性研究和人口調查中，許多員工希望能得到成果，並視情況採取適當的行動來實現。

2. 目標人群是否知道你正在企圖改變他們的行為？而且如果不是，一旦他們意識到這一點，他們會感到沮喪嗎？是的，應用程式已明確說明追求這個目標。用戶應該已經意識到。

3. 用戶的預設值是在退出或參加狀態，或是該產品的使用條件與這些干預措施互動？用戶可以直接透明地選擇退出嗎？退出狀態。即使在選擇參加後，用戶可以隨時退出。

4. 將採取什麼方法來最小化強迫的可能性？主要可能的強迫來自雇主（我們的客戶）要使用我們這個應用程式，還是對未參加者有更高的醫療保費的懲罰。我們在與雇主的合約中有一條條款禁止此類處罰和要求。

數據處理與隱私

如果數據隱私不在公司的標準開發流程裡，那麼這是一個好地方去處理這些問題。如果你的產品已經涵蓋了這些問題，可以跳過本段。

1. 該產品蒐集了用戶什麼訊息？用戶的電子郵件、名字、個人運動目標和運動歷史。位置歷史的資訊，也會在用戶使用該應用程式時被蒐集。

2. 如何處理這些數據以確保用戶的隱私？可直接識別的訊息如名字、電子郵件，使用加鹽後（salted）單向雜湊函數（one-way hash）來保障安全。所有的資訊按照公司的標準數據處理方式，存儲在安全的伺服器中。

最後檢閱

這個項目已經過以下機構審查和批准：FlashCorp Ethical Standards Board

時間：2020 年 3 月 3 日

第十三章

透過 A/B 測試和實驗
來判定影響力

定義　　探索　　精心策劃　在產品中　判定　　評估
（Define）（Explore）（Craft）　執行　　（Determine）（Evaluate）
問題　　情境脈絡　干預措施（Implement）影響力　　下一步

你應該對你會犯錯採取一些方法。你的目標是減少犯錯。

—— 馬斯克（*Elon Musk*）

Opower 是 Oracle Utilities 擁有的能源效率和客戶接洽部門。Opower 已經進行了許多大型實驗，包含產品如何改變用戶行為。數以百萬計的人參與了這項研究，僅透過打開了公用事業公司的來信或擺動自家的自動調溫器即可完成參與。

Opower 一向以公用事業客戶提供每月報告聞名。該報告顯示他們的能源使用量如何，並與（匿名）鄰居用戶相比較。這是一個經過充分研究的社會心理學，

稱作「同儕比較」。我們在第九章中談論過。圖 13-1 為比較了其中一個用戶的案例。

一家主辦政府、私人與學術出版的機構指出，Opower 所做的簡易比較用戶，可以幫用戶平均減少約 2% 的能源費用 [1]。這看似很少，但總共可增加 2.6 兆瓦特的電量——足夠為一年 300,000 戶家庭供電，或大約省約 3 億美元的能源帳單 [2]。

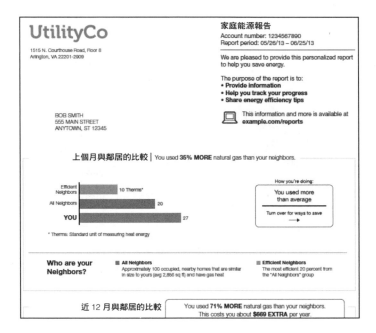

圖 13-1 Opower 能源報告，將讀者的家庭暖氣用量與鄰居相比較

Opower 反覆進行實驗以評量其影響，並測試進一步改善方法。嚴格的評量和測試，已經成為 Opower 成功的關鍵因素。

---

1 參見 Allcott（2011）的例子。

2 Oracle（2020）

在設計行為改變時，明確的信號相當重要。我們良好的意圖（甚至我們經過深思熟慮的統計分析）還不夠。人類行為非常複雜且依賴情境脈絡，因此很容易被自己的思維愚弄，誤以為我們的產品按計畫工作，而不應該有任何困惑或懷疑：

> 隨機對照試驗（randomized control trial）是最有效和最嚴格的工具，來判定產品對行為的影響，也提供了最清晰、最明確的信號影響力。

但是，隨機對照試驗不僅限於世界一流的研究人員。我們可能自己進行了一種隨機對照試驗：粗糙的 A/B 測試。不需要龐大的團隊來進行 A/B 測試；通常，不需要任何其他人，但我們自己必須以這種嚴格有效的方式來評量影響。因此，本章提供了對隨機對照試驗的廣泛理解，包括 A/B 測試，以及如何確保測試有效、快速且清晰。

任何人都可以評量影響力

當閱讀本章的標題時，你會想到奧數符號（arcane symbols）和難以理解的數學公式嗎？你在本章不會找到這些。相反地，你會發現我們用一些常識性的解釋，來說明你如何評量產品的影響。

對於軟體產品，有許多強大且體驗良好的工具可以用來處理基礎的數學和統計問題。對於大多數影響力的實驗，你需要的就是僅此而已。通常不需要計量經濟學家來了解產品是否有效，以及如何進行改進。

不過有些技巧更為進階。我會事先提到這一點，並以非技術性的術語來進行解釋。如果你沒有統計學的背景，又決定需要用到這些技巧，那麼就會需要一些專家的協助。對於具有統計學背景的讀者，這個章節將指引你要從工具箱中拿出哪些工具，以便馬上進行工作。

隨機對照試驗的「如何」和「為何」

當你想知道某項產品是否確實在執行其功能時，使用隨機對照試驗是最值得信賴和最嚴格的工具。實際上，它們是科學的黃金標準；舉例來說，我們也使用相同的工具來評量藥物治癒疾病的效果如何。

這是常見的方法，以下用一個運動應用程式為例[3]：

1. **寫出你試著要做什麼**。首先寫出三件事，我們已經在前幾章介紹過：

    a. **你關心的成果**（例如，後背、頸部和其他關節疼痛的問題減輕 —— 透過減少醫生和物理治療就診來評量）

    b. **可能導致此結果的干預措施**（例如去健身房）

    c. **目標群眾**（例如，白領，久坐不動的男性工人，年齡在 35 到 45 歲之間）

2. **隨機分配群眾**。從目標中隨機抽取足夠的人員受眾群體，並將其隨機分配到兩個組中，我們將其稱為**對照組和實驗組**；例如，分配五百人給對照組和五百人給實驗組。

3. **有效利用干預措施**。向實驗組提供干預，而不是對照組。例如，為實驗組提供該應用程式，然後對照組只提供基本訊息卻沒有該應用程式的功能（我們稍後將在本章中討論，稱它為雙盲研究（double-blind study）。）

4. **評量發生什麼事**。經過足夠的時間後，評估每個個小組的成果。例如，評量每個人在對照組和實驗組進行物理治療的次數。

5. **計算影響**。使用以下簡單公式評量兩組成果之間的差異：

    干預的影響 = 實驗組的平均成果 - 對照組的平均成果

6. **判定結果**。如果影響夠大，你可以得出結論，你的干預具有實質和統計的意義。例如，應用程式減少物理治療的人次提高了 10%，這對你的用戶和公司是一個貨真價實的利益。

就這樣，我們需要檢查一些細節，尤其是在每種情況下什麼意味著**足夠**了。但得到這些概念很重要。假設滿足正確的條件，則實驗將簡單、強大且具豐富的訊息。

不同類型的實驗有很多名稱，例如隨機對照試驗（randomized control trial，RCT）、拆分測試和 A/B 測試。在軟體中，最常用的術語是 A/B 測試，在本章中，我們將重新介紹特定機會（和制約因素）在軟體中運行數位實驗（digital experiment）的過程。另一種流行的技術是多臂吃角子老虎機（mult-armed

---

3　感謝 Jesse Dashefsky 促使我澄清這一部分。

bandit），這是另一種數位實驗，我們稍後將會詳細介紹[4]。為了加強在數學上它們是相同的這項事實，並且為簡單起見，我們將在這裡使用更籠統的術語：實驗。

為什麼用實驗均分總是比較好

假設我們想知道我們的新運動程式是否幫助人們減重，回答該問題常見但有缺陷的方法是：比較有使用運動程式的人和沒有使用運動程式的人，然後看看第一組是否比第二組成功。問題是如果我們發現第一組的人減重更多，我們真的知道這是怎麼發生的嗎？這可能是因為這個運動程式。但也有可能是這組的人們更有動力減重。或者，這組的人可能具有更好的新陳代謝。

除了將使用運動程式的人與不使用運動程式的人進行比較之外，假設我們進行了一項實驗，並將人們隨機分配在每個小組；這會改變一切。這個實驗將消除所有這些潛在的解釋和其他你的假設。然後我們就可以說因為這些有力的經驗支持，第一組的人減重成功是因為慣常行為的運動。

實驗實現這種魔法的方式就是透過隨機化。隨機將一組人分為兩組，這兩組的人數相同。每個組中人們的新陳代謝在統計學上是相同的（例如，新陳代謝快或慢的統計人數是相同的）；兩組人們的動機在統計學上是相同的。同樣的，這兩組的年齡、收入、性別、政治偏好等都是相同的，最重要的是，這兩組減重的可能性在未來也會是相同的。

當我們將這兩個在統計學上相同的組，開始對其中的一組做出區隔：一組分配給運動程式，而另一組不分配給運動程式。這時候最終所產生的不同結果、減重程度的差異，一定是由於這項干預措施，沒有別的了。一個經過適當設計的實驗可以幫助我們說，在這個統計範圍內是此干預措施所導致的結果。這就是實驗的好處。

4　參見 Hopkins et al.（2020）（https://oreil.ly/RgOfq），以獲得有關實踐中不同類型的不錯總結。Dean Karlan 提出了「Nimble RCT」一詞，這與長期關注影響力的 RCT 相反。不過，它們都是實驗。

詳細的實驗設計

儘管實驗的概念簡單明瞭，但細節還是很重要。我們需要認真遵守一些規則，以確保實驗被正確設計和執行。新實驗者普遍提出的第一個問題是：人數多少才「足夠」[5]？

人數多少才足夠

在評量產品時，該質量取決於你的研究中有多少人。我們用一個簡單的例子來說明原因。假設你的產品是一個要鼓勵減少食用冰淇淋的應用程式。你讓第一個人嘗試後，該死！他居然無視於這個產品並繼續狂吃冰淇淋！但是你仍繼續嘗試實驗；第二個人的反感減少很多；第三個人也是，但反應都不太相同。實際上，這是人與人之間會有的正常範圍的差異。

整體而言，該產品是成功的。它可以幫助人們減少了 50%（不需要的）吃冰淇淋習慣。但是，如果你只看了第一個測試者，就會以為是失敗的產品；如果你只看了前兩個測試者，你就會感到非常困惑；如果你看了前四個人，那麼會更加清晰 —— 整體上，這似乎有幫助，但是當然還是有例外。增加受測人數會使成果越來越精準。然而在某些時候，增加受測人數並不重要，因為你已經對產品的影響有很好的掌握。統計數量上需要有的受測人數，稱為最小樣本數量（minimum sample size）。

你可以使用**功率計算**（power calculation）來定義最小樣本數量。你可以使用線上功率分析計算器或任何統計軟體，像是 R、Python、G*Power 或 Stata。如果你不知道從哪裡開始，請嘗試使用 G*Power（https://oreil.ly/oDECW）[6]，它是免費的，且功能非常強大，但是需要做一些文字檔案的閱讀。如果產品的成果可以用數字表示（例如重量、高度或當月抽菸的數量），那麼你可以使用計算機來處理總平均值。如果產品的結果只有兩種，例如患者是活著或死亡，那麼你可以使用計算機處理百分比、比例或率。在 R 中，你可以使用 power.t.test() 這個功能處理平

5　本節和下一部分借鑒了 Steve Wendel 為 Morningstar 所撰寫的內部文章，並已經過許可使用。

6　或是直接搜尋「G*Power」——所幸這是一個不普遍的名字。

均值，和 power.prop.test() 來在處理百分比。在 Python 中，你將會使用較複雜的 StatsModel（*http://oreil.ly/AQ-cy*）[7]。

這裡有一些我們需要的具體數字：

- 沒有擁有產品（或沒有你所要測試的產品新功能）的平均成果。這是一條基準線（*baseline*），舉例來說，減重應用程式的目標群眾的平均體重為 245 磅。

- 沒有使用產品的人（和平均值不同）的差異成果。這是雜值（*noise*）。請注意，對於率（點擊率等）的成果要計算在內，我們不需要單獨測量這個雜值。例如，目標群眾體重的標準偏差為 35 磅。

- 我們期望干預對成果的影響（impact）。保守一點來說：理想情況下，產品會產生更大的影響，但是在這裡要做出合理的較低預估。例如，我們預計減少 10 磅。

計算工具將會詢問兩個參數表示測試的敏感度：

- 信任水準（confidence level），或 alpha error level（alpha error level = 1 - 信任水準）。通常，預設信任水準為 95%（5% 的 alpha）。那意味著你可能會錯誤認為有影響，實際上有 5% 的機會沒有影響。這是一個偽陽性（*fasle positive*）的狀況。

- 統計檢定力（statistical power），或是 beta error level（beta error level = 1 - 統計檢定力）。良好的預設統計檢定力為 90%（10% 的 beta）；那意味著你可能會錯誤地認為沒有影響，其實有 10% 的影響機會。這是一個偽陰性（*fasle negative*）的狀況。

使用我們的運動應用程式這些預設值，每組需要 258 個人 —— 或是說，總共 516 人 [8]。

這些預設參數值是基於以下假設而建立的：你要非常小心，避免聲稱在確實不存在的影響（偽陽性）。在我們的運動應用程式範例中，這意味著對我們而言尤其重

7　另參見 pyDOE2 軟件包（*https://oreil.ly/llQeD*），來進行更高級的設計。

8　使用 R 的 power.t.test() 函數計算的值。

要的是，避免聲稱該應用程式成功減輕了人們的體重。另外一件也重要，但沒有前者那麼重要的事，是避免錯過確實存在的影響（偽陰性）。

每個實驗都是不同的，但是這些都是很好的假設，來測試你的產品是否有效。如果你聲稱你找到解答，拼命追求，結果發現只是一場空，這會很尷尬（而且對於工程團隊來說代價很高）。因此，我們通常會保留這些預設值。

我們可能還會遇到一個問題：想要「單向」或是「雙向」測試。在雙向測試中，你希望查看該產品是否會導致成果的任何正向或負面改變。在單向測試中，你假設該產品有發揮效果，那麼這將是正面的（或可能是負面的！）。如果成果和實際上是相反的，表示測試未正確運作。關於這個問題總是有爭論，但我喜歡採用比較開放的途徑，堅持雙向測試了解該產品可能會使情況變得更好或更壞。

將這些數值輸入計算工具後，將會得知實驗組和對照組分別要多少人。如果你已經有很多人數了，那很棒。如果你人數不足，請再去找更多人！如果你已經蒐集到剛好的人數，但其實還有能力讓更多人參與測試，請務必這樣做。因為有些參與者可能會做無效數據、提早離開測試流程等。

等待多久才足夠

另一個常見問題涉及實驗的運行有多久。如果你有一組固定人員（例如現有的電子郵件清單列表），那答案很簡單。只要你認為干預措施有效，就運行測試（為了更安全精準，你可以再多加一點時間）。

如果你沒有固定的一組人員，而是有一群來網站或產品的人，隨著時間的流逝，事情會變得更麻煩。一般來說，進行實驗時有種普遍性的誘惑，就是會讓人想讓實驗跑到看起來有一個「明顯的優勝者」。

使用前面介紹的冰淇淋應用程式為例，我們可以快速的了解到為什麼有問題。假設你的應用程式有大量的用戶註冊並使用它。前幾個人成功的改掉了他們想要吃冰淇淋的習慣——遠超過對照組。然而，隨著越來越多人註冊該程式，強大的初始結果似乎逐漸在減少。在擁有一百名用戶以後，看起來卻沒有比對照組更有效。所以，如果我們在最初的幾個人之後就停止了測試，那麼我們將會得到來自應用程式的錯誤訊號。實際上，在任何時候，無論是實驗組或是對照組，通常看起來都比對方來的要好。這並不意味著它會產生有意義的影響；差異可能僅是由於雜值（noise）造成的，並且隨著時間的流逝逐漸消失（甚至相反）。如果你不斷檢

查實驗結果，等待看起來很有希望的事情，那麼就會增加在兩者沒有區別的事實下，你誤認兩者之間有區別的可能性[9]。

許多好心的產品經理會急於宣告測試已經「完成」，單純因為成果貌似令人信服。避免此問題的方法有三點：

1. 如前面所述，進行功率計算，以確定需要檢測多少人以達到我們期望的效果。

2. 判定達到該人數需要花費多長的時間與產品互動，並考慮到隨著時間推移的人數流量。當達到我們所希望的目標人數時，請停止增加人數[10]。無論我們同時看到什麼，以及我們多想儘早停止測試，測試完成的時間才是結束的日期。例如，如果我們需要一千人為網站做測試，我們可以一天測試兩百人，然後持續五天。

3. 測試完成之後，進行重要檢驗（一個關於功率計算的過程），判定結果是否具有統計意義。稍後我們將會討論統計顯著性（statistical significance）。

用商業重要性判定足夠

到目前為止，我們已經討論了實驗的標準學術版本：對你期望的影響進行合理的估計，並找出多少基於這種影響你需要的人。在商業環境中，還有另一個解決這個問題的方法。與其考慮可能發生的影響，應該考慮什麼影響很重要。具體來說，受試者將遵守這個過程：

1. 確定最小有意義的影響（minimum meaningful effect，MME）。你認為對公司或其用戶最小的成果改變是什麼，或有什麼重要意義？這裡沒有一個統一的說法——相反的，問題是公司的特定業務重點和機會成本[11]。

9　List et al. (2010) (http://doi.org/10.3386/w15701)。我再次感謝 Katya Vasilaky 對問題的參考和描述。

10　如果干預的效果是立即的，那就是實驗的結束日期。如果要花費時間才能生效，那麼結束日期就是你停止增加人員的日期（因為你有「足夠的」時間）加上生效所需的時間。

11　學術工作中有一些標準可以識別效果的大小是「小」、「中」還是「大」。如果你沒有商業門檻，這些可能是設置 MME 的良好起點。例如，比較兩組時經常使用的效果大小為 Cohen 的 d。此統計訊息告訴你兩個平均值彼此之間有多少標準差（一個樣本的均值圍繞其均值的指數）。「小」d 的標準為 0.20，即標準偏差的 1/5。在我們的練習示例（Flash 應用程式）中，如果樣本的標準差是 2.5 次物理治療就診，則「小」效應將是治療與治療之間的一半就診（2.5 x 2）和控制組。非常感謝 Stan Treger 添加此部分。

2. 根據該 MME 計算樣本數量。換句話說，做先前介紹過的功率計算，但是在公式中使用 MME 代替「預期的影響」。

3. 如果一次有大量用戶可用，或者隨著時間不斷吸引大量的人，那麼每個版本（或支線）中的人數應該至少等於第二步。

4. 除此之外，如果有固定和限定數量的人可以進行實驗，我們可以：

  a. 判定最大可行效果（largest viable effect，LVE）。使用干預措施所帶來的最大改變的成果是什麼？

  b. 根據 LVE 計算樣本量。換句話說，進行功率計算使用 LVE 作為干預措施的預期影響。

  c. 使用圖 13-2 中的圖例，判定是否運行實驗在給定測試可用樣本量的情況下。

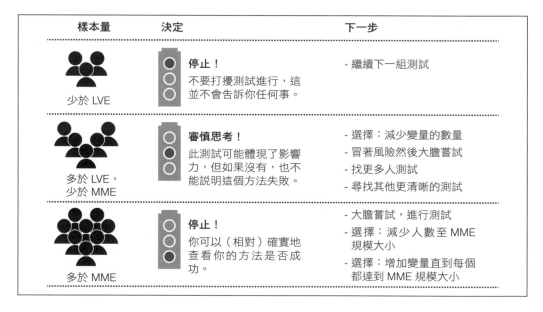

圖 13-2 在運行測試之前，請使用此表確定結果是否有意義

這種方法為時間資源均有限的公司提供了巨大的利益（即幾乎所有公司！）。透過專注於 MME 並將其用於判定測試的樣本量，這樣一來無論測試如何，公司收到了下一步的明確訊號。即是：

- 如果測試回報在統計顯著性有正向影響：太好了，全速前進。

- 如果測試回報在統計顯著性有負向影響：不要啟動產品或傳播的新版本。你已經幫自己省去很多不必要的麻煩。

- 如果測試回報在統計顯著性沒有影響：很好。這意味著找不到有意義的影響，也不需要進一步的研究。如果尚未完成建構並將其部署給用戶操作，那麼請你在此刻停止。這已經沒有商業價值。不過如果你已經上線這項產品也沒有關係；這不會產生有意義的商業影響。

因此，在這種情況下進行的所有實驗對公司都是有意義且有用的。他們要麼告訴公司，是的，這一項新產品會產生影響力，或該直接捨棄這個無關緊要的產品，不會有「好吧，或許下一個測試會產生影響力」這種搖擺不定的空間。任何這種隱藏的影響都和商業無關。

從技術觀點來看，最小的有意義的影響（minimum meaningful effect）允許公司根據空值結果（null result）來確定明確的行動計劃。為什麼不是每個人都這樣做？這是因為實驗仍然是主要使用的，並且是在學術動機不同的情況下所考慮的。對於學者來說，目標是發展論文，這（通常）意味著獲取具有統計顯著性的結果。因此，學術研究人員傾向尋找非常大的人口，即使從實際的角度來看預期的影響很小，卻可以展示統計顯著性。統計顯著性（statistical significance）顯然不意味實務顯著性（practical significance），而且商業模式是在乎實務顯著性。

設計實驗之要點提醒

除了實驗設計的這些基礎知識以外，還有一些其他規則需要銘記在心：

隨機選擇並不是總是那麼容易

當從人群中吸引人們時，必須隨機選擇他們，而不是根據方便（但並非真正隨機）的標準來進行選擇。例如，在測試新產品的影響時，你不能依靠志願者成為試驗的一部分，並期待他們能夠準確地代表觀點和總體人數的成果。

我們還需要隨機分配

將人員分配到組裡時，分配必須是隨機的。例如，如果實驗者有兩組人，但不知道這兩個列表的來源，則不能使用這兩組人。或者，如果一群人是根據他們最後一個字母來隨機分配，這兩個結果實際上是隨機且相同的（例如，姓氏和

在英文字母中的排序，是和種族密切相關的）。如果有一個現有的人員清單，看起來很隨機，實際上卻不是 —— 這裡有一些規律，但你不知道它如何影響結果。使用隨機數生成器，並為每個人生成一個新數字，作為健全性檢查，你可以驗證隨機分配過程是否正確完成。透過檢查兩組的平均值是否影響相似，例如年齡或性別。如果是這樣就太好了。如果不是，那不是真正的隨機分配。

檢查測試組是否來自同一群人

例如，設計一個將隨機選擇的一組男性與隨機選擇的一組女性群體，和不是真正 RCT 女性來進行比較；兩組之間有明顯的區別，且與干預措施無關。

確保一次只改變一件事

只有產品本身在兩組之間可以有所不同。仔細回想每個小組將要面對的經驗，以確保他們能夠看到並與完全相同的事物進行交流，除了產品所需的更改。「一件事」不意味著產品的改變必須要很簡單；它可以是一個全新的產品，甚至是一個全新的功能。「一件事」意味著你正在改變一個實體概念並進行分析（同樣地，「改變」可以從按鈕上的文字甚至是到產品的全部功能）[12]。另外，你可以測試多個版本，即 A/B/C 測試或多變量測試。我們將在後面討論。

本部分提供了設計實驗的簡短介紹。在許多情況下，你的電子郵件或網站定位包（Eloqua、Marketo、Optimizely、Google Analytics 360、Adobe Target 等），在你需要進行實驗時，將處理實驗本身的機制，並知道使用該軟體的要注意的事項。這就是本段的目標：提出正當的問題。然而，如果你想了解更多關於實驗設計的訊息，以下是兩個很好的資源：Shadish, Cook, and Campbell（2001）和 List, Sadoff, and Wagner（2010）。

分析實驗結果

設計了出色的實驗，並將其部署到市場後，你將需要查看結果來得知你的干預措施是否達到你預期的效果。如前面所述，核心的想法很簡單：只要影響足夠大，干預的影響就是兩組平均成果的差異。「足夠」有一個非常具體的含義 —— 讓我們來看看如何確保分析是可靠的。

12　完整產品的測試具有特殊含義：組合包裝的影響評估。如果計畫有效，則可以跟進分析找出特別有效的辦法。

效果是否足夠？判定統計顯著性

人們在數字實驗中最常犯的一種錯誤，就是希望看到兩組之間是否存在差異，而沒有看到這種差異實際上意味著什麼。他們會對不實際的結果感到興奮，造成的後果是，從實驗中吸取了錯誤的教訓，浪費時間在開發錯誤的事物。

所以隨時用統計顯著性來測試，才能擺脫這種會出錯的命運。統計顯著性測試（statistical significance test）是功效計算（power-calculation）的測試後（after-test）版本（這是我們在測試之前運行的版本）；這告訴我們，事實上，我們是否有足夠大的影響力可以發表評論。

與功率計算一樣，根據測量結果的方式，有兩個主要版本。如果每個參與者的成果只有兩個，例如，人們是否登入應用程式 —— 那麼你將對每個組中有成果的人數百分比（即每個組中的比率）進行測試。如果成果是實數（例如某人花費的金額），那麼你將確定基於平均成果的統計顯著性。

在 R 中，可以將 prop.test() 函數用於只有兩個選項的成果（即每個組具有單一比率或「比例」（protortion）），而 t.test() 函數或回歸函數可以用於實數（real number）中。在 Python 中，我們需要同時使用 StatsModel 包。如果成果是序數（ordinal）（可能的值是有序的，但它們之間的間隔是不規律的，並且不能直接比較），這種情況比較棘手，要向專業的統計人員諮詢。

其他注意事項

除了確定統計意義外，以下是一些適用於實驗的其他規則：

在可以的時候進行雙盲（double-blind）

在雙盲實驗（double-blind experiment）中，參與者和實驗者都不知道在實驗組或對照組中（在 A 或 B 組中）。如果實驗者知道，這可能會影響他們對數據的解釋，或者實驗者的行為可能（無意或有意）影響行為 [13]。如果參與者知道，他們的行為可能會有所不同。所幸多數 A/B 測試是偶然的雙盲測試，因為執行它們的軟體，通常無法使實驗人員輕鬆識別並直接與參與者互動。參與者作為產品或網站的一部分獲得了無縫的體驗，並且不知道會經過哪些測試。

13　感謝 Fumi Honda 強調觀察者期望的問題。

用同樣的方法評量

如果兩組的評量結果不同，則明顯的變化可能是由於產品或結果的評量方式。要解決此問題，請找到一種方法來評量產品外部的成果（在兩組中），或提供簡化的產品（或功能），來用於只是追蹤相關成果但不做其他事情的對照組。

比較每個人的結果

確保在比較兩組時，比較了每個組中的所有人員。例如，在實驗組中，該產品會提供給這群人，但實際上有些人並沒有使用它，請將這些非使用者計算在內；否則，結果會把產品影響有使用與沒使用的人混在一起。

將成果推廣到同一群人

研究人員和產品團隊，不應該假設測試的結果適用於所有人。例如，在對美國大學生進行測試後，你不應該使用這些結果來評論歐洲養老金領取者。結果可能很好地被用於該人群中——但需要確定這一點，不僅僅需要一個實驗，還需要一系列重複實驗，只能改變基礎人群，判定結果是**可移植性的結構**（針對誰、根據什麼條件，結果適用於其他人群）。

實驗的類型

依照設計和執行方式，以及要解決的特定問題或目的而言，實驗有多種形式。讓我們看其中的一些選項。

其他類型的實驗

到目前為止，我們討論了兩種最常見的實驗類型：其中一個像第二組什麼也沒有接收到（null control，又稱空件），其中一個像第二組接收到一個不一樣版本的產品（又稱 A/B 測試）。在數位實驗中，還有經常看到一些其他的設計。這裡有更詳盡的清單：

同時影響

在這些實驗中，也稱為 A/Null 測試，隨機選擇一個組接收新功能或產品，而其他組則不接收。實驗結果告訴你該新功能或產品的**絕對影響**。

同時比較

也稱為 A/B 測試，隨機選擇的組接受兩個不同的產品或功能的版本。實驗的結果告訴你這些版本之間的成果差異。這樣比較容易比較它們的影響力。

多重比較

A/B 測試的一個簡單擴展，可以同時查看同一時間兩個以上的版本。每個版本都有自己隨機分配和選擇的參與組，全部來自同一群人。這稱為 A/B/C（/D 等）測試，用於明顯的原因。

交錯推出

在交錯推出（staged rollout）中，每個小組最終都將接受干預。然而，一個隨機選擇的組比另一個組更早接受干預。當其他組接受干預時，實驗者比較此兩組的成果變量。這兩組唯一的區別是事先接受干預的人群。這類型的實驗很不錯，因為它基本上是一項先導研究（pilot study）（產品公司和客戶已經非常熟悉了）。透過隨機選擇先導，這是一項具有統計有效實驗，可以完全判定因果影響[14]。進行交錯調動的聰明方法，是要求人們事先承諾在產品發布時購買或接收該產品。然後，推出計畫發布時間 —— 僅提供剛好數量的產品，或發出剛好數量的登入帳號，提供給隨機選取的報名者。一段時間後，才提供給其他所有報名的人。

注意療法

在此版本中，兩個組可以同時進行干預。但是，實驗者有理由相信人們不太可能找到並自行與干預措施互動；例如，當產品具有許多功能，用戶不太可能會自己找到新功能。實驗者要注意對隨機選擇的一組人員的干預。兩組之間結局的任何差異是由於對干預措施的意識不同，以及隨後使用干預措施所致。注意療法（attention treatment）之所以吸引人，是因為它們意味著沒有人被拒絕干預 —— 就像產品中的新功能一樣。我們仍然可以透過使用選擇性注意（selective attention）就能測量實驗的影響。

14　當你擁有用戶想要的產品，而又無法從他們的產品中隱瞞產品時，這也很有用。這種情況在許多國際開發項目中都會發生，出資者堅信項目在測試之前是成功的，並且認為從潛在接收者處扣留產品在道義上是錯誤的（參見 Karlan and Appel 2011）。

多元實驗

多元實驗需要在同一時間，進行多個實驗。多元實驗的關鍵在於每個組成部分實驗室是獨立隨機分配的。多元實驗的一個簡單例子是登錄頁面。實驗者測試了兩個不同版本的標題和兩個不同版本的主頁面上的圖片。因此，人們會得到四種不同的頁面版本的經驗：標題 A/ 圖片 A，標題 B/ 圖片 A，標題 A/ 圖片 B 等。

多臂吃角子老虎機

在多臂吃角子老虎機中，使用每種產品的人數所佔的百分比（或實驗的「分支」），會根據分支的執行情況有所變化。表現最好的分支會吸引更多人。此外，還提供了實驗者認為會有更有效的分支的流量作為開始。這種方法的好處是，如果實驗者是對的，「更好」的版本會得到更多流量，因此可以用較小的樣本確定影響[15]。缺點是，如果實驗者的猜測是錯誤的，需要更多的觀察才能發現哪種實驗實際上更有影響力。特別是多臂吃角子老虎機的誘惑，是關閉那個*看起來像贏家的分支* —— 即使從統計學上來講結果也是沒有意義的雜訊，還可能成為誤導團隊的聲音。

如你所見，實驗設計可以在各種層面上有所不同，而且都可以被當作實驗。新推出的干預措施可以是同步的，也可以是交錯的。可以將其與空值控制（null control）或產品的另一個版本，或功能進行比較。分配可以基於兩臂之間靜態比率或多臂中的動態比率。這些變化都沒有違反核心規則，它們可以各自提供有效且有意義的實驗。

實驗優化

在許多商業環境中，對於產品經理（和行銷人員）來說，進行實驗的想法很浪費，因為至少有會一組人收到「有問題」的產品版本或訊息。拋開這個問題，實驗通常是判定哪個版本有誤的最佳工具，因此一個相關的重要事實是：在商業環境中的數位產品（或市場行銷活動）的主要目標，不是從理論上回答有趣的問題，而是隨著時間的推移增加影響。

---

15 參見 Hanov（2012）（*https://oreil.ly/0VABH*）對多臂吃角子老虎機的熱情描述（如果過於樂觀的話）。請參閱 Gupta（2012）（*https://oreil.ly/BMjIW*），以獲取有關 A / B 測試和多臂吃角子老虎機利弊的詳盡摘要。

公司可以組織一系列實驗隨著時間來優化其影響。這是當公司採取多種干預措施時，特別會想嘗試的作法。

實驗如何優化

當你進行實驗優化時，你會在時間波有效利用干預措施（一種交錯推出），而每個時間波（wave）都有不同的干預措施。在先前時間波中所得到的經驗教訓會應用在後續的時間波中，隨著時間的推移優化組合的干預措施。循序漸進，就像這樣：

1. 寫下你要更改的測試。你可能對於如何改善產品的影響力有很好的想法。設計出你認為最好的版本的產品或功能：這是基本的干預措施。然後，列出你不確定的其他更改列表，但可能會對你所認為的影響力有所幫助。

2. 設置門檻。了解你需要在這個干預措施中看到多少影響力，並可以實際被應用。這個過程並不試圖證明一些小的「可有可無」的干預措施；它搜尋大的並忽略其他內容。因此，此目標通常大於我們之前討論的最小有意義的影響（minumum meaningful effect）。我們稱這種影響為 X。

3. 打亂清單。計算你需要區分的參與者數量和在實驗中產生的影響。此門檻通常會比現在用於學術研究中高得多。因此，可以從根本上減少你所需要的樣本量。如果你有預先定義的參與者列表，請將他打亂。如果有大量的人數與產品互動，那麼自動批處理每組進來的人。你現在有 N 群組的人，其中每個組足以評量 X 的影響。

4. 測試你的初始基準。與第一組人一起進行「最佳猜測」版本，並對其進行測試 —— 確保你從一開始就有東西比什麼都沒有好。如果沒有影響，那也沒關係 —— 這樣我們就了解到確實需要進行更多優化。如果「最佳猜測」會使情況變得更糟，請重新開始。現在有 N-1 個群組。無論哪一種方式，贏的那組就會是我們新的參考基準。

5. 進行比較測試。從我們認為會帶來最大影響的改變開始，將其與當前的基準進行比較。對其餘的組別之一進行實驗。可以一次進行多個比較。這些多變量測試可能更有效，但更複雜。

6. 調整干預措施。如果「新」版本更好，請更新干預基準，並將其經驗教訓用在未來的測試上。

7. 重複第 5 項到第 6 項，直到受測人口疲累為止。

為了解決這個問題，假設你正在做一個非常簡單的優化，並只有兩個版本的干預措施來引導人們的重要行動，例如退休儲蓄。其中一個引導 20% 的人們採取行動，另一個只有 10% 的人們採取行動。問題是你不知道哪一個效果最好。如果你不進行迭代測試，則會猜測 10% 或可能 20% 的人會採取行動。這個差異很大、風險也很大。如果你進行迭代測試，請使用第一組人口中的四分之一，這樣你幾乎可以肯定會獲得 19% 的人口使用該系統，而且沒有風險。

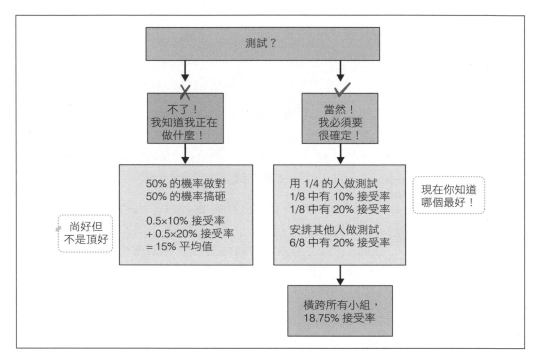

圖 13-3　不要抱著僥倖使用產品 —— 優化

如果你不進行測試，你有大約 50% 的機率選到 20% 接受率的那個「好的」干預措施，以及大約 50% 的機率選到 10% 接受率的干預措施。如果你進行測試，並且在第一次測試中，就有足夠的樣本數量來準確判斷哪個干預措施是「好的」。那麼在第一波（wave）中，你有 12.5% 機率的人口能得到「好的」干預措施，而有 12.5% 機率的人口會得到「比較不好的」干預措施。在第二波中，所剩 75% 的人數得到好的干預措施。這個結果的預期接受率為 18.75%。這樣做棒極了！

當你有更多選擇時（你認為所做的改變會使產品更好），並且當波（wave）越多，優化過程將能進一步降低風險並增加干預措施的預期影響 [16]。

從實際的角度來看，為了使此過程正常進行，你會需要這幾點：

- 大量的樣本。當我們追尋大的影響力（和因此在每個測試中更小的樣本），需要進行很多測試也意味著要有很多參與者。

- 快速籌劃實驗的能力。

- 快速追蹤成果並判定勝出組的能力 —— 具有真正的關注成果或可靠的領先指標（leading indicator）。例如，某人的 401(k) 提撥款項率是可靠的領先指標，他們的 401(k) 餘額會隨著時間的推移而增加。

- 根據這些實驗不留痕跡的調整干預措施的能力。

這種方法非常適合優化目標人群所處的影響較大的時候，和數位環境對數據儀表和產品適應會有所幫助。對於許多數位產品，這正是我們所擁有的：大量的用戶（或潛在的客戶）、評量影響力的平台，以及可以幫助我們提高影響力的想法。

「何時」和「為何」測試

大多數的實驗都是關於影響力和判定某事是否有成效。該評量是作為建構產品後所提供的最終嚴格的評估。但是，這不是唯一的原因；一般而言，我們進行實驗的主要原因有四個（以及使用產品開發週期中的要點）：

評量影響力

首先，實驗評量產品或功能的真實會影響人們的實際行為。通常是在產品建構後，與實際用戶一起安排。

---

16 從科學的角度來看，此過程對人口和干預措施的影響做出了許多假設。這些假設實際上是當前該領域中許多 RCT 的基礎，但並未明確說明。也就是說，（a）實驗結果可以隨時間進行推廣，（b）實驗結果彼此獨立或相加，並且（c）研究人員尚未可靠地知道什麼是「最佳」（即，實驗會增加知識，而不僅僅是記錄知識）。

審核想法

用快速、簡單的比較原型或產品概念，這樣可以用最低的成本做出最大的概念。這是在產品建構之前；因為我們還在對喜好差異很大的階段，就統計而言，還不需要很多參與者來進行有效地測試。

優化影響力

將產品彙總分成幾組，以提供關於產品的實時回饋以使其影響最大化；我們在第 260 頁中「實驗優化」討論過。

評估均值的飄移與回歸

有些干預之所以會起作用，僅僅因為是新的，例如提醒或新穎的功能。你可以重新進行初始實驗，來檢查是否失去了有效性。最好知道而不是盲目地認為產品仍然有效。

自我練習

為改變行為而設計可以並確實會成功。在實踐者和學術界，我們都取得了令人注目的成就，從幫助他們有更好的睡眠到學習新的語言。但是整體來說，這並不是每項工作的良好指南。大多數個人的努力都沒有效果。我們成功的很少，而失敗的卻很多。因此，在任何行為改變努力開始時，**我們都應該假設我們會失敗**。根據經驗，這是最安全的選擇，也是最準確的選擇。因此，我們需要一種能夠準確、快速地告訴我們特定工作成功或失敗的工具，用以應付人類行為的複雜性。

無論是幫助工人為退休儲蓄或是鼓勵有需要的人做運動，實驗是能幫助我們最好的工具。它們是最棒的評量工具，能使我們的努力更加有效。實驗可以用來評量工作的影響力，測試假設並更好地了解如何驅動用戶的行為。實驗顯示因果影響力的能力取決它是如何設計的。設計不良的實驗無法告訴你任何訊息，但值得慶幸的是，一個好的實驗設計不必太複雜。

這裡是你需要做的：

* 當你明確定義了指標和支持實驗的技術時（已在第六章和第十二章中討論），A/B 測試和其他實驗不必很困難。關鍵的想法是一組隨機受選的人收到你的行為干預，而另一組隨機受選的人沒有。

- 分析這些簡單測試的結果需要原始碼的協助，在大多數統計數據包中均包含此功能，也內建於許多用於行銷的現代技術和行為追蹤工具中（在第十二章中介紹）。

- 在進行測試之前，你需要判定有多少人或多少時間需要進行實驗。這樣可以避免許多常見的錯誤。

- 將 A/B 測試建構為交錯推出（staggered rollout）可能會有所幫助（所有人皆獲得新功能，而有一部分的人早於其他人），或作為優化過程（在此過程中，一旦我們知道什麼會成功，便可以立即將其應用到其他人口中，然後繼續下一組測試）。

- 多臂吃角子老虎機和多變量測試只是一種結構方式的實驗 —— 每個實驗都有其優點和缺點，但是基本的數學原理都是相同的。

你怎麼知道有問題：

- 團隊無法確定產品成果是可靠的、準確的指標，或者沒有根據該指標定義成功和失敗。如果是這樣，可再回去閱讀第六章。

- 團隊非常確定自己的新功能或產品，以至於他們不願意評量影響力。

- 如果你還沒有足夠的用戶來進行正式的測試 —— 這種情況下，則可以使用較弱的統計方法和從中同時收集質性量化的回饋（我們將在下一章介紹）。

可交付的成果：

- 一個有影響力的評量：你知道你的產品是否能改變行為和驅動成果！

活用習題：設計實驗

定義 （Define） 問題	探索 （Explore） 情境脈絡	精心策劃 （Craft） 干預措施	在產品中 執行 （Implement）	判定 （Determine） 影響力	評估 （Evaluate） 下一步

實驗（例如 A/B 測試）通常是評估你的產品是否具有理想效果的工具。此活用習題將引導你完成設計的工作，我們會再次使用 Flash 應用程式為範例。值得注意的是，我們將研究如何測試兩個不同的電子郵件廣告系列在推動應用程式使用方面的有效性。

步驟一：測試什麼？

對照：

☑ 不執行任何事（不發送電子郵件提醒他們註冊 Flash 應用程式）

☐ 現有版本

變體一：電子郵件提醒，並建立同儕比較和競爭

變體二：電子郵件提醒注重於實現個人目標、自我投資

獲得什麼成果指標？該應用程式的註冊次數（電子郵件廣告的短期成果）；減少物理治療的就診次數（使用應用程式的長期成果）

兩種版本的測量方式是否相同？

☑ 是（接續步驟二）

☐ 不是 / 不確定（請停止！）

步驟二：極端成果是什麼？

基準值是什麼？（對照組應該要有什麼）

基準線：目前有 35% 具備資格的員工已註冊了我們的應用程式。

MME 是什麼？（也就是說，成果上的最小變化意味著你已經成功了。）沒有概念？沒關係，輸入之前看到的最小增量。

MME：參與人數增加 2.5%

LVE 是什麼？（也就是說，你期望得到的成果中最大的變化。）沒有概念？沒關係，輸入以前看到的最大增量的兩倍。

LVE：參與人數增加 10%

步驟三：計算極端樣本

對於 MME 和 LVE：

STEP 3: CALCULATE SAMPLE SIZE AT THE EXTREMES

For the MME and LVE:

IF THE OUTCOME IS A

PERCENTAGE (CLICKS, SIGNUPS)	AVERAGE (AUM)
Use a power calculation tool for *proportions*. You'll need the Baseline Percentage and Effect Size (MME, LVE)	Use a power calculation tool for *continuous values*. You'll need the Baseline Value, Baseline Standard Deviation, and Effect Size (MME, LVE)

You'll get a sample size for each one: the **MME Size and LVE Size.**

* See BehavioralTechnology.co for links to sample tools. Use 0.9 for "power" and .95 for "alpha"

MME 所需要的樣本量：每組 7,768（三組一共 23,304）

LVE 所需要的樣本量：每組 502（三組一共 1,506）

步驟四：需要多少人？

你有固定的人員清單嗎？

☑ 有（使用清單數量）

☐ 沒有，隨著時間的推移會有很多人（你的時間怎麼排？計算屆時你會有多少人。）

可用人數：30,000 人

步驟五：每組中應該有多少人？

用（步驟四）人數除以變化的人數（步驟一），即可計算出每個版本的人數（樣本數量）。

樣本數量：30,000/3＝10,000

步驟六：你得到你需要的嗎？

請參考此處的圖 13-2，該圖顯示如何解釋這些值。

樣本量	決定	下一步
少於 LVE	**停止！** 不要打擾測試進行，這並不會告訴你任何事。	- 繼續下一組測試
多於 LVE，少於 MME	**審慎思考！** 此測試可能體現了影響力，但如果沒有，也不能說明這個方法失敗。	- 選擇：減少變量的數量 - 冒著風險然後大膽嘗試 - 找更多人測試 - 尋找其他更清晰的測試
多於 MME	**停止！** 你可以（相對）確實地查看你的方法是否成功。	- 大膽嘗試，進行測試 - 選擇：減少人數至 MME 規模大小 - 選擇：增加變量直到每個都達到 MME 規模大小

這些結果是什麼意思？每組的可用樣本數量，同時大於 MME 和 LVE 的所需總數：通過。這個測試會告訴我們：

- 無論此特定測試是否具有預期影響，也還會告訴我們：

- 如果在此測試中未找到任何內容，則進一步的測試不太可能找到對企業來說足夠大的影響。

- 換句話說，無論哪種方式，從商業角度的觀點，在這個實驗後的干預都不需要再進一步測試。

第十四章

當你無法透過 A/B 測試
來判定影響力

D 定義（Define）問題　E 探索（Explore）情境脈絡　C 精心策劃（Craft）干預措施　I 在產品中執行（Implement）　D 判定（Determine）影響力　E 評估（Evaluate）下一步

近期我很幸運地和世界上最有名且發表量多產的行為科學家們，一起參加活動。他們合力解決行為科學的前導領域之一：長期行為的改變。

研究人員正在測試研究是否可以改變人們上健身房的頻率。他們同時進行了將近 20 項研究，每一位研究人員都追求自己的「最佳猜測」能夠實現。這次的活動是第一次小組中的每個人能夠知道結果。

到底發生了什麼事？沒有一項研究對長期行為的改變是有效的。世界上最好的研究人員每個都做了嘗試，但都未能達到他們的目標。

很多被隱藏的事（至少對於研究社群以外的人而言），在這個產業中，成功的案例很少，失敗很多。這是可以預料的，因為行為科學最有趣的應用通常是專注於困難和看似麻煩的問題，例如運動。即使是世界上最好的研究人員，在找到能夠產生共鳴的頭條新聞和暢銷書的突破之前，也要一次又一次地嘗試 [1]。

這裡的經驗教訓不僅僅是「快速看到失敗」（一個產品開發的座右銘，至少在矽谷和其類似的技術中心），或者說擁抱失敗意味著快速迭代 [2]。相反地，這有些細微差異。研究人員如何知道他們失敗了？這是因為他們不斷尋找失敗。在他們的案例中，研究人員使用隨機對照試驗來接收明確的訊號，如果事情沒有按計畫進行，他們不能欺騙自己或試圖說服對結果有正向影響。

團隊不一定總能進行實驗，但是嚴格評量的需求並沒有消失。擺動空間越小（越少人可以解釋結果或隱藏產品的缺陷以及行為改變的能力）越好。我們希望能盡早發現問題，以免變成更高代價成本。因此，讓我們看看如何評量影響力的其他方法。

其他判定影響力的方法

實驗可以處理令人討厭的細節，釐清應用程式或其他什麼原因改變了用戶的行為和成果。隨機可以正確完成沒有任何不同的分組，除了他們想要的：產品本身。所以如果有任何差異，那就是由應用程式所引起的。

作為一名學者，我可以證明實驗確實是評估這些因果關係的唯一方法。但是在實際產品中，這有點不現實且過於嚴格。如果你不做實驗，則必須面對應用程式所衍生出的討厭細節。這當然也可以，但是必須花費大量精力。

最簡單和最常見的方法來查看影響力就是「前、後測分析」（pre-post analysis）。

---

1 現在，在你將這種經歷視為僅限於一組特定研究之前，請先回顧一下作者在進行研究之前預先註冊（寫下並發表）了他們的假設的研究發現，超過 50% 的生物醫學和心理學研究沒有顯示研究人員所期望的結果（Warran 2018）。Johnson et al.（2017）估計整體而言，心理學研究工作的 90%（包括未先註冊的研究）無效或可忽略不計。再說一次，在你將其視為是研究人員的問題之前，請記住，像 Edison and Dyson 這樣的著名研究人員在產品成功之前進行了數百或數千次迭代（例如，Syed 2015）。

2 Pontefract（2018）（*https://oreil.ly/wXBcD*）

檢驗影響力的前、後測分析

在前、後測分析（pre-post analysis）中，你可以查看事件前後用戶行為重大改變的成果。例如，如果用戶在使用該產品前每天平均走 500 步，並在使用一個月後每天走 1,500 步，那麼該產品可能使用戶每天增加了 1,000 步的步行。

在前、後測分析中，我們將看到的差異，嘗試調整為所有可能導致改變的其他因素不在你的產品中；這可以非正式地或正式地完成。正式版需要進行多變量統計分析，例如估算回歸模型。非正式版本意味著仔細考慮可能會對用戶產生影響的其他行為因素。

就個人而言，當我接受正式的計量經濟學方法培訓時，我發現進行非正式分析非常有價值（即便日後進行計量經濟學分析也是如此）。另外，你可能需要一位統計人員來處理計量經濟學分析，但任何人都可以進行非正式分析，來幫助評估重要的進一步分析，也是對統計數據進行實質檢查。所以這是用非正式分析來進行前、後測研究（pre-post study）。

我們可以評估用戶的行為和實際成果前後的情況改變，無論你第一次為用戶提供產品還是添加了新產品功能等。從後面的減去先前的：這是工作的影響數字。我們還應該需要對你所需要的最大程度的改變有所了解。如果讓每人每天多走兩步有關係嗎？沒有。也許你只在乎該產品能否讓人們每天至少多走一百步，這並不多，但至少有一些可以基於此做為參考的。這個「我什麼時候該在乎？」的數字會是你的門檻。

現在，尋找與產品無關卻可能會導致影響力的事。透過前、後測研究，這裡有一些非常普遍的因素。我將用一個運動追蹤器的案例來使內容更加具體：

時間

> 一年中的時間、一個月的某天、一週中的某天、一天中的時間等對這個成果是否有影響？例如，如果看到用戶在春天比冬天走更多的路，這會讓你感到驚訝嗎？不會，所以這個產品不會對在冬天和春天之間行走時發生行為改變。

經驗

> 假設上個月發表了產品。此產品剛新增了一個功能：當用戶表現良好時，產品會在顯示一個笑臉圖標。在前、後測研究中，很難知道是不是笑臉增加了用戶的運動量，還是用戶在產品最早推出時就有使用該產品的經驗，所以因為先前

的經驗而進行運動（而非受到笑臉圖標的鼓勵）。隨著時間的推移，逐漸的變化是由經驗所引起的；急遽的變化更有可能是由於產品的改變或其他外部事件所引起的。

數據可用性或質量

假設在新版本的追蹤器中，添加了一個笑臉圖標，而同時工程師部門的工程師也修復了數據加速器中的一些錯誤。用戶走路的步數增加了！嗯，這可能是因為笑臉圖標，也或許是因為你從用戶那裡獲得更好的數據資料。我發現數據質量的問題特別不容易被發現，也因此時常會誤導他人 —— 某人改變了一些東西，卻認為這個不重要，或者不想要承認先前的問題。就和改變產品一樣，數據質量和數據可用性的改變是銳利的、突然的變化，因此在前、後測研究中很難被區分。

人口構成

假設在新版的追蹤器中，添加了許多新功能並發布重要聲明。我們發現平均走路的步數增加了！太棒了。但這也可能是因為該產品讓人們走更多路，或者可能由於新功能的發布，引起了本來就有大量走路習慣的新用戶加入 —— 是新用戶拉高了平均值。這發生在突然的方式下（例如產品的發布）或隨著時間緩慢的增加或減少。為了緩解這個問題，你需要透過查看一組特定的人口之前和之後的變化。

在每種情況下，你都需要仔細檢查 —— 這有什麼大不了的嗎？測量冬天和春天相比的走路習慣很重要，測量從這個星期二到下個星期二就不是（除非有遇到節慶）。重要的是從事前事後來看，會對行為產生重大的影響，並和你所關心的門檻相關的任何事情。如果組合很多事情會使你的產品可能產生的影響低於你的門檻，這時候你可以停下來 —— 然後繼續前進做一些更有希望的事情。

如果前、後影響（pre-post impact）很大，然後除了產品也沒什麼好說的。那太棒了。你應該使用統計模型檢查工作並準備對你的結果感到驚訝。但是，如果不能，那麼至少可以對影響進行初步評估。

這種非正式的分析會進入正式統計模型。在每個因素找出找出重要的因素，使其成為模型中的變量 —— 你試圖控制事物，以便隔離產品的獨特影響。你需要確定可測量的數據，然後測試產品本身。這超出了本書的討論範圍 —— 但是有良好統計數據經驗的人可以提供幫助。

看起來很複雜嗎？也許是。這就是為什麼實驗之所以有用的原因，因為可以幫助我們刪除了這些複雜性。但是我們不能總是進行實驗，或每次都有足夠的用戶使用產品來獲得可靠的結果。因此，有時我們必須使用前、後分析。當產品有重大影響，而同時並沒有太多其他事情能混淆結果，這就足夠成為進一步的產品開發的訊號。另一個選項是橫斷面多元分析（cross-sectional multivariate analysis），我們接下來會討論。

橫斷面或面板數據分析的影響力

在橫斷面分析（cross-sectional analysis）中，我們需要尋找一個給定點。想想看產品的使用如何影響用戶的行為和成果，考慮了所有關於用戶其他可能不同的因素。例如，你可能會查看頻繁使用應用程式與不常使用的用戶。與前、後測分析（pre-post analysis）一樣，我通常從非正式的邏輯分析開始，然後將其理解為正式的統計數據與機器學習模型（該產品似乎產生了足夠的影響）[3]。橫斷面分析通常將各式各樣的人群小組聚集在一起；為了使分析有效，你需要控制所有因素使這些組不同於產品。

和先前討論的一樣，我們需要考慮一些共同的區別。最重要的是：為什麼某些人的使用比較頻繁？年齡、收入、行為的先前經驗、該產品媒介的先前經驗（行動手機或是網路設備）、自信、足夠的空閒時間等 —— 所有這些是影響用戶在產品之上和之外的行為因素。

如果沒有其他明顯的因素可以解釋用戶之間的行為差異，那麼請把你產生的因素清單插入統計模型。同樣地，這超出本書討論的範圍，但是有良好統計數據經驗的人可以提供幫助。

除了橫斷面分析和前、後測分析之外，我們還可以（而且應該）隨著時間查看用來檢驗許多用戶的行為和改變的模型上。這些模型是用**面板數據集**（或與很多人進行時間序列橫斷面數據集（time-series cross-sectional datasets），但時間範圍較短）提供更細微的行為觀察。這可以拉出在產品影響力中前、後測分析和橫斷面

---

3 你想要分析的產品經常有很多可能的變化。因此，過久地關注那些沒有以實際有效的方式改變行為的功能，意味著你在浪費時間，而這些時間可以在其他地方得到更有價值的利用。這與學術的社會科學工作不同之處在於，研究人員通常將大量時間用於單個問題。由於缺乏數據，他們通常沒有一長串可供選擇的問題可以立即進行探討。

模型中所不能做的，因為面板可以控制個體之間的其他差異。但是，這需要更多的數據和統計知識。

特殊行動和成果

實驗是評量目標影響力最佳通用和使你產品精確的方法。但是在一個重要的情況下，不需要它們準確地測量影響。那就是當沒有產品存在的情況下，沒有任何結果會發生的時候。

例如，想像一下一種新型且高效的癌症治療方法。一個團隊正在發展能夠受到人們注意的產品；目標結果是讓人們使用新的癌症治療。若沒有這種意識，沒有人會知道。這裡沒有比較組別的需要──所有得到的影響都是來自產品本身。

同樣，如果僅採取措施，則很容易衡量產品的**基準**影響存在於產品本身中──通常發生在行為改變過程中，用戶需要學習使用新產品。那就是你可以用來與未來的變化進行比較的基準。建立基準後，你仍然需要進行實驗（或使用其他方式）來測量新功能的影響，以及對應用程式的其他改變，藉以區分未來功能和現有功能的影響力。

如果無法在產品中評量成果呢？

如果用戶直接在你的產品中採取了行動，而你又可以輕鬆地從那裡評量成果的話，可以跳過這一節。

正如我們在第十二章中所做的簡要討論，有時候目標成果甚至目標行動，可能無法在產品中直接評量。例如，想像一個可以透過影片教學來幫助用戶建立都市菜園的網站。目標成果是更多的菜園；目標行動是用戶進行裝置設定（而非透過承包商付款來完成設定）。

使用都市花園網站的用戶都被一個 cookie 追蹤或透過身份驗證登入。「如何設置一個都市花園」的教學影片中的每個步驟都被追蹤。當用戶看完了教學影片後就「結束」了嗎？他們完成行動了嗎？沒有。公司要推行的行動是完成建立菜園，而不是看完如何建立菜園的影片。兩者之間的差異不大，或者也可以很大，如果沒有人遵循這些步驟。沒有更多資訊，公司將無法知道產品是否能成功駕馭行為改變。同樣地，它也無法知道是否因為這個產品而使更多菜園建立。

所以公司可以做什麼？如果行動或結果不能直接由產品評量，則需要一個數據船橋（*data bridge*）。數據船橋可以有說服力地將真實世界的成果和產品中的行為做連結。建立數據船橋有兩種基本的策略：

自己創建

> 尋找一種可靠的方法來評量目標行動和成果。然後創建一個模型，關於產品中哪些行為與產品的行動和成果相關。

欺瞞

> 尋找一位已經建立事物之間聯繫的學術研究者。你可以可靠地評量應用程式和實際成果。例如，有許多研究記錄了人們實際上不想投票時對投票的「過度報導（高估）」（說謊）[4]。如果沒有現有研究關於該主題的論文，與研究人員合作產生一個（關於如何與研究人員合作的概念會在第十七章中討論）。

後續的討論，我會假設你還沒有在現有的研究論文或找到研究人員合作完成此工作，因此你必須自己創建數據船橋。

弄清楚如何不擇手段來評量成果和行動（而非調查）

對於鼓勵用戶建立都市菜園的樣本公司，需要測量菜園數量。一個明顯的方法是要求參與者進行問卷調查。這並不理想。問卷在用於當人們有動機去回答問題並且沒有動機說謊的情況下較好。想像一下，菜園公司詢問用戶有關網站的事，詢問他們是否建立了花園。大多數的人不會回答——尤其是那些沒有設置的人。有些人會如實回答。有些人則會回答：當他們這麼做時，什麼才是真實的（即是，他們會說謊）。該公司在沒有進行額外的研究下，並無法驗證人們所說的話。

如果公司向用戶詢問他們打算建立花園的**意圖**，那將更糟糕。用戶會很自然地給出公司所期望的答案（「是的，當然！」）；這就是問卷調查中所存在的社會期許偏誤（social desirability bias）[5]。或者，人們可能會相信他們會建立一個花園，但卻永遠不會著手去做。你可以嘗試在問卷問題設置上小心用詞來減少這些偏見，但是若沒有經過驗證就很難知道是否成功。

---

4 Silver et al.（1986）

5 Fisher（1993）

直接觀察通常是最好的選擇：觀察菜園本身的數量或其他可以用來表明行動的事物，例如在城市中購買特殊蔬菜花園用品的人數。公司不需要評量每個動作或每次結果變化──這只需要能夠評量幾次，就可以了解這種在產品、行動和成果之間的關係。因此，進行一個小規模的初步研究，讓實習生出去手動計算一個區域是沒有問題的[6]。

建立數據船橋（data bridge）與創建產品的基準指標（benchmark）是相同的，本章前面已經介紹過。在這種情況下，你尋找的是介於在應用程式中容易評量的某物，與真實世界難以評量的成果之間的因果關係，而後者才是你真正關心的。如果現實世界的成果，對產品而言是唯一的（比方說，如果通常沒人會在你關注的地點建菜園），那麼你可以對實際成果進行簡單觀察，人們在使用你的產品後，作為你的指標。如果現實世界的成果有多種可能的原因，你需要使用實驗、統計模型或前後測分析[7]。

無論哪種情況，在評量真實成果時都要牢記這三個因素。這些判定了數據船橋結果的堅實程度：

代表性

你想觀察代表「正常」情況所發生的案例；如果你決定計算波特蘭的菜園數量（多雨），而大多數使用應用程式的用戶位於鳳凰城（相當乾燥），這對你創建菜園的推廣沒有太大幫助。最可靠的結果來自從用戶群中隨機抽樣並直接觀察。

獲取足夠的數據點（data points）

你需要確保你有足夠的資訊來獲得關於什麼是可靠的訊號。例如，如果你進行一項觀察人們是否會說會在使用應用程式中後建立菜園，然而這卻無法告訴你他們實際上是否真的這麼做。你需要按普遍百分比來知道誰真的有創建菜園。

6 　順便一題，如果這個範圍很大，我想最好的方法是訪問政府或使用商業衛星圖像。專業的地理學家已經開發出了驚人的算法，可以自動檢測植被覆蓋率，甚至可以檢測植被類型。例如，Google Earth 使用的 GeoEye 衛星可測量到 16 英寸的增量。

7 　明確來說──在這一點上，我們只是在談論如何評量實際成果。這構成了進行事後測分析或為應用程式中的實際成果與用戶操作之間的關係建立統計模型所需的一半數據。該過程實際上是創建數據船橋的過程，稍後將進行介紹。但這有助於提前計畫要進行的分析類型，以確保你在評量實際成果時蒐集所需的正確數據。

那麼多少個觀察點才足夠？這沒有嚴格的限制，這取決於公司要估計的多精準。對於實驗，我們討論了詳細計算樣本量。如果你不使用實驗，可以使用線上工具來計算信賴區間（confidence interval）[8]，告訴你可以對自己的估計有多少信心；如果你建立關係的統計模型，這也將會提供信賴區間。

獲取基準線

有時在現實世界中發生的事情與你的產品無關。我知道，這很難相信。即使沒有菜園應用程式，有些人也會自己創建菜園。因此，當你觀察實際成果時，請考慮到包含一些人們不使用該應用程式的情況。如果你要在 Microsoft Excel 中做一個簡單的模型，或者正在運行一個完整的實驗來建立數據船橋，那麼這一點很重要。

如果這些選項失敗，那麼實際上就無法評量產品的真實情況成果，那麼其餘有關影響的討論將無濟於事。這個訊號 —— 在現實中實際發生的事情是什麼 —— 對於保持整個過程的坦承真實至關重要。

尋找可以把產品行為和現實生活結合的案例

現在，你可以評量產品和現實世界中採取的措施的成果（儘管可能是不完美的評量）。如何連結兩者？你可以在個人層次（individual level）或聚集層次（aggregated level）將它們連起來。例如，在個人層次上，都市園藝應用程式，可以詢問用戶的姓名和地址，以將其在產品中的行為與是否實際擁有菜園（將實習生送到他們家中，並做記錄）連結。只要數據符合標準，獲取有關個別用戶的數據就是理想的選擇（具有代表性、規模足夠並且基準線清晰）。

或者，可以將行動和成果作為一個聚集總體，例如一個已知的地區或已知的人群。如果知道特定的一組用戶與已知的區域相對應（即使你不知道誰是誰），也可以評量該區域或組中行動和成果的可靠性。正如我們看到的，要弄清楚到底發生了什麼將更具挑戰性，但是我相信你可以做到。

8　例如，你可以使用（*https://oreil.ly/cJWXq*）來計算信賴區間的比例（創建菜園的人口百分比），以及（*https://oreil.ly/0LrX7*）用於計算數量的信賴區間（運動程式後減少的磅數）。賓州大學對基礎數學有很好的結論（*https://oreil.ly/CGCiw*）。

建立數據船橋

數據船橋（data bridge）將你知道可以經常評量的內容（用戶在應用程式中的行為），與你只評量過幾次的內容連結在一起（產品在現實中目標成果的影響力）。根據產品中的行為，數據船橋可以讓你估計目標成果改變了多少。你可以透過進行能夠蒐集兩種數據集（datasets）的前期項目（pilot project）來評估這個關係：

1. 如前所述，在這種情況下，你可以可靠地將產品中的用戶行為與實際成果或行動連結起來。

2. 評量產品對現實成果或行動的因果影響使用實驗（理想）、統計模型和前、後測分析等。

3. 分析應用程式內發生的各種用戶行為並確定與應用程式因果關係密切（相關）的一項或多項影響。如果有統計學家，請使用「中介分析」（mediation analysis）。

4. 當產品中發生指示性用戶行為時，請建立可以改變多少目標成果的模型（在 Excel 或統計數據包中），那就是數據船橋[9]。

5. 未來，只要你看到產品中的行為，就可以使用模型來估計對目標成果的可能影響力。

例如，城市菜園場所進行了一項先導研究（pilot study），其中需要二組隨機選擇的人員，並將其程式提供給其中一組。第一組中有一些人完成了培訓計畫；有些沒有。實習生參訪研究中每個人的家，並評量真相。公司發現該計畫所服務的人們中有 65% 創造了一個菜園，90% 的人完成了影片培訓計畫，並在應用程式中創建了菜園。同時，仍有 15% 的人沒有提供是否創建了菜園。這三個統計數據提供了有關未來如何解釋用戶在網站上的行為。

該公司如果提供使用者培訓計畫，將提高人們建立花園的機率達 50%（從 15% 躍升到 65%）。如果公司可以說服他們完成培訓計畫，則可以更提高該人創建菜園的機會[10]。公司可在實驗中使用所謂的中介分析，來得到準確的影響力評估。

9　在最簡單的情況下，你可能會看到實際影響與產品中用戶行為之間的簡單線性關係。但是沒有理由將分析限制為線性關係。你要的是建立一個最準確，能描述產品行為與實際結果之間的模型。

10　究竟會發生多少額外的改進，這還需要進行其他分析，才能將計畫中的自我選擇與因果影響區分開來。

總而言之，如果你的目標成果是產品以外的東西，而不是直接可以評量的，那麼你將需要建立一個數據船橋。最簡單的方法是查詢現有的研究報告，該研究記錄了你正在尋找的關係，就像在菜園的意圖和實際行為之間。如果沒有，請參考團隊中的案例，以直接觀察用戶行為並進行比較的情況下，用戶在產品中所做或在真實世界中實際所做的事情。這就是你的數據船橋。未來，可以使用該關係來估算在應用程式中看到的內容並進行迭代，藉此改善產品來獲得更大的影響。

自我練習

這裡是你需要做的：

- 在前、後測分析（pre-post analysis）中，在部署新功能的那一刻，請尋找行為和成果的不連續之處。越銳利的變化並且對於該改變的替代越少，就越能更自信地確定已實行的干預措施是原因。

- 在橫斷面分析（cross-sectional analysis）或面板數據分析（panel-data analysis）中，尋找情況儘可能相似且未接受干預措施的其他人作為對照。同樣，目標是刪除你在行為成果上看到的任何差異的替代解釋。

- 文字描述了無需進行實驗即可評量影響力的邏輯，如果有獨特的行動或成果，那就足夠了。但是通常我們需要訓練有素的統計人員來仔細分析數據並進行統計控制（消除）替代解釋。

你怎麼知道有問題：

- 對於產品改變行為的嘗試，沒有明確的成功與失敗定義。如果是這樣，請回到第六章。

- 產品或用戶族群中的許多其他事情與產品的新功能（或溝通）同時發生了變化 —— 使其很難消除對行為成果的替代解釋。

- 環境很複雜，沒有實驗，也沒有統計人員分析數據。不要試圖簡略的看一下長條圖或折線圖 —— 行為改變太複雜了。

可交付的成果：

- 一個可以清楚評量的產品影響力！

第十五章

評估下一步

D	E	C	I	D	E
定義 （Define） 問題	探索 （Explore） 情境脈絡	精心策劃 （Craft） 干預措施	在產品中 執行 （Implement）	判定 （Determine） 影響力	評估 （Evaluate） 下一步

在 21 世紀的前十年中，小額貸款被譽為解決全球貧困的普遍解決方案。對於低收入族群，特別是發展中國家為低收入族群提供的小額，通常無抵押的貸款。利率從幾個百分點到每年超過100％。這些方案致力於使貧窮婦女成為企業家，一次向一群互相支持並互相負責的婦女提供貸款。這個想法是，如果有上進心但缺乏現金的婦女能獲得資本，她們就可以開始發展自己的事業，並幫助自己擺脫貧困。

正如 U2 的 Bono 談到小額信貸（*https://oreil.ly/GrHrp*）時所說：「給男人一條魚，他會吃一天。給女人一筆小額信貸，她與她的丈夫、她的孩子和她的大家庭將夠吃一輩子[1]」。孟加拉國的 Grameen Bank 是最著名的小額信貸組織之一，其創始人 Mohammad Yunus 在很大程度上是因為他們透過小額信貸，幫助減輕

1　引用自 h/t Karlan and Appel（2011）。

貧困而獲得了諾貝爾獎。例如，在 2008 年，Grameen Bank 的借款人超過七百萬人，其中 97% 是女性，未償貸款超過 5 億美元（*https://oreil.ly/8FOvQ*）。

當我 2005 年在讀研究所時，小額信貸是創新工作的社會光輝典範：我的許多朋友投入小額信貸行業（眾所周知的領域），世界各地像是非營利組織、私營公司和政府，皆對小額信貸的潛力感到興奮。如果您想一生致力於大規模的幫助他人，小額信貸就是一個理想的選擇。

但這個現象改變了。

一系列研究發現，小額信貸的影響並不普遍，也不正如許多人所希期望的那樣具有改革性。Dean Karlan 和 Jacob Jacob 總結了這些在他們的書 *More Than Good Intentions*（Pengiun，2011）中，並引用了一個在印度的研究：「總體上來看，人們似乎比以前沒有錢」，而「最常見的借貸理由是還清其他債務。[2]」Karlan 與 Appel 分享了小額信貸造成的影響，是如何比描述的更細微入裡；一些人（尤其是現有的企業主）可以受益，但以不明顯的方式（幫助他們削減成本，而不是僱用新人）；在其他情況下，人們只剩下無法負擔的債務。「他們從故事（例如信用卡債）中總結出一個警訊，而不是小額信貸文獻中令人鼓舞的數字。[3]」

2015 年，一個被高度引用的論文中，Banerjee、Karlan 與 Zinman 提出了關於小額信貸影響的六個隨機對照試驗（RCT），並得出結論：「我們注意到一貫的模式，即適度的積極影響而非變革性影響。」在那篇論文及相關文章中 [4]，他們發現，雖然廣泛的影響被誇大了，但相對較小的小額信貸計畫的變化可能使其功能更加強大，例如在還款期增加靈活性。換句話說，他們使用了嚴格的評量能力，而不只是一昧的削減和批評——還包括改善。

如果我們將小額貸款作為一種產品，試圖實現其用戶的特定目的（使他們擺脫貧困，通常假設這將通過債務融資的企業家精神來實現），那麼在第一次迭代

2　Banerjee et al.（2015）（*http://doi.org/10.1257/app.20130533*）

3　Ibid. 81

4　例如 Karlan et al.（2016）（*https://oreil.ly/BIkbY*）。

中它並沒有達到目標。但是，通過了解是誰在使用它、誰從中受益和在特定情況下的數據，我們可以學習如何更好地定位用戶，並使其整體上更有效！

這就是我們本章一開始要探討的內容：如何收集你所需要的數據，並確定需要改進的地方，以增加產品的影響力。

但是在此之前，我還有一個最後的提醒：《More Than Good Intentions》是我向所有問我探索行為科學的人所推薦的三本書之一。可惜的是，小額信貸只是讓善心人士心靈上滿足卻沒有經過驗證的許多例子之一。自從我多年讀過，它一直在提醒我自己僅僅意圖做好還不夠。我們都需要嚴格的評量，謙虛地看我們的產品，並問自己要如何做得更好？

判定要執行哪些改變

在每個產品發表和評量的週期，團隊將收集大量有關用戶在產品中的所做的事的數據，和潛在的改進空間。行為改變的持續障礙僅是造成產品改進的原因之一。商業的考量和工程考量也同時必須審查。現在是時候收集這些潛在變化的各種來源，並了解可應用於產品的下一次迭代的內容。我把將其視為一個三步驟的過程：

1. 收集經驗教訓和找到產品的潛在改進。

2. 優先考慮潛在的改進，根據商業考量因素和行為影響力。

3. 整合潛在的改進到產品開發做部分適當的處理。

收集

首先，請看一下你在前兩個章節中學到的產品的影響和行為改變的障礙。用戶在掙扎什麼？用戶在哪些地方有顯著的下降？用戶會返回應用程式，還是只用過一兩次？為什麼這些事會發生？

1. 首先，我們從最簡單的開始。先列出明確的問題和明確後續要採取的措施；例如，沒人知道如何使用 Y 頁面。

2. 然後，寫下比較模擬兩可的經驗教訓；例如，用戶相信該產品能幫助他們改變行為。也許團隊已經開始考慮潛在的解決方案，但是還有更多工作要做。下一步是進一步調查正在發生的事情，並確定解決該問題的特定解決方案。

3. 接下來，收集有關產品核心假設的經驗教訓：

- 目標行動是否真正推動了公司所在尋找的真實成果？例如，也許每天多走幾步不足以減少目標人群的心臟病，所以採取更強而有力的干預措施是必需的。

- 還有其他更有效的行動嗎？可以產品能轉向更有效的其他行動？

- 在產品之外，用戶生活中是否存在重大障礙需要被解決？請再次查看因果圖（casual map），哪些主要因素是目前不在產品範圍內且正在降低產品的效能？如果多運動會導致人們也喝更多的酒精飲料（作為「獎勵」），那是否會破壞產品的目標？為了改變而設計，我們關心的是產品的影響力，而不僅是預期的後果。產品有什麼可以做的反作用力，還是這只是生活中的事實？

4. 最後，查看前兩章所提到的特定行為障礙和影響。若該團隊已經針對新產品功能，甚至新產品提出了許多想法，那麼收集它們。公司的其他部門也將建議對產品進行更改：改變設計增加銷售、改變產品品牌、解決工程難題等。行為方面的考慮只是較大評論過程中的一個（重要的）要素。

在產品開發過程中，經驗教訓和建議的改進可能會在不同的時期出現 —— 從早期用戶研究到產品發布後的使用情況分析。有些經驗教訓只會在設計衝刺（sprint）的最終審查或產品檢驗才會出現。我建議為他們創建一個公共存儲庫，所以想法才不會遺漏。可以是某人的電子郵件信箱、維基百科或正式文件的經驗教訓。在敏捷（agile）開發環境中，應將它們放置在項目代辦需求（project backlog）中。

排定優先級

在任何產品開發過程中，團隊需要在某個時候決定將來要做什麼。優先級排序的過程應估算產品中主要變化所帶來的行為影響：改變將如何影響用戶的行為，以及如何影響產品在現實世界中的成果？由於產品是為改變行為而設計的，因此這些行為影響很可能會對銷售或公司品牌的質量產生連鎖反應。一般來說，優先級還將納入商業考慮因素（改變將直接推動銷售或公司價值？），可用性方面的考慮（它將使用戶滿意並減少挫敗感，希望能促進未來的參與和銷售？），和工程注意事項（實施改變將有多困難？）。

團隊應根據實際數據評估其行為影響；用戶進展過程中每一步的下降數字和行為地圖（behavior map），使團隊可以快速估算產品變更應產生的影響。這有助於團隊回答：這種改變對問題有多大幫助？我們期望目標行為和結果有什麼大略的改變？即使對應用程式的改變不是由行為所驅動（例如，如果來自銷售對話中的客戶請求），還是應該評估其可能的行為影響。它可能具有幫助提高用戶在目標行為方面的成功率的額外好處，或者可能分散用戶注意力和破壞產品的有效性。

在公司確定優先級時，這些考慮因素（商業、行為、工程等）的分配比例會有所不同，並且沒有嚴格的規定。

整合

公司擁有產品變更的優先列表（包括未解決的問題以及需要回答的難點）。現在，分離出需要調整產品核心假設的變更方向來自基本不變的變化（保持不變的方向）。如果變更需要針對不同的用戶（行動者）集合，不同的目標動作，或者尤其是不同的實際成果，然後將這些對象歸為第一類。如果更改需要新的產品或新的產品功能（主要未知數），那麼它也會進入第一個階段。其他所有東西都可以放入第二個存儲系統。

這是我在產品開發過程中堅定立場的幾個地方之一──第一組中的項目，如果更改了核心的假設或主要的新功能，則需要由產品人員分別計畫，然後再分配給他們團隊的其他成員。即使在敏捷開發過程中，核心產品計畫不應與其它過程同時進行；這與 Marty Cagan 在《矽谷最夯‧產品專案管理全書：專案管理大師教你用可實踐的流程打造人人都喜歡的產品》（*Inspired*）（SVPG Press，2008）中對產品管理的分析相同。同時決定要創建什麼和如何創建實在複雜了。

在設計行為改變時，產品的核心改變需要更新行為地圖。可能還需要更新產品的成果、行動和行動者。換句話說，需要完整體現或設計另一個週期在本書第六章或七章開始介紹。其他一切都可以直接從第九章制訂新的干預措施開始。

每當核心假設（行動者、行動和成果）發生變化時，就如第六章所述，應清楚地記錄，然後更新行為地圖。這種方式可以幫助團隊解決當前的問題，除非讓它們埋伏在將來的某個地方，否則只有在開發大量資源後才能發現它們。事先弄清楚假設和計畫的目的是希望若有分歧能提早討論，並且最好能儘早發現這些不被認同的地方。

當核心問題（如用戶操作序列中的特定步驟）讓用戶感到困惑時，自然就會傾向提出解決方案並將其完成（即，通常在審核和測試解決方案之前「修復」問題）。但人類心理學非常複雜，並且試圖圍繞它構建產品本質上是容易出錯的。沒有理由的**解決方案**是與以前的解決方案相比，它不會受到意料之外的問題的困擾。發現過程（記錄成果、行動和行動者，然後開發行為地圖）是一種提前引出不可預期的事件並有機會儘早解決。這永遠不會是完美的，但總是比完成後才發現錯誤要來得好太多了。

評量每一個重要改變的影響力

產品的每次重大改變都應測試其對用戶行為的影響；評量改變中的影響力應該成為團隊的本能反應。雖然這並不總是那麼容易，但是卻實是有必要的。這樣團隊將不斷學習，並檢查有關用戶和產品方向的假設。如我們所見，文字上和概念報告的微小變化就會對行為產生重大影響；如果我們不對它們進行測試，我們可能會無意地破壞我們產品的有效性。但若總是不斷測試而沒有反省檢討，測試變化的邊際影響會引起各式各樣的反彈和抵抗。

讓我們看一下可能會出現的問題以及要如何處理：

大多數測試會（並且應該）顯示為沒有影響

> 許多人對沒有明顯不同的測試結果感到沮喪，並將其稱為「失敗」。假設你設計並正確運行測試，應該對「沒有差異」的結果感到高興。這告訴你沒有為測試進行足夠重要的改變而找到不同。你可以對自己擁有的東西感到滿意，或者嘗試一些更激進的方式。這樣可以避免你花更多時間在目前的方法上改良產品。

> 什麼是精心設計的測試？這是你預先定義成功和失敗的地方。這不是你搜索統計顯著性（或者「強」的質性訊號）的地方。例如，假設您有一個潛在的新功能／按鈕顏色／貓影片。在你關心這個功能之前，它需要產生多少影響？如果您將影響提高 20％，那麼這是你成功的門檻嗎？如果你僅獲得 2％ 的提升，是否值得進一步開展這項工作？成功與失敗的定義以及系統中的雜訊量決定了在這個測試中你會需要多少人。從測試來看如果你得到「無差異」的結果，這不一定意味著沒有效果；這意味著*你無需擔心*任何影響。你可以繼續往下一步前進。

A/B 測試，意味著你向某些人展示一個「不良」版本

如果你擁有一組優秀的 UX 團隊，那麼在大多數情況下，沒人會真正知道應用中的改變將對其進行改進。你無法準確預測新版本會更好或更糟。你通常會被顯示「不良」版本；但問題是你不知道不良版本是哪一個！尤其是當我們有一個好的設計團隊時，我們那種看似堅實的預感通常只是隨機的猜測，原因有以下兩個。

首先，優秀的 UX 團隊將提供設計合理的初始產品，並將提供設計合理的產品改進。我們都會犯錯，但是一支優秀的設計團隊將能為你提供最佳的選擇。根據定義，相對於產品的初始版本，進一步的迭代將產生很小的影響。當新版本與早期版本具有相似的結果（影響等）時請不要感到驚訝——請讚嘆這個早期版本已經為你踏出最好的第一步。

其次，人類行為確實令人困惑。正如我們在本書中不斷讀到的一樣，我們無法準確預測人們對產品的反應。在熟悉的情況下，我們應該憑直覺進行一系列的改變，說出哪些改變可能讓產品更好 —— 例如，當我們運用過去所學到的經驗。但是，當你擁有一組優秀的設計師團隊時，常見的經驗教訓已經被應用。這時你處於最前線，因此直覺已經派不上用場。這就是為什麼你需要進行測試的原因，而不是（僅）依靠你的直覺。

計畫測試是否意味著你對所提出的改變沒有自信？

這是我所聽到的另一個問題，也是一個非常棘手的問題。你自然期待你的計畫對產品進行的任何改變都會改善產品。但這通常不是這樣（因為很難使優質的產品再變得更好，而且人類的行為本來就很複雜）。

但是，這帶來了認知失調（cognitive dissonance）的問題。當你已經詳細計畫要做一些改變，並決定應該要帶來一些幫助但實際上卻沒有時，這真的會非常不舒服。 這就像承認你對已經提倡的改變缺乏信心。因此，一種自然的（但危險的）反應是繼續前進，並當作不需要再做測試。

這裡沒有簡單的解決方案可以處理這種情況 —— 需要建立自信在一些你實際上不應該要有自信的地方。我遇到的最好的方法是將測試過程移出認知失調的範圍。把進行測試當作機構內文化的一部分；把這個標準程序作為一種習慣，而不是每次當機構要增加新功能時，內部就會產生的掙扎和爭論。

好的，這是當團隊探索測試產品的增量改變時，我所面臨的三個主要問題。幸運的是，事實上評量增量影響並不困難。如果你在第十二章中創建了產品影響力的基準指標（benchmark），那麼你要做的就是在這裡重新應用相同的工具：實驗、前後測分析和統計模型。

增量變化的質性測試

在第十三章和第十四章，我沒有提到質性研究（qualitative research）對用戶行為和實際產品成果的影響。這是因為我們很難生成可重複的、可靠的 ROI 指標，使用最質性的方法對現實世界產生影響。但是當我們想快速判斷用戶對應用程式修改將如何反應時，質性研究可以是非常有價值的。

將修改後的應用程式展示在用戶面前，進行用戶訪談、用戶測試（大聲說出方法）和焦點小組。如果收到清楚明確的訊息，無論這個修改是否引起爭議，都替我們節省了很多時間。我們可以透過實驗或前後測分析來測試產品的改變，所花費的時間只有一小部分，但可以獲得許多回饋和見解。雖然我是實驗（和統計模型）的大力支持者，但從理解速度上和深度上受益於質性測試是不容忽視的事實。當然，團隊應該在對產品本身進行更改之前，已經先對原型進行了一輪質性測試。

足夠好的時機？

理想的情況下，任何產品開發過程，尤其是指在改變行為的過程，是產品本身就可以完成工作。當產品成功地使行為自動化、養成習慣或幫助用戶做出有意義的選擇來採取行動，那麼團隊就可以繼續前進了。永遠會有產品要等著製造，而且對於商業公司來說，總是等待要挖掘市場。那麼團隊要怎麼知道產品已經「足夠好」了？

回到產品的目標成果，我們試著先停止思考產品本身。公司決定將什麼作為成功的目標層級（或目標發生的改變）？如果產品現階段達到了該門檻，那就太好了。忘記產品的程式錯誤、忘記設計上的問題，把重心轉移至下一個挑戰吧！如果現階段產品尚未達到該門檻，那麼能替代團隊時間的最佳方法是什麼？如果替代方案對目標成果更有利並且可以用相似的資源完成，則團隊應該要轉移其工作重心。

自我練習

這裡是你需要做的：

- 收集所有產品改變的建議 —— 為了改善產品的行為影響的改變，和其他由行銷、市場或其他公司部門所建議的改變。

- 對於用戶行為的改變，根據公司和用戶的需求及其可能的影響來排定優先級。

- 與第十三章和第十四章中所描述的工具相同，評量每個重大改變對產品的影響。使增量評量（incremental measurement）成為公司文化的一部分。

你怎麼知道有問題：

- 計畫對產品進行重大改變，但卻不評估關於用戶行為的可能影響。

- 團隊害怕測試新功能，因為測試通常會帶來負面的回應，或認為測試產品意味著對團隊缺乏信心。

可交付的成果：

- 一個新穎和（理想）改進的產品！

第三部分

建立你的團隊並邁向成功

第十六章

此領域的現況發展

歡迎來到「巴黎推力大樓（Nudge Building）」。這個公共空間充滿了陽光和綠意，並伴隨著行為科學研究的福利。這些公寓給住戶能夠控制其佈局並隨著需求的變化重新配置的自主權。床邊有一個開關，可以立即關閉所有電器和電子設備——移除小摩擦和決策點。五分鐘後，淋浴噴頭會亮起，提醒用戶為這環境需要支付的費用。

2015 年，巴黎市長 Anne Hidalgo 宣布了一項新的建築競賽，來幫助「重塑巴黎」，尋找「創新城市項目」來打造巴黎的可能性[1]。BVA Nudge Unit 與法國房地產 OGIC、永續經營的綠色環保公司合作，將行為研究導入到現有的公寓中。

為了設計建築物，這個團隊利用了行為科學方面不斷發展的工作和建築環境：建築如何影響我們的幸福感、情感和行為。此團隊採訪了該地區的居民，以更好地了解什麼對他們是最重要的（例如，在社區中，尊重環境，以及如何努力實現這些目標）。然後，他們進行設計、現場測試，並最終在整個建築中實施了這些想法。

在 2019 年，居民開始搬遷入住。此團隊正在評量在接下來十年他們所進行干預措施的影響力，來查看是否成功。

---

1 這個個案研究，來自與英國 BVA Nudge Unit 負責人 Scott Young 的電話訪談和後續電子郵件交流。你可以在 Singler（2018）查看更多有關推力大樓（Nudge Building）的訊息。

到現在為止，你可能已經了解到行為科學幫助了無家可歸的年輕媽媽、到暗黑模式的產品以令人不安的方式操控用戶、再到整個建築物。這些都圍繞著行為經濟學原理來進行設計，來幫助人們過上更健康的生活。在本章中，我們將回顧全球行為科學的範圍（好的和壞的）—— 感謝對行為團隊的新調查。

如果你已經有一個團隊，本章可以幫助你學習其他思考類似的團隊在做什麼事。如果你沒有團隊，則本章和下一章將幫助你踏上這條職業道路。到目前為止，該書注重於應用行為科學的過程。接下來的兩個章節，重點將在介紹實現應用行為科學的組織架構。

我們做了什麼：行為團隊做的一個全球性的調查

八年前，只有一小部分金融、醫療保健和矽谷科技公司在他們的工作中運用了行為科學。現在，整體情況已經不一樣了。除了歷史悠久的傳統心理學家在私營部門工作，至少有四百家公司和非營利組織有專門研究行為科學的員工。這些團隊各不相同，例如：

- Uber 的 12 人行為分析和實驗小組，研究了數百萬人的交通行為。

- J-PAL 和 IPA 這兩個國際數據驅動發展的強大組織，將行為科學應用於世界各地的每日衛生、健康和安全問題。

- 眾多的單人行為顧問公司，尤其在行銷領域。

- Google 的人類分析小組，所做的工作包含公司內部的行為科學研究，用來改善員工利益和福祉。

為了幫助更好地了解團隊的範圍和經驗，我組織世界最大的行為學團隊調查。我們收到來自 200 多個不同組織的詳細回覆，其中涵蓋了 54 個國家地區，從美國到肯亞再到沙烏地阿拉伯。在這個章節中，我們將深入研究結果以更好地了解該領域的當前狀態。

行為團隊（Behavioral Teams）的調查是兩個非營利組織 —— 行為科學政策協會（BSPA）和行動設計網絡（ADN），和我自己之間的聯合項目。從 2019 年 6 月開始，我們進行了初步調查，然後對其進行了調整和分配。我們進行該調查，透過我們在行業中擁有直接聯絡人、社群媒體和電子郵件列表。該調查於 2019 年 7

月 23 日啟動；最後的一個回覆是在 2019 年 12 月 23 日。該調查和宣傳僅用於英文版本。

這項調查的目標人群是將應用行為科學的發展在產品、溝通與政策的工作者。換句話說，是與本書相同的讀者再加上決策者。

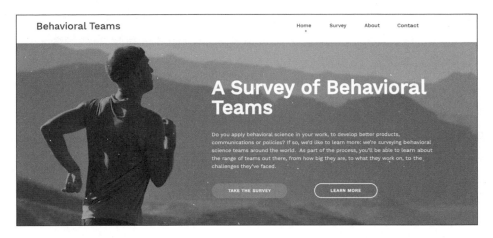

圖 16-1　行為團隊主頁（*http://www.behavioralteams.com*），邀請人們參加國際調查

該調查包括三個主要部分：

- 第一部分：有關團隊的聯絡訊息和基本訊息，來支持行為團隊。這包括組織類型（公司、非營利組織、學術機構或政府組織），團隊中的人員、主要所在位置以及他們過去在行為方面的正式培訓（如果有的話）。

- 第二部分：關於團隊工作的問題，例如他們的行為類型中所尋求改變、使用的技術、驗證結果的方式，以及團隊中每個成員的角色。

- 第三部分：有關每個團隊的挑戰和成功的問題。

調查的存檔副本以及世界各地團隊的公開訊息，可以在 *http://www. behavioralteams.com* 網站上找到。

在清理數據並刪除無效回覆後，最終數據集（dataset）提供了 231 個組織和 253 個個人的回覆訊息[2]。

當前，沒有詳盡的組織將行為科學應用於他們的工作。因此，對這些數據進行統計上具有代表性的調查的或了解相對於整個領域的調查的精確覆蓋範圍是不可行的。但是，另外兩個獨立創建的行為科學團隊可以幫助我們估計覆蓋率。Rally 的資深行為科學家 Ingrid Melvær Paulin，和 OECD 的高級策略管理與協調主管 Faisal Naru，每人維護一列組織，分別注重於關注私營企業和政府組織。我們合併了每個列表中的組織，發現項目涵蓋了 529 個獨特的組織，其中約有 44％ 做出了回應進行詳細的行為團隊調查[3]。

在以下各節中，我們將提供有關範圍最全面的訊息字段（基於組織目錄）並詳細查看組成、策略和這些團隊的運作（基於調查）。

誰在其中

使用前面提到的行為科學團隊的目錄，我們發現這些團隊將行為科學應用於產品、溝通和政策，主要集中在三個國家（526 個團隊中的已知位置）：美國（217）、英國（77）和荷蘭（30）。

這些公司中，有許多是在世界各地設有辦事處的跨國公司：例如，Walmart、CocoCola 和 Ipsos，也都有行為科學團隊和遍布全球的業務。對於受訪者，我們要求他們提供位置給他們的行為科學團隊。對於沒有給出位置的部分（例如，對於從中提取的數據其他非調查性組織列表），我們使用了公司的位置。

2　這是數據清理過程。首先，詢問被調查者他們的團隊是否符合期望的標準，並向他們提供一份結果報告的副本，即使他們不符合那些標準（即取消誘因以無效數據完成調查）。在這個階段，大約有 5％ 的受訪者將自己過濾掉。其次，篩選出少於 25 個值的答案（問題或子問題的答案）。第三，將同一個人的多個回應分組，僅保留最完整的一組。最後，將同一組織中的個人的多個回應分組在一起，並且在上面的第 1 和第 2 部分中，僅包括該公司中最高級的個人（按標題）；在第 3 部分中，答案是關於個人的觀點的，所有有效答案都包括在內。結果數據集包含 253 個受訪者中的 231 個組織。在調查中，受訪者指出了他們團隊所屬的組織類型；我們確定受訪者對「其他」和「獨立研究組織」選項的理解不同，並且我們手動將這些回應對照到其他選項，包含：企業、非營利組織、政府或學術機構。

3　在 OECD 清單中，我們使用了少數非政府組織和私人組織（因為政府機構通常是現有團隊的客戶，而沒有自己的團隊），並且我們手動驗證了每個團隊都有一個團隊。

儘管行為科學在過去的二十年中在美國和英國蓬勃的發展，但它們只佔了很小的一部分。今天，團隊的範圍包括：

• 位於肯亞的 Bursara 中心，並在八個國家設有辦事處。在發展中國家將學術研究與大型企業提供資訊服務相結合。

• Nudge Rio，這是巴西里約省政府的一個小行為科學單位。

• 美國保險集團（The Reinsurance Group of America），率先採用「行為方式保險」（*http://oreil.ly/o9Db0*）[4]。

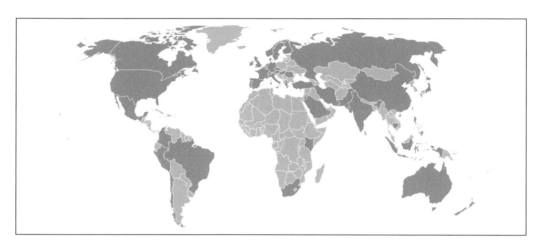

圖 16-2 行為科學團隊在世界各地的分布

有哪些類型的團隊？大多數行為團隊都在公司內部，實際上，其中的 333 個（64%，已知類型的 N=520）；81 種不同的學術機構被確立，還有 60 個政府機構和 46 個非營利組織。

4　另參見美國再保集團股份有限公司（Reinsurance Group of America）的行為科學與保險（Behavioral Science and Insurance）（*https://oreil.ly/9Ytlg*）。

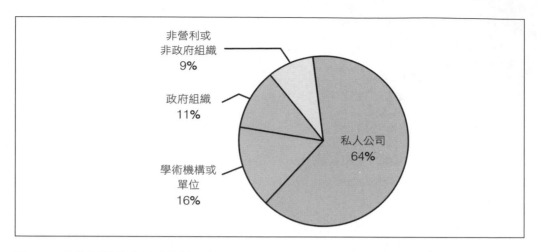

圖 16-3 行為團隊的比例（按類型）

相對於組織目錄，「行為團隊」的調查顯示，駐在美國的團隊人數過多（43% 的受訪者，相對目錄中有 41%），英國的團隊不足（8% 的受訪者，相對目錄中有 15%）[5]，以及私人公司代表不足（58% 的受訪者，相對目錄中有 64%）。

對於其餘的分析，我們將重點關注於「行為團隊」調查的受訪者，因為這是我們有詳盡數據的地方。但是，我們應該記住，更廣泛的領域至少是這個領域的兩倍大，而且握有很大權力的政府組織並未涵蓋在此處。

這項調查最能代表公司和非營利組織中的行為團隊，除非另有說明，否則我們將分析限於主要受訪者[6]。在每個公司或非營利組織中：在 229 個組織中，有 161 個已知的組織類型完成調查。把這個內容放在全球範圍內，42% 的所有已知公司或非營利組織具行為團隊完成了調查。

5 儘管調查問卷是用英語撰寫的，但在英語不是官方語言的國家，覆蓋率似乎並未顯著降低。換句話說，相對於目錄，調查回覆似乎沒有受到國家的強烈偏見。但是，創建目錄本身的過程可能偏向講英語的國家或團體，並且如果存在該問題，則沒有明確的外部標準來評量該問題。我感謝 Anne-Marie L.ger 提出這個問題。

6 參見先前有關「數據清理」（data cleaning）的註釋。在某些情況下，來自同一組織的多個受訪者完成了調查。除非另有說明，否則我們使用主要受訪者。

對此領域有興趣的團體

「行為團隊」的問卷調查注重於在組織內專門的行為科學家小組（或其他行為設計師）。這是一個我們要去了解的重要部分，但我們可以看到一些暗示，指出對於行為科學領域有興趣的群眾和對其應用的層面，實際上要廣泛得多。讓我們依順序來看看這些專門團隊和可能超越他們的潛在團體。

專門團隊

公司和非營利組織內的專門團隊有多大？種類繁多，但大多數受訪者來自小型團隊：中位數團隊規模的人數為四；在我們的調查中，最大的團隊不足 200 人（N=153）。這些組織中超過一半（59%）的人表示行為改變是明確的，是組織目標的一部分 —— 通常是因為行為改變團隊即是組織本身。例如，許多注重行為科學的小型顧問公司近年來盛行，從加拿大的 The Behaviorist（*http://oreil.ly/knZLv*）到西班牙的 Habbitude（*http://oreil.ly/1P-_w*）。

這個領域有多大？受訪者代表的團隊有 1,216 名成員，表示另有 815 個人將行為科學應用於公司內其他團隊[7]。結合這些數字並假設調查代表佔全球總數的 42%（請參見上文），我們可以粗略估算公司和非營利組織內部的全球就業總數。這些團隊被專門認定為應用行為科學，僱用了大約 4,840 人。

考慮到 Walmart、Pepsi 和其他主要品牌的知名團隊，這個數字令人驚訝的低。但是，由於可用性經驗法則，我們應該謹慎地從這些團隊中進行推廣。即使在這些公司裡面的團隊一般規模也很小。此外，最大的專門行為團隊，包括英國的 Behavioural Insights Team 和美國的 ideas42，每個僱用的員工少於 200 人[8]。最大的知名開發顧問公司致力於應用行為科學的機構，是麻省理工學院的 Abdul Latif Jameel Poverty Lab（J-PAL），和西北大學和耶魯的 Innovations for Poverty Action（IPA）。他們的規模並不大 —— 他們的許多員工不是直接以有意義的方式應用行為科學或成為學術教授[9]。

---

7 刪除明顯不正確的項目並手動驗證後。

8 截止至 2019 年 10 月 24 日，英國的 Behavioural Insights Team（*https://oreil.ly/wqtrb*）列出了 181 名員工，其中只有一部分實際上在其工作中運用了行為科學，而 ideas42 列出了 126 名員工（*https://oreil.ly/fsYnJ*）。

9 截止至 2019 年 10 月 24 日，J-PAL 在全球範圍內列出了 294 名員工，其中包括學術教授、資助作家等。

有鑑於該領域的新穎性，這不足以為奇。下圖顯示每個行為團隊開始的時間。除了一些先驅者 Paul Slovic 在 1973 年的決策研究 [10]，真正的成長在 2013 年才開始；只有 2% 的團隊在 2013 年以前開始，87% 的團隊在 2013 年以後才開始。

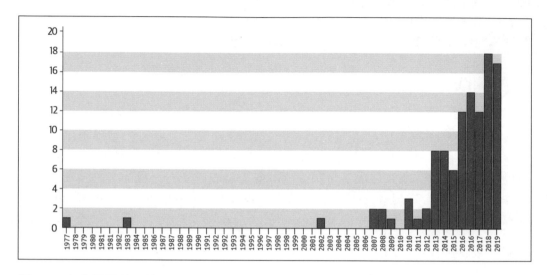

圖 16-4　行為團隊的開始日期

我們可以期待新的加入者不斷湧入，並且期待現有團隊的成長。明年，行為團隊的中位數預計將增長 25%（平均增長 52%）。如果能做到這一點則明年的團隊可以增加 1,208-2,515 個角色。從這些數據的角度來看，僅在美國就大約有 200,000 名心理學家。

非專門團隊

問卷調查所涵蓋的專門團隊，應被視為一部分對於應用行為科學在他們工作上深感興趣的總人口。一些軼事可以幫助我們明確區分出「專門團隊」，或更廣泛的「有興趣群眾」。一個小的非營利組織 The Action Design Network，是我在 2013 年成立用來推動行為科學的組織，距今已有超過 16,000 人報名參加了我們在北美的活動。同樣地，本書《*Designing for Behavior Change*》第一版的銷量在該領域的買者中，比我們預期高出許多倍。坦白說，本書的受眾為對此領域有興趣的實

10　這些早期的開拓者實際上是基於對基礎數據進行手動驗證是真的。

踐者；一般讀者通常不會購買（對我的出版商真是憾事一樁！）。Nir Eyal 的第一本書 *Hooked* 可能會吸引較多的讀者，但其受眾仍專注於開發產品的心理研究，約有 300,000 人 [11]。

它可能應用在更廣泛的設計、產品管理、市場行銷，以及較小的範圍像是感興趣的人力資源社群。這些社群是龐大的，僅僅平面設計師族群就超過一百萬人 [12]。

因此，存在兩個重大差距：將行為科學應用於產品的人數，要比該行業的正規就業大得多。同樣地，可能感興趣的人（其他設計師、產品經理等）比已經表達過興趣的人（至少根據這些軼事數字）大得多。

對於希望進入該領域的人這意味著什麼？我們得到的簡短經驗教訓是加入現有的團隊將非常困難。我們應該注重於在公司內部開始新的行為習慣，或者將這些經驗教訓應用到其中較大的工作，特別是作為產品經理、設計師或市場行銷人員。

讓我們看看這些團隊如何開始，以及我們可以從中學到什麼。

廣泛的應用

現在，我們看到全球各地的行為科學團隊，以及行為科學所廣泛橫跨的學科。接下來，讓我們看看這些團隊的組成方式、商業模式、組織中的位置，以及他們希望能解決的具體行為問題。

源起

行為團隊如何開始？這沒有唯一的途徑。我們的受訪者描述了自上而下和自下而上的混合方法 —— 從開始一個新的小型專門研究行為科學（29%），到執行長或由部門的主管領導（22%、18%），再到個人貢獻者（17%）把這視為其工作並從此成長。然而，最不常見的是有公司外部的人說服公司創業應該從這裡做起（3%）；即行為（組織）改變來自內部 [13]。這就是我自己的例子，在 HelloWallet

---

11　Nir Eyal 提供的統計數據。

12　有關圖像設計的群體規模，請參見 IBISWorld（*https://oreil.ly/qsoUq*）的這份報告。截止至 2020 年 1 月，他們將該領域的人數定為 534,680 人。

13　在調查中，有 12% 的受訪者回答了其他，但沒有提供適合這些訊息的類別。

和 Morningstar 就是這樣。我當時已經是這公司的員工，並從內部開始經營我們的團隊。

商業模式

填寫調查的公司和非營利組織的 161 個專門團隊中（以及我們在總體目錄中確定的 379 個組織。例如，使用網路搜索和先前知識），存在相當大的多樣性。簡單來說，我們可以將它分為兩大類：顧問公司（28％）和將行為方法應用於自己公司的產品和服務（72％）。該領域絕大多數的實踐者，至少根據我們的調查來看，是在顧問方面，尤其是在美國、英國和荷蘭。前五名中的三名目錄中團隊都是非營利顧問組織：英國的 Behavioural Insights Team、美國的 ideas42 和肯亞的 Busara Center。

就業安置

就團隊在組織中的位置，以及先暫時將外部顧問人員（33％）放在一邊。最常見的安排是在數據科學（26％），其次是產品（20％），設計（18％）和市場行銷（14％）。

從團隊中的個人來看，有 52％的人表示他們擁有行為科學的正式學位（N = 155）。除其他外，有 85％的人是透過書本學習，80％的是透過在職學習。或是透過正規課程（41％）或非正式線上課程（59％）（沒有獲得該領域的學位）。

焦點領域

這些團隊試圖影響哪些類型的行為？一些團隊專注於個人的特定成果 —— 最常見的財務行為，如儲蓄（57％）、健康行為（49％）、教育（42％）和能源使用（36％）。許多人還花時間在公司驅動的產品成果上，使用率（60％）和銷售額（51％）。受訪者選擇了所有適用於他們的內容，並且樣本中的許多公司和非營利組織都為一系列客戶提供顧問服務。

團隊使用了多種技術，但迄今為止還是由社會影響力（社會規範、社會認同等）獲勝，佔 83％。接下來最受歡迎的項目是引導注意力（79％）和塑造選擇集合（choice set）（78％）。62％的受訪者使用了經常討論的養成習慣的方法（參見圖 16-5）。

在大多數情況下，這些干預措施的目標群眾並不了解這些措施 —— 某些行為還可能會引起道德上的問題，尤其是當行為是針對組織的利益，而不是個人的利益的時候； 40％的受訪者表示幾乎沒有用戶知道行為干預的使用，20％的人說很少有人這樣做，只有20％的人說大多數人或所有人都做了（20％）（N = 143）。

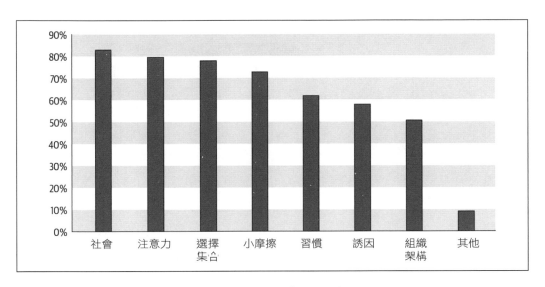

圖 16-5 行為團隊使用的技術（受訪者可以選擇多個選項）

受訪者反思了他們工作各個方面的重要性。毫無疑問地「直接進行行為改變」被一致認為是最重要的，同樣地，「在內部分享結果」也一樣重要。大多數團隊不重視（或者也許沒有機會）在外部分享他們的結果，或試圖尋求影響政策。這邊再說一次，此分析僅限於樣本中的公司和非營利組織：學術界和政府機構的呈現可能大不相同。

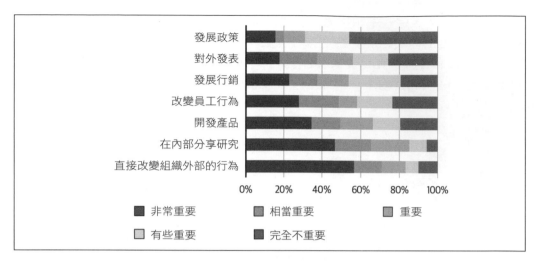

圖 16-6　每個行動對團隊有多重要？

挑戰

該領域都在迅速成長——無論是在應用領域、地理區域，還是擁有行為團隊的組織數量方面。但是，該領域面臨三個主要問題：建立和運營團隊、複製和道德問題。我們已經在第四章中詳細討論了道德的挑戰。現在讓我們看看另外兩個挑戰。

帶領團隊時，實際會遇到的挑戰

團隊面臨的最大挑戰，是在執行干預措施（43％）中或評量其影響（41％）；提出干預措施的想法很少有問題（11％）。在本書的評論和後續採訪中，受訪者同樣提到他們在執行和評量影響力所面臨的一些主要挑戰。

執行方面的挑戰來自兩個主要方面。首先，我經常聽到作為外部顧問的行為專家，經常抱怨在他們寫完報告後，就會轉到下一個項目，他們懷疑聘他做顧問的公司客戶是否曾經實踐過他所寫的建議。同樣地，內部顧問也訴說著一樣的問題，只是他們*知道*他們的建議並沒有真正被採納。執行的另一個個問題，是根據與該領域的同儕進行對話時，源自產品開發的正常挑戰：許多好點子根本沒有被付諸實踐，無論它們是否具有行為根據。產品路徑圖（road map）上沒有討論空間，在公司的相應級別也不買單等。

諷刺的是，相反的問題也出現了：公司急於執行而沒有評量影響。在調查的受訪者中，許多受訪者談到他們的客戶或他們的公司行動太快了。一旦團隊提出一個想法，答案是「好吧，那我們就做吧 —— 為什麼我們要浪費時間進行測試？」這也是我們在 Morningstar 和其他研究人員都面臨的問題 [14]：很難同時說你有解決已知問題的潛在解決方案，但你卻不確定該解決方案是否可行。利害關係人根本不會聽專家「有可能會行不通」的意見！現實情況是，無論是否出自於行為科學，所有解決方案都可能無法達到效果，或更糟糕的是事與願違。只是行為團隊通常會這樣說，這可能會被誤解。這些影響力評量是行為科學的重要組成部分，它為我們指出了下一個問題：複製危機。

科學中的複製危機

在科學的許多領域（尤其是心理學和醫學領域）我們正在經歷十年的複製危機。一些最著名的早期研究、和很多其他的，被發現無法複製 —— 即在相同的情況下，後續研究人員試圖在相同條件下複製最初作者的成果也無法成功。在許多情況下，後來的研究人員發現了結果在統計上沒有意義，或者比以前回報的要小得多。臨床研究員兼科學家（研究科學的科學家）John Ioannidis 在其 2005 年論文的標題「為什麼大多數已發表的研究結果都是錯誤的（Why Most Published Research Findings Are False）」中指出了這一問題，並對此進行了簡要的總結。

自那時起，從行銷到運動科學的廣泛研究皆未能成功複製。大量依賴心理學的行為科學不能倖免於這個問題。在該領域中使用的一些著名的心理學研究後來被破壞了 [15]，包含：

- Roy Baumeister 推廣意志力（自我耗損（ego-depletion））的資源模型（resource model），在完成一項艱鉅的任務後，會使你更有可能屈服於隨後的誘惑。

14　例如，Wallaert（2019）

15　lpower: Engber（2016）（*https://oreil.ly/oS06G*）；priming: Doyen et al.（2012）（*https://doi.org/10.1371/journal.pone.0029081*）；power pose: Dominus（2017）（*https://oreil.ly/q4X2X*）。線上有很多資源關於複製危機；可以在 Jarrett 上找到一份心理學中有問題的研究清單（2016）（*https://oreil.ly/lkYwy*）。

- Bargh 等人研究了在行為上使用隱約的促發（subtle primes）。例如，使用於與老年人相關的單字（據說）會使參與者在他們不知情的情況下走得更慢。

- 研究員 Amy Cuddy 所研究的姿勢的力量，談到其會增加睪丸激素和皮質醇，並導致危險行為。

儘管頗受歡迎的 TED 演講、有關主題的書籍和數百項研究僅在這些領域進行研究，後續分析發現它們根本無法值得信賴。估算值各不相同，但通常會進行「統合分析」（meta-analysis）（對同一研究領域的研究報告），報告指出有 20％–40％的研究未如原始作者所發表的那樣重複。

所有這一切都可能而且應該引起關注，不僅是社會科學家和其他研究人員，而且在我們嘗試將行為研究應用於產品開發時，也涉及到我們以及廣大民眾的生活和生活在許多方面都受惠於這些研究。

然而，複製危機是健康而美好的事情。這是一個識別的過程，並從我們的知識基礎上消除問題，而替代方案就很糟糕了。替代方案就是對我們的忽視視而不見。

作為研究人員，未能複製這麼多傑出的研究，告訴我們要真正提高知識水平是非常困難的。而且在行為科學的背景下，改變行為同樣是困難的。不是說研究人員設計愚蠢的和無效的干預措施（儘管確實有一些干預措施 —— 而是研究過程（尤其是複製過程）揭示了哪些干預措施是堅實的、哪些不是。沒有這個過程，我們仍然會有不良、無效的干預措施；我們只是不知道哪個是哪個。醫學史上充斥著無能為力或弊大於利的治療實例（如顱骨穿孔術和放血），國際發展也是如此（例如，第十五章中的小額信貸範例）。沒有經過嚴格的評量和複製，我們仍然會有這些禍害。

因此，當人們應用行為科學時，我們要做些什麼事？首先，我們希望運用有充分根據的研究。這就是我在本書中一直嘗試做的事情，儘管我們稍後討論的某些干預措施肯定會比預期有效的少 —— 這是可以預期的。其次，我們進行自我評量和測試。我們執行自己的複製。每次我們進行 A/B 測試或其他嚴格的測試在評量干預效果時，我們也複製了其他結果。更重要的是，我們獲得了可以找到對我們產品和用戶的特定環境。這就是為什麼在設計行為改變時，影響力評估是必備的原因之一：這絕對是必不可少的部分，即使它不像干預措施本身一樣有趣。

最後，我們還可以嘗試從不良研究中學習。傑出的研究在哪裡失敗而不能複製？影響小的地方、人數不多、殘缺不全的地方隨機化、或根本沒有實驗性對照，其中無效結果被忽略或未發表，並且結果似乎「好到不太像真的[16]」。我們在第十三章中嘗試解決了許多諸如此類的問題，將注意力集中在實際有意義的影響上，並讓足夠多的人參與進來以評估該影響；透過實驗的力量和前後測試驗與其他較不嚴格的技術相比；並為何時設置空結果（null result）來停止進一步的分析。

這使我們回到了行為團隊的調查和第十三、十四章，以及行為專家如何評量影響力。有鑑於實踐中的挑戰並評量影響，值得注意的是 70％的受訪者表示他們的團隊透過 A/B 測試或其他形式的 RCT 評量了他們的成功。我們應該保持謹慎：在最近 12 個月中，實驗團隊的中位數只有 4。儘管許多團隊相對較新，但這也表明要麼 A/B 測試沒有像所表明的那樣廣泛傳播，要麼團隊謹慎地在實踐。

除了 RCT 外，還有 71％的人使用了前後測分析（pre-post analyses）。50％尋求直接從用戶得到回饋來評量行為干預的有效性：兩種技術有助於了解為何干預成功了或沒有成功，但往往無法有效地評量影響力本身。有趣的是，有 25％的人使用了統計或機器學習（machine learning）技術（超出了 A/B 測試）。在下一章中我們將討論統計方法、機器學習和行為科學。請記住，這種組合仍然相對是新的並且尚未廣泛流行。

自我練習

這裡是你需要知道的：

- 自 2013 年以來，應用行為科學領域發展迅速：在過去的 7 年中有 87％的團隊成立了。

- 儘管美國和英國目前在全球仍擁有大多數的團隊和職位，但隨著全球新團隊的迅速發展，這種情況正在發生變化。

- 大部分行動發生在顧問公司，包括非營利組織和營利性組織。

- 當前的團隊尤其難以實施干預措施，並且評量影響。

---

16 參見 Resnick 的討論（2018）（*https://oreil.ly/sszd9*）。

- 儘管使用了多種技術，但團隊最常用的方法是社會推力（social nudge）。

如果你想在公司或非營利組織中建立自己的團隊，請尋找一個適當的地方加入行為科學，使其可以讓現存角色發揮價值，而不是使行為科學作為角色本身；前者更為常見。這些角色通常為外部客戶顧問、產品設計和管理、研究分析和行銷。在下一章中，我們將更詳細地介紹可以用來組成建立團隊的人員類型。

第十七章

你需要為團隊準備什麼

在過去的十年中，橫跨 Inter-American Development Bank（IADB）的研究人員，在他們的開發項目中應用了行為的經驗教訓，或進行了他們自己的田野調查。然而，自 2015 年開始，IADB 希望有一個更加協調的作法。

透過與 IADB 領導層的合作，Carlos Scartascini 創建了一個統一的小組織來支持並助長目前已經到位的努力成果。這是由研究員和訪問學者所組成的核心團隊，為國家政府官員提供培訓。對於 IADB 專家（他們已經培訓了 200 多名員工），給予傳播的最佳實踐，並根據需要就個別項目進行諮詢。

除了中央團隊外，他們還與 20 多位專業的行為專家合作，在 IADB 中的應用行為科學的眾多其他部門，從教育到衛生。幾乎每個部門都有一個內部工作人員將他們的專業知識與行為科學知識互相結合以促進發展。

對於 IADB 來說，每年有 10 億美元的貸款用於項目的發展。這種結構有助於他們管理其工作的廣泛和多樣性。這也讓 IADB 整合每個部門高深的知識，運用在專門醫療保健或基礎計畫的需求，例如，了解最新在行為科學中的發展和技術。

行為科學團隊沒有單一的設計或結構；這些團隊經常從現有計畫和部門外偶然地被組織起來，人們也開始從那裡發現行為科學可以幫助他們的工作。許多大型團體，都如同 IADB 一樣，已經演變為由一個中央所支持和零星實踐者的貢獻模型。在這裡，我們將研究在你的公司中建立自己的團隊所需要的資源。

從已經做了什麼，到未來還需要再做些什麼

讓我們深入討論如何參與其中，特別是所需要準備好什麼，才能將行為科學運用在你的公司中。我們從「行為團隊」調查中了解到，儘管該領域發展迅速，但最佳的工作和職業建議，還是在你現有的組織內部建立起來。

你會需要一套工具來思考，和實際在產品與溝通中使用行為科學。這就是本書剩下的部分所要討論的內容。那麼，我們還需要什麼？讓我們特別看一下這兩個領域：公司內部其他利害關係人的有利案例，以及對該職位合適的人員和技能。

製作案例

論證為行為改變而設計的價值的最好方法不全然是爭論──而是展示。正如 Matt Wallaert 所說：「理想的情況下，你一開始跟根本不會談論行為科學。反而是好好的做你的工作來贏得尊重，最後，才會卸下你的防備說『你看看，這都是因為行為科學！』」[1]。

換句話說，做該領域的許多人已經在做的事情：閱讀書籍、參加線上課程，如果可以的話，參與一個正式的課程。但是最重要的，不要尋找「行為科學的工作」。而是探索行為科學如何幫助改善你已有的職業：如何改善你的設計實務（例如 Mad*Pow 這樣的設計公司已經做到），如何為你的客戶提供更好的諮詢解決方案（例如，沙烏地阿拉伯的第一個單位──參見下欄框），或如何改善你的產品開發。

有的時候，你沒有能力獨自或自己開始在工作中建立行為科學，所以需要其他資源來助長和擴展那些努力成果。在那時，就是該為行為科學制訂商業案例了。

沙烏地阿拉伯的第一個行為科學團隊

2015 年，Wiam Hasanain 在沙烏地阿拉伯的一家顧問公司開始做行為實務。她是該公司的合夥人，專注於社會公益項目。除了她目前的專業工作以外，她還決定在倫敦政經學院攻讀行為科學碩士來增廣她的能力。當她這麼做

1　訪談 Matt Wallaert（2019）。

時，「事情開始步上軌道：憑藉著我的碩士文憑，和一個想要為沙烏地阿拉伯開發第一個行為單位的特定客戶。」從那裡，她證明了自己的價值，並能夠在公司內部建立新增效益和團隊。

該公司的核心競爭力是行銷和傳播，以及 Wiam 發現她可以將行為科學融入她的工作：在她所建立的基礎上進行創新，並為她的客戶和事業解決更多的問題 [2]。

透過商業模式思考

幫助用戶自願的改變其行為可以直接支持公司的核心目標，但是這些類型的產品確實帶來了特殊商業要注意的事項。

回顧前言，行為改變有兩個主要（道德）目標：

- 使用者想要在日常生活中改變的行為

- 產品內部的行為，有效地成為產品的一部分

在後一組中，商業影響力明確而直接的。假設行為改變的任務是學習如何更好地組織客戶郵件中的電子郵件。如果你可以幫助用戶更有效地執行此操作，他們更有可能（a）購買未來產品的更新版本（如果產品採用訂閱模式，則為續訂）；以及（b）推薦給其他人。在兩種情況下，行為改變都意味著更多的收入。

對於用戶日常生活中的行為，公司的商業模式將取決於行為是頻繁的還是一次性的。假設目標行為是運動：這是重複的。標準的商業模式對於此類產品非常適用，並且可以使用戶成功與商業成功保持一致：

- 收入隨著用戶使用產品的時間而增加

  - 訂閱和自動循環費用。例如，一種可以幫助人們設定，追蹤運動目標並與其競爭的產品。如果產品成功了，運動和收入都是持續的。一種存在類似的模型，可以完全自動執行用戶任務的產品 —— 例如，投資空間中的基金目標日期，需要收取循環的費用來使流程自動化的資源分配。

2　此欄框是根據對 Wiam Hasanain（2019）的訪談，以及隨後的電子郵件交流所開發的。

— 廣告。例如，相同的運動追蹤／競爭產品可以是免費的，但為運動產品置入廣告。如果產品成功，它將繼續為廣告吸引其他感興趣的觀眾。

- 收入隨著新銷售而增加

  — 市場滲透。例如，Fitbit 的運動追蹤器。人們真的不需要兩個運動追蹤器。但是如果產品能夠成功幫助行為改變，然後讓現階段用戶推薦新人來使用，則可幫助銷售增長。如果市場飽和，這會是一個很好的問題，公司可以繼續開發新的產品線（來追加銷售）。

  — 交叉銷售和追加銷售。例如，公司有多種健身產品（追蹤器、鞋子、衣服等）。如果一種產品成功地改變了行為，那麼用戶更傾向於從公司購買其他的產品。

- 隨著用戶成功改變其行為，收入增加了

  — 誘因與第三方的支持相同。例如，第三方和用戶受益於同的一件事：行為改變。然後，第三方將代表用戶為產品付款。例如，雇主從員工的身體健康中受益，並為像是 Keas 之類的產品付費，來幫助員工鍛鍊身體；能源公司從客戶節約能源中受益，並為 Oracle Opower 等產品付費。

同樣地，這些是與其他任何產品相同的商業模式 —— 另外還有第三方支援的不常見選項。

一次性或不常發生行為改變的產品，會使用戶成功與企業成功要保持一致更加困難。例如，得到抵押貸款，和有助於人們購買更好商品的產品。幸運的是，那不是什麼大多數用戶會做的事。標準商業模式會有問題：

- 收入隨著用戶花在使用產品上的時間而增加

  — 通常不相關。客戶只想找到一個好的抵押貸款；如果需要更長的時間，他們將不會支付更多。

- 收入隨著新銷售而增加

  — 交叉銷售和追加銷售。如果公司提供相關服務，則這是可行的 —— 例如提供抵押和支票帳戶的銀行。但是，客戶評估抵押購買等一次性服務的質量卻很難有幫助；這種不確定性給詐騙留下了空間。在抵押市場中有很大的誘惑（財務誘因）來提供對推動產生抵押的無偏見的決策，支持高額的潛在客戶生所成費用。

— 市場滲透。為支持抵押貸款並根據高品質的決定來產生新的銷售是有可能的。然而，因為客戶有評估品質的難度，而對於試圖「幫助」其用戶的企業也受到同樣的誘惑。因此，企業會用一些花招，使用戶先感到有興趣在前，但是後續留給他們負擔沉重的費用和面對風險。例如，「氣球貸款（ballon mortgage）」。

- 隨著用戶成功改變其行為，收入增加了

— 誘因與第三方支援相同。一次性改變在行為中需要非常重要的一點來吸引（誘因一致）第三方支援。在支持做決策的案例中，Fannie Mae 與 Freddie Mac 用適當的誘因使終端用戶去接收選擇性的抵押貸款，但是，很少有其他實體與終端用戶為保持一致的產品。

當然，有一些行為商業模式顯然與用戶的利益不符。舉例來說，健身房是因為其用戶在改變行為失敗而獲利的企業經典案例。許多健身房靠著有計畫健身但從卻未健身的用戶來支付費用。

你需要的技巧和夥伴

從行為團隊調查中，我們了解到應用行為科學沒有唯一的途徑。回想一下，私營部門和非營利組織中，有 52% 的受訪者擁有該領域的正式學位； 80% 的人在工作中學到了這個技能。但是，掌握適當的技能是必要的。可以分為以下三類。

技能一：無關行為的基礎

有些行為團隊位於卓越中心的核心，但根據我們的調查，絕大多數不是；行為團隊被嵌入產品、設計、行銷、分析或其他功能。並且對於這些群體，首先需要的技能是團隊核心中的工作中有哪些。如果你將行為科學應用於產品開發，即是指設計或產品管理等。如果你從事傳播和市場行銷，則意味著了解傳播和市場行銷。

行為科學不是上述核心學科的替代品；這是一項附加技能和對思想的理解。我見過很多行為學家，尤其是剛從學校畢業的新人、沒有專業背景，卻把自己視為設計師或行銷專員，自以為他們的技巧可以幫助設計或行銷。當然，結果並不理想：對於該專業學科沒有基礎，當然犯的錯誤會比受過專業訓練的人多很多。更糟糕的是，他們可能會試圖在自己的部門和別人搶工作（受過訓練的人）。最終，他們會變得不被受歡迎和不被信任。

一個潛在的例外是諮詢顧問。當顧問被聘請進入公司表示他們擁有一定的執照可以提供建議。但是好的顧問知道要先傾聽問題，並且學會如何根據內容調整自己的說話方式。但即便如此，行為科學還是不能使一個人成為優秀的顧問；相反地，行為科學可以幫助顧問在知道如何與客戶合作之後，理解和解決行為問題。

技能二：影響力評估

正如我在整本書中所論述的那樣：人是很複雜的。人類的行為確實很複雜，人們互動的環境和行為之間的關係確實非常複雜。由於這些原因，我們無法假設我們會做任何會改變行為的事（透過行為科學、設計思考或是在山上冥想）將會產生其預期效果。

對自己誠實、對我們整個組織的客戶和利益相關人要誠實。我們需要嚴格地評估因果關係。這是一組重要的技能，而上述的技能一並沒有說明（行銷、產品開發、設計等領域的專業知識）。

在哪裡可以學習影響力評估？恐怕這是在工作中不太容易學到的少數事情之一：統計知識的基礎是需要認真學習的，而這通常是在大學裡學習。

請注意，我並沒有說需要知道如何進行隨機對照試驗。這有兩個原因。首先，儘管隨機對照試驗絕對是毫無疑問，做為因果關係評估的最佳工具，但隨機對照試驗並不是總是可行的。即使可行，隨機對照試驗也像一切事物一樣不完美（*https://oreil.ly/LO1ON*）。有時我們需要使用統計模型進行三角剖分因果關係，和更廣泛的統計技能是非常重要的。其次，我發現如果某人具有廣泛的統計技能，他們可以學習如何分析（首先）和設計隨機對照試驗（其次）。然而，並非總是如此。

即使在 10 年前，在許多組織中要找到紮實的統計技能也非常困難。隨著數據科學的興起，這種情況正在改變。而數據科學和行為科學確實有很大的不同（請參閱下一個部分），數據科學團隊成員具有嚴謹性的技術基礎，提供數據並分析 RCT。

技能三：深入了解人類大腦和其怪癖

最後，我們來探討大多數外行人認為行為科學的知識：可能影響行為的思維怪癖和推力（nudge）。在我的工作中，我發現只要有了正確的工具集和對大腦的基本理解，人們就可以發現解決行為障礙的創新方法。掌握現有推力可能是應用行為科學中最不重要的技能。同樣地，每項干預措施都應進行測試。

這些推力正是從這裡來的：知道人們是受限的，他們使用快捷方式來節省時間，而這些快捷方式會根據一個決策和行動的情境脈絡有可能失敗。這就是為什麼我在第一至三章提到了這些基礎，而卻沒有提供關於人們犯錯的偏見和一些趣事的清單。那些章節所涵蓋基礎知識是一個良好的開始。進一步閱讀強調模型和潛在機制（不是推力）的行為科學也可以提供極大幫助。

這些都是可以在工作中以及透過個人閱讀和課程學習到的技能。但是，要注意那些關注「錦囊妙計」的行為科學方法線上課程：全部都是偏見，並且都沒有基礎理論將其證實。那是很表面的，且無法提供真實方向和理解來幫助你的用戶克服行為障礙。

博士學位不在此清單上！

我堅信像是博士學位一樣的正式學習是不需要的。我本身也有博士學位，但我認為對這項工作來說不是必須的。博士學位提供了許多有價值的技能，包括嚴格的統計評估效果（技能二），有時是領域專業知識，尤其是市場行銷（技能一）。不管你的團隊成員是否具備博士學位頭銜，這些技能都是必須的。同樣地，在最佳狀態下，博士學位的培訓也使人們熱愛學習、樂於探索和驗證錯誤的能力，並將其塑造為連貫且可預測的理論，並對任何此類理論或模型的正確性永遠保持著懷疑的態度。這些也是無庸置疑的，我相信他們對於進行周全、有效的應用工作來說非常重要。但是，這些特徵並不是博士學位所獨有的（或者，就此而言，也可以是碩士學位的持有者）。值得慶幸的是，在很多地方都可以找到聰明、好奇和周全思考的懷疑論者，而不僅只存在於博士中。

你如何整合這些技巧，並用於團隊中

許多行為團隊由一個人負責，這個人擁有所有技能，Betterment 的 Dan Egan 就是其中之一。他與公司中的團體進行諮詢，但最後，他扮演每個角色。其他團隊，尤其是那些嵌入市場行銷、產品或設計中的團隊，和他們比較傳統和受過領域訓練的同事一起共事，則不需要那麼多各領域的專家。專業知識本身似乎沒有單一的模型，也沒有一個必然或比這個更好的模型。這些技能是必不可少的 —— 無論他們是首席行為員或跨公司的合作夥伴，這似乎都沒有那麼重要。

如果你對我們的團隊感到好奇，那麼讓我告訴你，在我們公司中我同時進行這兩種操作。我目前有 13 個人參與其中，另外 13 個人屬於我們的行為「小組」（向其

他經理報告但主力放在我們的項目），還有許多其他人可以在臨時項目上與項目進行諮詢和合作。我們的產品工作起初只是純粹的諮詢，以幫助現有產品團隊；例如，現在我們有工程師和其他人直接與我們合作。坦白說，雖然我當然從我們所經歷的每個模型中都汲取了經驗教訓，但我認為特定情況所得到的細節可能更相關[3]。現在我們有一個由內部研究人員（博士和非博士）組成的出色團隊，但是在我們當中只有少數人的初期，我們發現與外部學者合作非常有價值，可以增強我們的技能，並進行一些我們本來無法順利運作的項目。讓我們看看接下來要如何做。

對外尋求研究專員的協助

請進行實驗測試，尤其是針對產品外部的結果進行測試，這可以是一項令人震懾的嘗試。不管你是否相信，學術研究人員會很樂意幫助你測試產品的影響力。這些人之中有許多人無法以傳統方式被「聘用」是有道理的 —— 由於他們在學術機構和專業機構中有全職工作，所以不能接受顧問合約。但是，如果你有足夠的產品用戶來支持科學，則可以建立互惠互利的伙伴關係來學習，並知道如何操作該過程。

聽起來不可行嗎？這發生在我自己身上，也是我第一次參與應用行為科學的方式。我有一份全職工作，並且一邊在學習。我沒有內部團隊可以請求協助，也沒有預算。但是，我發現很多行為研究人員從事與我們產品相關的有趣工作，而我也利用在研討會與他們聯繫或透過電子郵件交流。我很幸運地找到了出色的研究人員，這些研究員希望和我共同努力解決用戶的問題。這些年來，我從這些合作夥伴關係中學到了很多東西 —— 在許多方面也幫助我成為有影響力的應用行為科學家。

這是我從自己的經驗中學到的課題，後來又幫助其他公司建立了以下研究合作夥伴關係：

1. **尋找你所在領域的研究人員。** 從 Google 學術搜索（*https://oreil.ly/UZff9*）開始，搜索你正在研究的主題，並在最常被引用的文章中查看其名稱（結果是按引用次數排序）。關於你所在領域的學術研討會是開始的另一種好方法，但是它們花費更多時間和精力。The Behavioral Science Policy Association（*https://oreil.ly/7OrLs*）也尋求成為一個中心樞紐，將感興趣的公司與研究人員聯繫起來。

3　如果你想查看看行為團隊的人員分配的詳細訊息，請參見 Clover Health 的行為團隊人員分配（*https://oreil.ly/LhupD*）。

2. **與他們聯繫**，尋求可能對你的研究主題，以及你的用戶基礎有興趣的學者提供的學術建議。特別詢問誰有興趣參與干預措施測試。追蹤並聯絡研究人員；你最初聯繫的研究人員當然會感興趣。

3. **探索能讓對方的研究受益的項目**。描述你的產品和用戶基礎。詢問他們需要什麼。這取決於個人、他們的領域和他們在學術職業道路上的位置，會帶來不同的答覆。以下是常見選項：

   - **獲得獨家數據**。在某些領域中這是非常昂貴的，而且很難從人口統計資訊中獲取有關單一用戶的資料，從詳細資訊、觀察到的偏好，以及隨時間流逝行為的改變。

   - **取得龐大的用戶群**。隨著更多用戶的使用，科學測試的功能不斷增強，但是對於大多數研究人員而言，收集足夠多的測試人群的成本很高。如果你的產品已經有這些，那就太好了。

   - **獲得資金**。企業對於社科領域的學術界研究人員提供財務金援，可能會帶來很大的問題；這種行為可能會讓研究的獨立性染上汙點，與企業共同發表，更會讓其研究成果與研究人員本身的能力被嚴重低估。但是，如果公司正在尋找專家建議，而不是學術性的結果發表，當然可以聘請一些研究人員做有償的諮詢安排。其他選擇包括為對該主題進行研究，並支持第三方資助機構的研究人員。

4. **制定共享的研究計畫**。透過一個小的試用項目，嘗試一起工作。對數據訪問、資金（如果有）、工作人員分配（雙方），以及研究和分析的時機設置明確的期望。

5. **不要試圖限制結果或想法**。學術研究依靠創新想法和數據來支持。公司不應該限制從研究中得出的思想結論──它們必須在公司和研究人員之間共享。同樣地，如果對發布負面結果有所限制，這將破壞研究的接受度，並讓大多數研究人員想離開此團隊。當然，付費顧問的工作方式有所不同。

6. **尊重對特定測試協定的需求**。為了使研究在科學上有效，研究人員將必須根據特定規則執行研究。例如，對於用戶提出的問題，他們可能需要非常具體的描述。這是討價還價的一部分；而且，這通常會幫助公司制定比非正式調查更可靠的結論。

因此，如果測試過程看起來很繁瑣，請不要失望。你的第一個選擇是使用第十二章中討論的現成測試工具。如果還不夠，請在學術界尋求專業的研究合作夥伴關係。如果你的公司正在做一些創新的事情來幫助用戶改變他們的行為，那麼研究人員可能會對與你合作感興趣。

數據科學和行為科學

你是否需要團隊中的數據科學家？他們和行為科學家一樣嗎？我發現許多人不清楚行為科學和數據科學之間的區別。即使在公司內部，我也無法告訴你有人問我多少次，像是：「所以，你的團隊可以對我們進行產品報告嗎？」產品使用情況報告是一件非常有用的事情；只是它們真的不在行為科學的範疇之中（對很多數據科學家來說也是如此）。

那麼兩者之間有什麼區別，兩者之間分別有什麼需要？要了解這個問題，讓我們從團隊組成的討論中退後一步，並進一步探討每個從業者社群尋求回答的問題類型。

數據科學通常試圖了解事物的工作原理並預測未來。行為科學力圖改變未來，特別是改變人類行為。或如 Sarah van Caster 在她的文章「Data Science Meets Behavioral Science」（*https://oreil.ly/xGCed*）中所提到：

> 數據科學是一門學科，它使我們能夠分析看不見的事物，並且借助機器學習，它可以使我們查看大量數據和表面模式，並確定何時過去的表現預示著未來的結果。例如，它可以讓我們預測何種產品最有可能被出售，哪些客戶最有可能購買。但是，如果您不僅想了解潛在的結果，又想完全了解該怎麼辦？更具體地說，如果你想改變人們的行為方式該怎麼做？行為經濟學告訴我們，行為改變會影響一個過程的長期結果，我們必須插入反曲點。

由於這兩個不同的目的，數據科學家和行為科學家經常使用不同的統計方法。數據科學家可以非常準確地預測未來，並謹慎地使用與感興趣的成果相關的變量。他們使用回歸（regression）、決策樹（decision tree）、神經網絡（neural network）等，來找隱藏在情境脈絡和成果之間的關係。

行為科學家會盡可能使用實驗，因為這是評量引起我們改變行為或成果的能力的最佳工具。分析實驗如果設計得恰當，則根本不需要進一步的統計資訊：簡單的比較方法（例如，T-test）通常就足夠了。行為科學家也會使用迴歸技術，有時甚

至使用機器學習技術，但是我們這樣做是為了了解情境脈絡、行為和成果之間的因果關係。

由於這兩個目標（預測成果相對於導致行為改變），數據科學家和行為科學家在使用理論上的方式也有所不同：為什麼某樣東西按照他自己的方式工作。嚴格來說，一個人不需要理解為什麼在給定 A 的情況下，A 和 B 之間存在某種關係，以便準確預測 B。許多數據科學家確實對所研究的內容有理論上的了解，幫助他們進行功能選擇和數據分析，但實際上並非必需。

在行為科學中，實驗的積極結果告訴我們，在特定情況下在實驗的那一刻，對於涉及的特定人員，A 導致了 B。是我們對發生這種情況的原因的基本解釋（我們試圖在實驗中進行測試），這使我們能夠嘗試推廣到其他情況和環境。行為的理論使得提供關於其他人在其他環境下可能會改變其行為與結果的建議更為容易。

表 17-1　比較數據科學和行為科學

	數據科學	行為科學
理論：	有幫助，但不是必須	少了此就無意義
訓練：	電腦科學或社會科學	社會科學
工作數量：	很多	很少

當設計行為改變時，利用數據科學

儘管數據科學與行為科學截然不同，但數據科學的興起及其附帶的工具為理解提供了新的可能性，和設計行為改變。

數據科學可以改善行為改變工作的第一個也是最明顯的方法是，它可以通過分析行為地圖（或行銷管道）的各種路徑來幫助識別行為障礙。而且，類似地，尋找特別可能需要方法的人群中，自然發生的部分，並且在有效利用干預措施之後，分析其針對細分市場的影響。行為科學家已經開始研究這些問題，但坦白說，大多數情況下「試試看是否適合每個人」仍然是大部分的工作。團隊內部或其他團隊的數據科學家，在領域中都擁有比這更多的技能。

此外，行為改變工作的一大限制（實驗隨之而來的是）我們創造和評量的大多數行為改變都是短期的。評量行為改變的實驗多半都不超過六個月（大多數時間要短得多）。因此，我們真的不知道長期影響的所要做的改變是什麼。數據科學與計

算行為科學可以幫助解決這一問題：透過將行為干預的效果預測到未來。這種預測可以透過封閉形式的方程式或模擬模型來完成，尤其是當人們期望彼此之間，和一個人的行為改變可能會隨著時間的推移影響另一個人。

如果人們使用我們的行為產品或干預措施，這些預測是否能明確地告訴我們未來會發生什麼？不會。事實上，它們會協助我們看到**我們是怎麼錯的**。它們會對未來行為改變做出預測，但明顯是非常不切實際的。計算行為科學幫助我們更全面地審查或測試我們對行為改變的了解：這些想法在哪裡已經過審核，我們發現它們並沒有做出瘋狂和不合理的預測。為了我們的用戶、我們的公司和社會大眾，它們幫助我們建構產品和干預措施的長期影響。

自我練習

如果你目前不在一組將行為科學應用於產品或溝通的團隊中發展，那麼了解該領域的正式工作機會小（至少與可能感興趣的人相比）。真正的機會在於將行為改變設計為現有職業工作的一部分，尤其是在設計、產品管理、行銷和人力資源方面。

在這些領域中，行為科學提供了同行領域不太可能擁有的強大且獨特技能。

無論你是個人或是想組織團隊，以下三項技能都是必要的：

- 該領域的專業知識（在產品、設計等方面）
- 統計技能，用來評估你對行為的影響
- 對大腦如何運作和做出決定有基本的理解

前兩項通常需要正規培訓，或者至少要有以前的經驗。最後一項可以透過工作中學習，或是通過深思熟慮的研究。這本書可以幫助你和你團隊中的其他成員，同樣地，杜克大學、多倫多大學和其他大學的線上課程，也可以如此。

真的不需要博士學位 —— 這是一種獲得這些技能的好方法，但不是唯一的方法。

數據科學的技能和活動通常會與行為科學相混淆。總之，數據科學試圖預測成果（無論是否**導致**成果）；行為的科學試圖改變行為和成果。此兩組團隊可以並且應該要並行使用 —— 但要尊重彼此不同的背景和目標。

第十八章

總結

整本書中，我們都研究了如何在蓄意、符合道德條件下，能幫助用戶改變其行為的產品，像是從運動到減少喝酒的習慣。

為此，我們嘗試開發三種主要概念的工具：

- 了解人們如何做出決定，並在日常生活中如何採取行動

- 某人對你的產品所需要採取行動的模型

- 將知識應用於實際細節的產品發展過程

讓我們簡單的複習支持每種工具的一些要點。

我們如何做出決策與行動

在第一章中，我們透過了五個核心總結了廣泛的行為研究：

- **我們是受限的**：我們的注意力、時間、意志力等有限。例如，你的用戶可能在同一時間要隨時關注無數的事物。他們可能會注意那個試圖想與他們交談的人，注意附近人的有趣對話，在他們桌面上已經到期的報告，或在手機上從你的應用程式軟體收到通知。不幸的是，研究人員一次又一次地表明人們有意識的大腦，一次只能專注在一件事情上。

- 我們的大腦使用捷徑，以最有效率的方式來做出快決策。你的用戶有無數種方式（又名捷思），幫助他們整理自己每天要面對的各種選擇並快速做出決定，一種關於做什麼才合理的決定。例如，如果他們在某種情況下不知道該怎麼做，他們可能會看別人在做什麼，並嘗試去做相同的事（又名描述性規範 descriptive norm）。同樣地，習慣是使人們思想有效率的一種方法，可以過透提示來觸發行為，藉此幫助他們快速行動。不幸的是，這些捷徑可能會養成根深蒂固、自我毀滅的習慣（例如過度飲酒），或錯誤的情境中使用的經驗法則行為（例如群居行為）。錯誤運用經驗法則是造成偏誤的原因：行為或決策的負面傾向（與客觀標準不同的「好」）。通常是由於這些偏見，在人們的意圖和行動之間有很大的差距。

- 我們有兩種思維模式：我們的決定和行動取決於有意識的思想和無意識的反應，例如習慣。這意味著你的用戶，當他們採取行動時往往不經大腦「思考」；或至少他們沒有自覺地進行選擇。他們大多數的日常行為都受到無意識反應的支配。可惜的是，他們的有意識的大腦相信他們一直在負責，即使他們沒有。我們都是「自己的陌生人」；我們不知道我們自己的行為和決定。因此，你的用戶對你產品內容的使用報告和評論，或是他們未來有什麼打算，這些資訊都是不精確的。

- 決策和行為會受到情境脈絡極大的影響，惡化或改善我們的偏見和意圖行動差距。用戶的行為由我們的情境以明顯的方式決定，例如，當網站的架構將他們導向到主頁中間或儀表板時。用戶的行為也由不明顯的事物所影響，例如與他們聊天和傾聽的人（社會環境），透過他們所見並與之互動（他們的物理環境），和他們隨著時間的推移所獲得的回應和習慣（他們的心理環境）。

我們可以巧妙周到地設計情境脈絡，藉此改善人們的決策，並縮想意圖與行動之間的差距。這就是設計改變行為的重點。

在產品中形塑行為：CREATE 行動漏斗

在第二章和第三章中，我們研究了採取行動的先決條件：你的產品團隊需要用什麼來促進或支持行動（或消除或阻止負面行動）。我們從一個看似簡單的問題開始：為什麼用戶時不時的會採取某一種行動而非另一種？這必須結合六個因素，且要同時發生，並在某人有意識的採取行動以前。行為改變產品並幫助人們關閉

意圖 —— 透過一個或多個前提條件來影響行動差距：提示、反應、評估、能力、時機和經驗。為了簡單好記，我將取首字母縮寫 CREATE，因為這是創建行動所需要的。

為了說明這六個因素，我們來假設你的用戶正坐在沙發上看電視。手機上的應用程式幫助他們規劃和準備健康的餐點。他們上週下載了應用程式。但在哪個時候又為什麼，他們會突然起身然後開始使用此應用程式呢？

我們通常不會以這種方式考慮用戶的行為 —— 我們通常以某種方式認為我們的用戶會找到我們且熱愛我們，並隨時可能會再回到產品上。但是，研究人員已經了解到，這不僅僅是因為我們大腦思想的受限和思路的方式。因此，我們再次假設你的用戶正在看電視。這時候我們需要做什麼，才能讓用戶立即使用這個餐點規劃的手機應用程式呢？

1. **提示。** 讓人使用該應用程式的可能性，需要以某種方式引起他們的注意。需要某種提示使他們去考慮看看；也許他們餓了或者看到了健康食物的廣告。

2. **反應。** 他們會在不到一秒的時間內，直覺地對該應用程式產生使用的想法。使用該應用程式有趣嗎？他們身邊有人也在使用這個應用程式嗎？還有什麼選擇會從他們腦中閃過，他們會對此有什麼想法？

3. **評估。** 他們可能會有意識地簡單考慮一下，評估成本和利益。他們將從中得到什麼。該應用程式提供了什麼價值？值得讓我從沙發上起身並開始制定一些用餐計畫嗎？

4. **能力。** 他們會確定現在要使用此應用程式是否切實可行。他們知道手機在哪嗎？他們有用戶名和密碼嗎？如果沒有，他們需要在使用此應用程式前先解決這個問題。

5. **時機。** 他們會確定何時該採取行動。現在馬上去做嗎？還是等看完電視之後？這很緊急嗎？有更好的時間嗎？這可能在確認行動之前或之後發生。而且，兩者都必須發生。

6. **經驗。** 即使在邏輯上顯示該應用程式很值得一試並且現在就可以用它，但是如果他們之前曾經嘗試過這個應用程式（或者類似的東西），這會使他們討厭再嘗試，也會使他們感到不滿或沮喪。特殊的個人經驗會抵過一個人可能發生的任何「正常」反應。

這六個心理過程是可以阻止或促進行動的大門。你可以把它們想成必須通過的「測試」：為了有意識地、有意義地參與目標行動，你的用戶必須成功地完成這個過程。而且，它們都必須同時發生。例如，如果用戶沒有馬上停止看電視並立即行動，有可能用戶晚點會再做。但是，當「之後」來臨時，用戶仍然要面對這六個測試。用戶會重新評估是否要緊急行動（或者其他圍限選項，例如先去遛狗）。也可能行動的提示已經消失，他們會忘記該應用程式一段時間。

因此，鼓勵人們採取特定行動的產品，必須以某種方式提示用戶思考該行動，避免對其產生負面的直覺反應，說服他們有意識的大腦認為該行動有價值，說服他們立即採取行動並確保他們能夠採取行動。我們可以將這些因素視為一個行為漏斗：在每個步驟中，人們可能會在使用產品中離開、分心或跑去做別的事情。行為改變工作中最常見的結果，和我們應該預期的結果是現狀。我們試圖將這種現狀推向一個新的境界。

如果某人已經養成習慣，而挑戰僅僅是要執行該習慣，那麼過程可以大幅縮短。前兩步（提示和反應）是最重要的行動，當然，行動還必須是可行的。評估、時間和經驗可以發揮作用，但是起次要作用，因為有意識的大腦思考是已經自動在運作了。

在行為干預上建立 DECIDE

行為科學幫助我們了解環境如何深刻地影響我們的決策和行為。其實一點也不意外，當技術被在單一種環境中測試（例如研究實驗室），這個和人們在現實生活中的方式完全不相同。為了有效地設計行為改變，我們不但需要了解大腦思考還需要更多：針對特定的群眾和情況，我們需要一個過程來幫助我們找到正確的干預措施、正確的技術。

這個流程是怎麼樣的？我想將其視為六個步驟，我們可以用首字母縮寫 DECIDE 來記住它；這就是我們如何決定在產品和溝通上，正確的改變行為的干預措施。

首先，定義問題。誰是受眾，我們試圖帶來的結果是什麼？第二，探索情境脈絡。蒐集有關群眾和其環境的質性和量化數據。如果可以，在建構任何內容之前，請重新構想該行動，使其對用戶而言更可行、更吸引人。

從那裡，精心策劃干預措施 —— 一個改變行為的功能的產品。你可以同時進行概念設計（找出產品應該做的事情）和介面設計（弄清楚產品的外觀應該如何）。在我們準備實施干預措施中，我們既要考慮道德影響，還要考慮如何使用產品追蹤結果。

最後，在現場測試新設計來定影響：它的數字改變了嗎，還是失敗了？根據該評論，評估下一步要怎麼做。夠好嗎？由於沒有什麼第一次是完美的，因此我們需要經常迭代來使產品更完善。

簡而言之：

1. *Define* 定義問題

2. *Explore* 探索情境脈絡

3. *Craft* 精心策劃干預措施

4. *Implement* 在產品中執行

5. *Determine* 判定影響力

6. *Evaluate* 評估下一步

其他主題

從這三個概念模型退一步來看，有一個基本的主題我希望能在這裡傳達。這些主題為行為改變設計提供了更多的色彩和指南：

我們已經學到了很多關於大腦如何做出決定的知識，但是我們的知識還是受限的

　　行為科學文獻為本書奠定了基礎，並且有大量的實驗說明了我們如何執行決策。關於偏見和啟發式經驗法則的研究已經很成熟，但是關於產品如何幫助改變行為的研究仍處於起步階段。這本書匯集了目前已知最好的資訊，但是我們的知識當然還不完全。

首先，了解你的用戶

　　改變行為是非常私人的事情。我們的產品應滿足用戶的日常需求，並且幫助他們採取行動 —— 這從了解用戶的需求和興趣、限制、先前的經驗，以及專業水平開始。

沒有改變行為的魔法

沒有讓人們採取行動的肯定方法。即使我們完全了解在決策過程中，我們每個人都有獨特的個人經歷和環境影響，來形塑我們的行為。如果有人想要有所行動，精心設計的產品可以幫助他做到。

刻意去做

如果目標是幫助人們改變行為，那就去做吧。不要躲在背後極度挑剔那些建議，或提高用戶的意識；這會導致我們設計和內部有衝突，且對產品是無效的。我們應該要對我們的產品引以為傲，能幫助用戶改變他們的生活。

有效的行為產品，首先必須是好產品

產品必須設計優良，使用愉快並滿足用戶需求。關於改變行為的任何考慮都要建立在這個基礎之上。否則，人們會選擇不用這個產品。

避免讓用戶去做

尋找技術解決方案以避免用戶去做該工作；設計解決方案比改變行為要來得容易許多。我們可以且應該要慶祝這些用戶成功達成的勝利 —— 但是這些勝利應該用在不可避免的艱難工作中，而不是產品設計不佳的地方。

我們不必把產品做的太花俏

尋找用戶可以達成目標的最小可行行動，並記住有關設計心理學簡單、明確的課程：我們喜歡美麗、簡單、熟悉和跟著同儕腳步走。

我們應該假設我們（部分）是錯的

無論我們設計和創建什麼，我們都有可能會出錯。謙虛面對人類行為的巨大複雜性是一件好事。它促使我們測試真實的產品、產品量化的影響，並測試該產品中我們設計的每個主要的改變。

常見問題

現在，讓我們回顧我在該領域中經常被問到的問題，你可能自己也會遇到。這邊沒有嚴格的指令；只是一些人們希望了解更多的最常見問題。

每天行動的先決條件是如何變化的？

為了使人們能夠採取行動，六個創建先決條件必須與具體情況保持一致，特定的行動、特定的環境和特定的人物。同時人物和環境會隨著環境而變化，因此採取行動的先決條件也是如此：

環境

> 隨著人一天中的移動，環境也會發生變化。不同的環境決定著人們是否會採取特定的行動。例如，某人在等待會議時可以使用網路然後用玩手機，但在開車時就不行。某人可能在家中會注意到要運動鍛鍊的提醒，但在酒吧就不會。

人物

> 在一天之中，人們的狀況也都不相同。他們清醒時的變化、他們分心時的變化，當然，他們的情緒有也變化。一個行動，對於一個充分休息、吃飽的人來說，似乎很有趣；對於一個又累又餓的人來說，就不會對過於複雜、大量的工作感到興趣。

這種變化是偶然性和結構性的混合。一個人的日常工作行程可能不太規律，來確定一個最佳使用產品的時間。但是通勤時刻表是固定且清楚的。在可行的情況下，產品應該與時機保持一致，其中一些先決條件已經自然到位，然後後續再補進縫隙[1]。

從產品設計的角度來看，在日常工作中尋找結構（以及瞬間）變化，並以此為基礎鼓勵採取行動。是否有特定的時間和地點使用產品的用戶分散注意力？還是最有動力的去行動？在日常生活中有哪些線索提示人們要去行動？

你有兩個主要選擇可以控制人們生活中的自然變化。你可以進行用戶研究，並嘗試找到整個用戶群中普遍的參與時機。或者，你可以提示用戶自我辨別對他們來說最好的時機 —— 例如，當他們想接收消息提醒時，當他們想要受其他用戶鼓舞時，諸如此類。

---

1 波動的環境與社會因素的概念為行動創造了機會。這是傳統政治社會學中「政治機會結構」（Political Opportunity Structure）的核心概念（例如，McAdam et al. 2001）。BJ Fogg 還透過他的「動機波動」（Motivation Wave）概念來模擬動中的波動。Fogg（2012）（*https://oreil.ly/b71AS*）。

用戶獲得產品體驗後會產生什麼變化？

人們在使用產品時可以透過多種方式進行更改。而不是說明性的相對於產品，用戶可以處於不同的狀態。在每種狀態下，CREATE 行動漏斗（提示、反應、評估、能力、時機、經驗）有所不同：

- 不是該產品的用戶

  - 動力。對於從未使用過該產品的人，新是一個好處也是一個壞處。提示可能會被注意到。新可以增加探索的動力。但是新穎性也可能會使用戶不確定實際用它的後勤能力，以及成功的能力。還有，我們對想法的直覺反應是基於我們在類似活動中的經驗，可以是好是壞。

  - 公司應該要做什麼。確保用戶完全了解該產品（提示）。確保價值是明確的（評估），並將產品與熟悉、愉快的事情聯繫（反應）。

- 曾經有正面產品體驗的一次性用戶

  - 動力。一旦我們獲得產品經驗，我們未來的直覺反應會考慮到這一點。如果我們第一次使用就喜歡上這個產品，那這樣很棒。我們增加了如何使用產品的知識（降低成本，增加後勤能力）。

  - 公司應該要做什麼。不斷提示用戶；用戶不太可能已經在產品和其環境中的現有提示之間建立強大的連結。強調正面的經驗（評估和反應）。採用首次使用時所收集的知識試圖使產品與時俱進，以及當用戶不分心時要採取的行動（能力和時機）。

- 曾經有負面產品體驗的一次性用戶

  - 動力。如果第一次經驗是負面的，我們有兩個障礙需要克服：新鮮的魅力消失了，而我們有一個直覺的負面反應。將這些用戶再帶回產品要來的困難多。

  - 公司應該要做什麼。坦白說，將注意力集中在其他用戶上。這是一個很難贏回來的組別。並專注於改善體驗給未來的首次用戶。

- 一次或多次返回產品的用戶

  - 動力。當用戶成功回到產品後，就表示這些條件已經足夠成熟可以供未來使用。用戶的情境脈絡中會把他們喚回。但是，尚不清楚事物的穩定性

如何 —— 可能是工作中的臨時任務使用戶考慮到或需要該產品。這也可能是一個核心的願望。在這一點上，對用戶情境脈絡的輕微打擾（不同於工作中的例行公事等），可以輕鬆阻止他們返回。

— **公司應該要做什麼**。繼續提示用戶，直到建立產品與現有環境提示的牢固聯繫為止。突出以前的正面經驗和成功。透過用戶研究，嘗試了解用戶的情境脈絡：是否有臨時因素使他們使用此產品，而此產品可能是另一個產品在尋找的替代品？

- **定期使用產品的用戶**

  — **動力**。當用戶反覆的回來使用產品時，表示這裡有一個固定的情境脈絡把他們拉回產品。只有用戶情境脈絡中的重大改變才有可能打斷持續使用產品 —— 用戶換工作、離婚、進行重要的活動給他們帶來時間的壓力，或者產品突然刪除了他們特別喜歡的功能。

  — **公司應該要做什麼**。不要搞砸了。改變功能時要非常注意其所推動的使用率。尋找正常離開此產品的用戶 —— 如果情境脈絡中斷是暫時的，則很有可能產品可以把他們拉回來（但不要認為這是理所當人的）。如果你正在嘗試一個潛在的習慣行為，請確保提示和慣常行為在一段時間內保持不變。

- **習慣用戶**

  — **動力**。如果用戶定期回來使用產品並對環境提示有反應，那麼你已經成功養成使用習慣。（你可以透過數據中的使用率圖表與用戶研究來判別是否為習慣）。由於行為是自然驅動，因此對於改變具有很高的抵抗力。只有重大改變的提示或缺乏能力去行動，才有可能打破。

  — **公司應該要做什麼**。請勿將提示和改變用戶制定的基本學習慣常行為混淆。

Nir Eyal 談論如何利用應用程式的初始使用來建構未來興趣，並使其更容易或更有價值地回饋給用戶。他將其稱為「投資」步驟，使步驟是在一個人獲得正向經驗後立即發生的。他專注於投資養成習慣，但這是一個洞察力也可以應用於非行為習慣[2]。

---

2 Eyal（2013, 2014）

如何讓使用者持續使用產品？

如果人們停止使用產品，那麼試圖改變長期行為的產品就無法做到。持續參與需要像目標一樣改變行為的本身。在較高的層次上，*推動繼續使用產品和本書中概述的原則一樣*。

很多時候，公司只是專注於提供價值，而很納悶為什麼用戶沒有回來使用產品。價值很重要 —— 用戶必須想要使用產品，因為他們不會毫無理由的這樣做。但是總是涉及更多，然後有更多公司可以做的事。

重新創建產品需要六個 CREATE 先決條件，這是我認為在產品開發中受到最少關注和思考的提示 —— 至少在成長駭客（growth hacking）之外。也許是因為我們認為，如果我們製造出世界上最偉大的產品，人們就會自然地使用它。

提示個人經常與產品互動：

持續提供價值

這是絕對不能少的。如果用戶認為你的產品不值得，那麼你將無法反覆吸引他們的注意力（他們會改變環境來避開你的產品）。因此，價值是第一步，但這只是第一步。

獨特地成為人的環境的一部分

提醒人們使用產品的一種方法是確保產品被看見 —— 透過放置 Fitbit 在床邊或透過將應用程式設為主頁的瀏覽器。我所指的獨特的意思是，使用者同時看不到其他耀眼的事物；舉例來說，這是推文和電子郵件真正的問題 —— 它們在非常競爭的環境中。

成為該人預期常規的一部分

在一天中的特定時間（或情況），訓練用戶以獨特的方式思考作為某事獲減輕無聊的一種方式。「訓練」並非偶然：要求在特定時間用戶使用該產品（即實施意向的一部分）。如果你提供價值，那麼可以幫助用戶養成獲得該價值的習慣。

很酷炫又令人難忘，使人們自發的想起你的產品

我們都渴望實現這一個目標，我們都認為漂亮的產品，可以讓用戶覺得這是夢幻產品。我在博物館看過很多精美的藝術品。我卻不會對他們抱有夢想，更別說是夢想少數產品。因此，我建議以其他方式來引起產品的關注。

與用戶的環境或日常慣常行為中建立堅固的聯繫

如果你無法直接引起用戶注意或使他們在行事曆中為你排出一個空擋，那麼從現有的東西開始建立吧。例如，每當在 DC 有個清爽的春日週末假期時（環境的現有方面），我想到我的小孩喜歡騎腳踏車，所以我會去倉庫拿車。

讓用戶每次使用產品時都很有用

不要讓用戶習慣性的忽略你。家裡的地毯能夠引起你的注意嗎？不能。地毯就在你的視線範圍內，日常生活中你時常踩上它，但地毯大部分的時間不能為你做任何事。我們向用戶發送大量電子郵件的行為也是一樣。**我們千萬不要當一條地毯！**。

每次都是新的和與眾不同（或者至少是這樣！）

避免成為地毯的一種方法，是確保內容每次都很吸引人（或潛在的新穎性）——社群媒體的通知就做的很好。透過電子郵件來通知朋友圈中的人在做什麼愚蠢的事。這種登入 Facebook 或 Twitter 的行為不僅僅是隨機的獎勵——每次抓到用戶的注意力都是不同的。

在這裡我要重申一下，你可以將行為改變視為兩個階段的問題。首先，和你應用程式中互動的行為。其次，有行為該應用程式需要尋求支持。本書中使用相同的方法，後者的行為也適用於前者。

人們第一次採取行動前會發生什麼事？

CREATE 行動漏斗提供了執行操作的六個先決條件，以及 DECIDE 流程可以確保產品準備好這些先決條件。但是人們要如何隨著時間將不行動轉變為行動？

關於個人如何從不行動轉變到行動，文獻上便沒有統一的說法。人們可透過多種途徑活躍起來，每種途徑都以自己的方式匯集採取行動的先決條件。用有意義的設計來支持行動，這裡所描述只是其中一條途徑。

以一個想要打掃房間的人為例。他們有正向的直覺反應，並決定利益（同伴不會離開他們）勝過代價（少看一個下午的電視）。但是，總是有更多緊迫的事情要做（沒有時間壓力），他們忘記要這樣做（沒有提示），或者他們不知道如何有效地做到又沒有適當的清潔劑（缺乏能力）。

這裡有一個快速導覽，講述此人可以從哪些失敗點站起來成功地去做行動：

自我指導的行動

他們考慮過要打掃幾次，但沒有發生。在雜貨店時，他們知道要買清潔用具，但沒有留出時間使用這些用具。有一天，他們覺得受夠了，訂了一天一個時段去做，並設置提醒來消除其他干擾。

他人有意義的幫助

朋友聽到他們抱怨自己凌亂的家，因此決定推動完成。在雜貨店時朋友提醒他們要買清潔用品，並要求他們要在特定的一天進行清潔。

產品直接的幫助

他們下載了一個工作管理的應用程式，根據 David Allen 的書《搞定！：工作效率大師教你：事情再多照樣做好的搞定 5 步驟》（*Getting Things Done*）。他們記錄了需要做的所有事情（打掃和其他事物），並且藉助該應用程式設定籌備和清理家裡的時機。

突然的環境改變

他們想要打掃房子，但出於其他原因他們沒有做（他們換工作然後搬家了）。他們的新房子小很多，因此他們丟掉了大部分的東西。新家打掃起來容易得多，他們也發現一旦習慣養成，持續打掃變得很容易。

突然的生活環境改變

用戶結婚。他們的配偶不能忍受髒亂，並制定規章。所以用戶開始行動。

社群漂移

由於各種原因，他們在工作中認識了新人，其中一些成為朋友。用戶參觀朋友的房子，覺得這很整潔、體驗很愉快。當他們回到自己家時，他們會用不同眼光看房子。在發生幾次後，用戶將對帶朋友來自己家裡感到羞恥。用戶會開始產生進取心，並要努力做到像朋友一樣乾淨舒適的家。

這些是常見的途徑，但是當然還有更多。關鍵是人們不會隨著時間改變自己的行為。有時候，一個單一的、最終的事件會使人們改變（婚姻）；在其他時間，事情進展得更慢（社群漂移）。

儘管這些例子指出了多種可能的路線，但軼事不是科學。因此，目前為止，研究人員尚未對個人建立清晰、普遍接受的規則，如何隨著時間從不行動轉變為行動。有很多研究在成癮和健康領域，例如跨理論模型[3]和健康信念模型[4]，但它們的普遍適用性尚不清楚。我們知道有很多關於採取行動時會發生的更多訊息（一個提示、有意識的做出行動等），而不是我們了解該行動前所發生的情況。

未來展望

為行為改變而設計已成為主流。即使在幾年前很少有公司專門在內部實踐行為科學團隊；現在我們已經超過 450 個。一些大型公司像 Walmart 和 Weight Watchers 正在為行為改變做設計，同樣，還有在許多小型的顧問公司和草創的非政府組織（NGO）。自 2013 年以來，行為團隊開始在世界各地萌芽，而且至今沒有變緩的趨向。

這項工作的好處是巨大的：從挽救有貧血狀況的媽媽在生育時可能遇到的性命風險，到幫助人們在未來儲蓄。隨著領域的發展，這些奇妙的社會現象也將持續擴大。然而，我們有重大的挑戰在眼前：最重要的道德問題。簡單來說，我們的領域中存在著一些暗地的做法，欺騙和傷害人們：從推動零工經濟外送（gig economy driver）到驅動安全限制來誘使人們交出詳細的位置數據。

這就是當今設計行為改變的本質：令人興奮的成長和良好的生活，與令人不安的事件相輔相成。我認為，要培養前者，必須先面對後者的問題。儘管方向還不明確，但是如果我們能將行為科學用於自身和自己的工作點上，我們也許更能夠深入地設計道德行為，就像我們試圖（有益地）塑造他人的行為和成果一樣。

---

3 Prochaska and Velicer（1997）。與我之前的主張不同，該模型建議採取單一的行動途徑。但這並不是我認為的一個普遍或正確的方式。

4 Janz and Becker（1984）

我們正處於該領域的轉折點。我們對大腦的運作方式和人們的行動方式有著細緻的見解，一種將會隨著時間不斷增長和適應，而另一種將為今天的我們提供了指導和見解。我們已經擁有了有效地為行為改變的藍圖——許多團隊在全球並行工作且都是自己開發的，我在這裡也總結了 DECIDE 框架。設計行為改變將繼續存在。而到底什麼會形塑我們的領域，以及我們會遇到哪些錯誤和成功，將取決於我們對過去幾年所奠定的基礎，以及我們是多麼認真地面對未來的挑戰。

關鍵詞彙表

本書介紹了許多新概念和術語，例如行為地圖和 CREATE 行動漏斗。為了方便閱讀，本詞彙表為這些術語提供定義。但因為篇幅有限，許多常見的經濟學術語（例如，實施意圖）皆不會收錄在這裡。

A/A test A/A 測試

一種在測試之間沒有組別區分的實驗。一個 A/A 測試可讓你驗證隨機流程和分析程式是否正常運作。如果你發現在兩組的結果中有所不同，那代表有問題！

A/B test A/B 測試

一種方法將兩個版本互相比對來確定哪個版本表現得較好。隨機顯示給用戶，並使用統計分析來確定哪種版本最好。A/B/C 測試即是相較於 A/B 測試，測試比較於 3 種以上的版本。

A/Null test A/ 空值測試

一種測試方法，採用基礎干預措施（又名產品的版本、功能等）和沒有採用干預措施的情況下進行的測試。它可以看出該干預措施最清晰和最直接的影響力，同時也確保使用該干預措施並不會讓用戶的狀況惡化（補足了 A/B 測試中的不足）。

ability（per the CREATE Action Funnel）能力（每個 CREATE 行動漏斗）

在 CREATE 行動漏斗中的一個階段。用戶評估是否可以採取目標行動。採取目標行動的能力有四個標準：從邏輯上知道如何採取行動、擁有必要的資源採取行動、具有

採取行動所必需的技能，並有自我效能感或信念會成功。請參見 *CREATE* 行動漏斗。

actor（aka target actor）行動者（又名目標人物）

因為產品而採取行動的人物。當目標人物採取行動時，所產生產品的結果。請參閱（目標）行動、（目標）成果。

action（aka target action）行動（又名目標行動）

設計過程企圖產生的行為。當人物採取行動時，所產生的產品結果。注意：整本書都將「行動」和「行為」用作同義詞。參見（目標）人物、（目標）成果。

behavioral bridge 行為橋樑

當戶出現了新的陌生行為時，連結用戶到已知並且舒適的行為的敘事描述。例如，針對用戶的訴求從（陌生的）參加跑步比賽，和類似（熟悉的）經常在工作附近的地方跑步運動做連結。

behavioral map 行為橋樑

有關用戶從成為新手到完成使用產品的詳細「故事」。「故事」可以是很多種形式，例如旅程圖、文字敘述或簡單的行動清單。行為地圖提供了產品的概念設計和功能要求。參見概念設計。

behavioral persona 行為人物誌

一個刻畫的人物來代表一個用戶群體。例如，人物誌中「活躍的 Jake」這個角色，可以代表在日常生活中積極使用產品的用戶，並有可能參與產品中的競賽，比如看看其他使用者誰運動的最多。參見人物誌。

behavioral strategy 行為策略

一種改變產品使用行為的高階策略。本書討論了三種策略：支持有意識的選擇以採取目標行動、建立（或改變）習慣，以及「欺瞞」。

behavioral tactic 行為戰術

一種改變產品使用行為的低階技術。例如：顯示同儕比較，突出顯示損失厭惡，或灌輸一種特定的心態。參見行為策略。

cheating（per behavioral strategies）欺瞞（每個行為策略）

一種改變行為的策略，將其中工作的負擔從用戶身上轉移至產品。用戶只需要同意代表進行操作即可。參見行為策略。

conceptual design 概念設計

在一個概念的階段，用一組文件或插圖指出產品應該做什麼（即產品有提供哪些功能）。當設計行為改變時，行為地圖將扮演這個角色。參見行為地圖。

context（of action）（行動的）情境脈絡

　　決定用戶決策的三個因素是否採取行動。即是用戶本人，所處的環境以及用戶正在決定的動作。

CREATE Action Funnel CREATE 行動漏斗

　　一種制式化的模型，有意識地決定做出什麼行動。一旦大腦偵測到提示，就會產生的直覺反應，可能會有意識的評估行動價值，以及用戶是否具有能力採取行動的時機，並會受到先前經驗的影響。如果這些心思過程都成功通過，而用戶也不會被打斷或反對該行動，最終用戶會執行該操作。用這個過程的縮寫來拼寫，稱之為 CREATE。參見提示、反應、評估、能力、時機和經驗。

cue（per habits）提示（每個習慣）

　　會引起習慣的動作。提示可能是人們在環境中，看到、聽到、摸到的東西（外部提示）或內部狀態，如飢餓（內部提示）引發習慣性的慣常行為。

cue（per the CREATE Action Funnel）線索（每個 CREATE 行動漏斗）

　　CREATE 行動漏斗的第一個階段，讓用戶考慮採取目標行動。提示可能是人們在環境中，看到、聽到、聞到的東西（外部提示）或內部

狀態（例如飢餓）（內部提示）開始採取行動。對於習慣性的行為，僅僅提示就足以產生行為。參見 *CREATE* 行動漏斗。

data bridge 數據船橋

　　一種將產品外部的目標成果與產品內部的行為相關的數學關係或統計模型。例如，顯示 60% 的時候，用戶在應用程式中將會創建一個菜園，實際上他們就會這麼做。

designing for behavior change, DECIDE 設計行為改變，DECIDE

　　設計產品的六個階段流程，其特定目的是改變用戶行為。六個階段是：定義問題、探索情境脈絡、精心策劃干預措施、在產品中執行、判定影響力、評估下一步。

dual process theory（ies）雙重歷程理論

　　心理學相關理論家族假設大腦有效地具有兩個獨立的決策過程：一種是經過思考的過程，另一種是直覺的過程。思考的過程或「系統二」是指有意識的相關思想。直覺的過程或「系統一」與自動、情感相關反應或隱含的「意識」行為。

environment（of action）環境（行動）

　　決策的三個部分之一的脈絡（以及用戶和動作本身）決定用戶採取行動的決定。環境由人正在交互的產

品組成與周圍的物理環境該人在決定是否採取行動。參見情境脈絡。

evaluation（per the CREATE Action Funnel）評估（每個 CREATE 行動漏斗）

在 CREATE 行動漏斗的第三個階段，用戶有意識地評估採取目標行動的價值時，通常會考慮其成本和利益。參見 *CREATE 行動漏斗*。

experience（per the CREATE Action Funnel）經驗（每個 CREATE 行動漏斗）

在 CREATE 行動漏斗的第六個階段，提醒行為設計者個人過去的經驗。即使「大多數」的人會有特定的反應或偏見，一個人的過去經驗可以顛覆該回應。參見 *CREATE 行動漏斗*。

external cue 外部提示

在我們的環境中，引起我們思考或採取某種行動的事物。參見提示、內部提示。

extrinsic motivation 外在動機

達成特定成果的渴望，例如：獲得獎勵（像是金錢或贏得比賽）。參見內在動機。

habit 習慣

一個重複的行為被內部提示或外部提示觸發。習慣是自動的：當行動發生在意識之外，我們甚至可能不會意識到它的發生。習慣可以透過簡單的提示重複例程來形成，或可以用獎勵來與提示相聯，鼓勵用戶重複該行為。參見提示、慣常行為、獎勵。

interface design 介面設計

用一組文檔或插圖來呈現產品的外觀，並如何與用戶互動。

internal cue 內部提示

先前的思想或身體狀態（例如飢餓），使我們思考或採取某種行動。參見提示、外部提示。

intrinsic motivation 內在動機

來自內在所享受的活動本身，不考慮任何外部壓力或獎勵。見外在動機。

mindset 心態

一種心理機制解釋我們如何對世界的回應，並決定了我們的行為方式。心態也是思維的一個面向，並建立在不同環境中。本書中，該術語用於涵蓋一系列的心理機制，指導我們在模棱兩可的情況下的行為，包含模式和活躍的框架。

Minimum Viable Action（MVA） 最小可行行動（MVA）

可以要求用戶執行目標行動的最小、最簡單版本。公司可以使用該版本來測試產品是否達到預期的影響。參見目標行動。

Multivariate Test 多變量檢驗

一種在多重或獨立的干預措施中，同時驗證假設的技術。此技術目標是確定哪種組合或在所有可能的組合中，哪種形式表現的最佳。

outcome（aka target outcome） 成果（又稱目標成果）

公司對產品所追求的在現實世界的影響。當產品成功改變行為時，世界將發生可評量的變化。當目標人物採取行動時，會產生的產品結果。參見（目標）人物、（目標）動作。

persona 人物誌

在用戶體驗的領域中，人物誌是用來代表一組類似的用戶群，通常基於特定的人口統計資料。參見行為人物誌。

reaction（per the CREATE Action Funnel）反應（每個CREATE 行動漏斗）

在 CREATE 行動漏斗的第二個階段，用戶用自動化、系統一對該行動產生的反應想法。該反應可得出直覺的判斷（該動作是否有趣）會基於該行動先前類似的經驗或相關連結。它還激發了對該人可能採取行動的其他可能想法和思考。參見 *CREATE* 行動漏斗。

reward（per habits）獎勵（按習慣）

一種使我們重複某種行為的理由。這可以是本來就令人愉悅的事情，例如美味的食物，或者是我們完成自己設定的目標，像是飯後收拾完所有的餐具。

routine（per habits）慣常行為（按習慣）

當提示發生時，一個人會產生習慣性的行為。例如，每當早上 9 點在公司附近看到星巴克咖啡的標誌時，就會想要購買咖啡。

self-narrative 自我敘說

我們如何標記自己，以及我們如何描述過去的行為。

small win 小贏

一種完成某項（相對小）行動時所得到的成就感。

timing（per the CREATE Action Funnel）時機（每個CREATE 行動漏斗）

在 CREATE 行動漏斗的第五個階段，用戶用來決定何時行動。參見 *CREATE* 行動漏斗。

user story 使用者故事

一個用於產品開發的術語（特別指
敏捷式開發），用較口語的話即是
用戶的需要。它描繪了產品所需的
「誰」、「什麼事」和「為什麼」。
例如，作為用戶，我想 [做某行
動]，用來 [做行動的理由]。參見
維基百科（*http://oreil.ly/XA9Qv*）
來閱讀更多訊息。

vision（aka product vision）願景（又稱產品願景）

在一個高階層次探討「為什麼」產
品被開發。

參考書目

Alba, Joseph W. 2011. Consumer Insights: Findings from Behavioral Research. Edited by Joseph W. Alba. Cambridge, MA: Marketing Science Institute.

Albergotti, Reed. 2014. "Furor Erupts Over Facebook's Experiment on Users." Wall Street Journal, June 30, 2014. *https://oreil.ly/ j8xy.*

Allcott, Hunt. 2011. "Social Norms and Energy Conservation." Journal of Public Economics 95 (9–10): 1082–95. *https://doi.org/10.1016/j.jpubeco.2011.03.003.*

Alter, Adam. 2018. Irresistible: The Rise of Addictive Technology and the Business of Keeping Us Hooked. New York: Penguin Books.

American Thyroid Association. n.d. "Iodine Deficiency." Accessed April 1, 2020. *https://oreil.ly/DdXEW.*

Anderson, Stephen P. 2011. Seductive Interaction Design: Creating Playful, Fun, and Effective User Experiences. Berkeley, CA: New Riders.

Anderson, Stephen P. 2013. "Mental Notes." *http://getmentalnotes.com.*

Appiah, Kwame Anthony. 2008. Experiments in Ethics. Cambridge, MA: Harvard University Press.

Ariely, Dan. 2009. Predictably Irrational: The Hidden Forces That Shape Our Decisions. New York: HarperCollins.

Ariely, Dan. 2010. The Upside of Irrationality: The Unexpected Benefits of Defying Logic at Work and at Home. New York: Harper Perennial.

Ariely, Dan. 2013. The Honest Truth About Dishonesty: How We Lie to Everyone—Especially Ourselves. New York: Harper Perennial.

Ariely, Dan, Jason Hreha, and Kristen Berman. 2014. Hacking Human Nature for Good: A Practical Guide to Changing Human Behavior. Irrational Labs.

Balz, John, and Stephen Wendel. 2014. Communicating for Behavior Change: Nudging Employees Through Better Emails. HelloWallet.

Bandura, Albert. 1977. "Self-Efficacy: Toward a Unifying Theory of Behavioral Change." Psychological Review 84 (2): 191–215. *https://doi.org/10.1037/0033-295X. 84.2.191.*

Banerjee, Abhijit, Esther Duflo, Rachel Glennerster, and Cynthia Kinnan. 2015. "The Miracle of Microfinance? Evidence from a Randomized Evaluation." American Economic Journal: Applied Economics, 7 (1) 22–53. *http://doi.org/10.1257/app.20130533.*

Bargh, John A., Mark Chen, and Lara Burrows. 1996. "Automaticity of Social Behavior: Direct Effects of Trait Construct and Stereotype Activation on Action." Journal of Personality and Social Psychology 71 (2): 230–244.

Baron, Jonathan. 2012. "The Point of Normative Models in Judgment and Decision Making." Frontiers in Psychology 3, December 24, 2012. *https://doi.org/10.3389/Fpsyg.2012.00577.*

Baumeister, Roy F. 1984. "Choking Under Pressure: Self-Consciousness and Paradoxical Effects of Incentives on Skillful Performance." Journal of Personality and Social Psychology 46 (3): 610–620. *https://doi.org/10.1037/0022-3514.46.3.610.*

Bayer, Patrick J., B. Douglas Bernheim, and John Karl Scholz. 2009. "The Effects of Financial Education in the Workplace: Evidence From A Survey Of Employers." Economic Inquiry 47 (4): 605–624. *https://dx.doi.org/10.1111/j.1465-7295.2008.00156.x.*

Benartzi, Shlomo, and Richard H. Thaler. 2004. "Save More Tomorrow: Using Behavioral Economics to Increase Employee Saving." Journal of Political Economy 112 (1) (February): S164–S187. *https://doi.org/10.1086/380085.*

Berridge, Kent C., Terry E. Robinson, and J. Wayne Aldridge. 2009. "Dissecting Components of Reward: 'Liking', 'Wanting', and Learning." Current Opinion in Pharmacology 9 (1) (February): 65–73. *https://doi.org/10.1016/j.coph.2008.12.014.*

Beshears, John, and Katherine Milkman. 2013. "Temptation Bundling and Other Health Interventions." Action Design DC Meetup, April 21.

Blackson, Thomas. 2020. "The Tripartite Theory of the Soul." Ancient Greek Philosophy From the Presocratics to the Hellenistic Philosophers. Last modified January 23, 2020. *https://oreil.ly/bXhqw.*

Bogost, Ian. 2012. "The Cigarette of This Century." The Atlantic, June 6, 2012. *https://oreil.ly/4u0jJ.*

Bond, Samuel D., Kurt A. Carlson, and Ralph L. Keeney. 2008. "Generating Objectives: Can Decision Makers Articulate What They Want?" Management Science 54(1): 56–70. *https://oreil.ly/AWIaO.*

Bond, Samuel D., Kurt A. Carlson, and Ralph L. Keeney. 2010. "Improving the Generation of Decision Objectives." Decision Analysis 7 (3): 235–326. *https://doi.org/10.1287/deca.1100.0172.*

Booth, Julie. 2019. "Assumption Slam: How Not to Make an A** out of U and ME."Medium, April 26, 2019. *https://oreil.ly/OPNxs.*

Brass, Marcel, and Patrick Haggard. 2008. "The What, When, Whether Model of Intentional Action." The Neuroscientist 14 (4) (August): 319–325. *https://doi.org/10.1177/1073858408317417.*

Brendryen, H.var, and P.l Kraft. 2008. "Happy Ending: a Randomized Controlled Trial of a Digital Multi-Media Smoking Cessation Intervention." Addiction 103 (3): 478–484. *http://doi.org/10.1111/j.1360-0443.2007.02119.x.*

Cagan, Marty. 2008. Inspired: How to Create Products Customers Love. Sunnyvale, CA: SVPG Press.

Cash, Thomas F., Diane Walker Cash, and Jonathan W. Butters. 1983. "'Mirror, Mirror, on the Wall...?': Contrast Effects and Self-Evaluations of Physical Attractiveness."Personality and Social Psychology Bulletin 9 (3): 351–58. *https://doi.org/10.1177/0146167283093004.*

Chabris, Christopher, and Daniel Simons. 2010. The Invisible Gorilla: How Our Intuitions Deceive Us. New York: Broadway Books (Crown Publishing).

Chatzisarantis, Nikos L. D., and Martin S. Hagger. 2007. "Mindfulness and the Intention-Behavior Relationship Within the Theory of Planned Behavior." Personality and Social Psychology Bulletin 33 (5) (May): 663–676. *https://doi.org/10.1177/0146167206297401.*

Chatzky, Jean. 2009. Pay It Down! Debt-Free on $10 a Day. New York: Penguin.

Choi, James J, David Laibson, Brigitte C Madrian, and Andrew Metrick. 2002. "Defined Contribution Pensions: Plan Rules, Participant Choices, and the Path of Least Resistance." Tax Policy and the Economy 16: 67–114.

Cialdini, Robert B. 2008. Influence: Science and Practice. 5th ed. Boston: Pearson.

Cialdini, Robert B., Carl A. Kallgren, and Raymond R. Reno. 1991. "A Focus Theory of Normative Conduct: A Theoretical Refinement and Reevaluation of the Role of Norms in Human Behavior." In Advances in Experimental Social Psychology, ed. Mark P. Zanna, 24: 201–243. https://doi.org/10.1016/S0065-2601(08)60330-5.

Clear, James. 2012. "Identity-Based Habits: How to Actually Stick to Your Goals This Year." In Atomic Habits. New York: Penguin. https://oreil.ly/MGDMd.

Curtis, Dustin. 2009. "You Should Follow Me on Twitter." Dustin Curtis (blog).

Dai, Hengchen, Katherine L. Milkman, and Jason Riis. 2014. "The Fresh Start Effect: Temporal Landmarks Motivate Aspirational Behavior." Management Science 60 (10): 2381–617. http://dx.doi.org/10.1287/mnsc.2014.1901.

Damasio, Antonio R, B.J. Everitt, and D Bishop. 1996. "The Somatic Marker Hypothesis and the Possible Functions of the Prefrontal Cortex [and Discussion]." Philosophical Transactions: Biological Sciences 351 (1346): 1413–1420.

Darley, John M, and C Daniel Batson. 1973. "'From Jerusalem to Jericho': A Study of Situational and Dispositional Variables in Helping Behavior." Journal of Personality and Social Psychology 27 (1): 100–8. https://doi.org/10.1037/h0034449.

Darling, Matthew et al. 2017. "Practitioner's Playbook." ideas42. https://oreil.ly/bpyoA.

De Bono, Edward. 1973. Lateral Thinking: Creativity Step by Step. New York: Harper & Row.

De Bono, Edward. 2006. Six Thinking Hats. London: Penguin Books.

Dean, Jeremy. 2013. Making Habits, Breaking Habits: Why We Do Things, Why We Don't, and How to Make Any Change Stick. Boston, MA: Da Capo Press.

Deci, Edward L., Richard Koestner, and Richard M. Ryan. 1999. "A Meta-Analytic Review of Experiments Examining the Effects of Extrinsic Rewards on Intrinsic Motivation." Psychological Bulletin 125 (6) (November): 627–668; 692–700.

Deci, Edward L., and Richard M. Ryan. 1985. Intrinsic Motivation and Self-Determination in Human Behavior. New York: Plenum Press.

Demaree, David. 2011. "Google+ and Cognitive Overhead." David Demaree (blog), July 20,2011. https://oreil.ly/YDxBG.

Design Council. 2019. "What Is the Framework for Innovation? Design Council's Evolved Double Diamond." Design Council. *https://oreil.ly/W-4KG (January 20, 2020).*

Deterding, Sebastian. 2010. "Just Add Points? What UX Can (and Cannot) Learn from Games." UXCamp Europe, Berlin, May 30, 2010. *https://oreil.ly/c7e_2.*

Dominus, Susan. 2017. "When the Revolution Came for Amy Cuddy." The New York Times, October 18, 2017. *https://oreil.ly/q4X2X.*

Doyen, St.phane, Olivier Klein, Cora-Lise Pichon, and Axel Cleeremans. 2012. "Behavioral Priming: It's All in the Mind, but Whose Mind?" PLoS ONE 7 (1) (January): e29081. *https://doi.org/10.1371/journal.pone.0029081.*

Duckworth, Angela L., Tamar Szab. Gendler, and James J. Gross. 2016. "Situational Strategies for Self-Control." Perspectives on Psychological Science 11 (1): 35–55. *https://doi.org/10.1177/1745691615623247.*

Duhigg, Charles. 2012. The Power of Habit: Why We Do What We Do in Life and Business. New York: Random House.

Dutch Authority for the Financial Markets. 2019. "AFM Invites Businesses to Respond to Its 'Principles for Choice Architecture'." AFM, November 25, 2019. *https://oreil.ly/Z-E1b.*

Egan, Dan. 2017. "Our Evidence-Based Approach to Improving Investor Behavior." Betterment, October 12, 2017. *https://oreil.ly/ZWGCm.*

Eldridge, Laura L., Donna Masterman, and Barbara J. Knowlton. 2002. "Intact Implicit Habit Learning in Alzheimer's Disease." Behavioral Neuroscience 116 (4): 722–6. *https://doi.org/10.1037/0735-7044.116.4.722.*

Elliott, Justin, and Lucas Waldron. 2019. "Here's How TurboTax Just Tricked You Into Paying to File Your Taxes." ProPublica, April 22, 2019. *https://oreil.ly/fZer2.*

Engber, Daniel. 2016. "Everything Is Crumbling." Slate, March 6, 2016. *https://oreil.ly/oS06G.*

Eyal, Nir. 2012. "How To Manufacture Desire" TechCrunch, March 4, 2012. *https://oreil.ly/HepWM.*

Eyal, Nir. 2013. "Hooked Workshop." Slideshare, March 31, 2013. *https://oreil.ly/0xI76.*

Eyal, Nir. 2014. Hooked: How to Build Habit-Forming Products. ed. Ryan Hoover. New York: Portfolio.

Fellowes, Matt, and Katy Willemin. 2013. "The Retirement Breach in Defined Contribution Plans." HelloWallet Research Reports.

Fernandes, Daniel, John G. Lynch, and Richard G. Netemeyer. 2014. "Financial Literacy, Financial Education, and Downstream Financial Behaviors." Management Science 60 (8): 1861–2109. *https://doi.org/10.1287/mnsc.2013.1849.*

Festinger, Leon. 1957. A Theory Of Cognitive Dissonance. Redwood City, CA: Stanford University Press.

Filiz-Ozbay et al. 2013. "Do Lottery Payments Induce Savings Behavior: Evidence from the Lab." Journal of Public Economics 126 (June): 1–24. *https://oreil.ly/YZibp.*

Fisher, Robert J. 1993. "Social Desirability Bias and the Validity of Indirect Questioning." Journal of Consumer Research 20 (2): 303–315.

Fogg, B.J. 2002. Persuasive Technology: Using Computers to Change What We Think and Do. San Francisco: Morgan Kaufmann.

Fogg, B.J. 2009a. "A Behavior Model for Persuasive Design." In Persuasive 2009: Proceedings of the 4th International Conference on Persuasive Technology, 40 (April): 1–7. *https://doi.org/10.1145/1541948.1541999.*

Fogg, B.J. 2009b. "The Behavior Grid: 35 Ways Behavior Can Change." In Persuasive 2009: Proceedings of the 4th International Conference on Persuasive Technology, 42 (April): 1–5. *https://doi.org/10.1145/1541948.1542001.*

Fogg, B.J. 2012. "Motivation Wave." Keynote Address at Health User Experience Design Conference, April 15, 2012. *https://oreil.ly/b71AS.*

Fogg, B.J. 2020. Tiny Habits: The Small Changes That Change Everything. Boston: HMH Books.

Fogg, B.J., and Jason Hreha. 2010. "Behavior Wizard: A Method for Matching Target Behaviors with Solutions." In Persuasive Technology, ed. Thomas Ploug, Per Hasle, and Harri Oinas-Kukkonen. Lecture Notes in Computer Science 6137: 117–131. Springer Berlin Heidelberg. *https://doi.org/10.1007/978-3-642-13226-1_13.*

Fogg, B.J., et al. 2001. "What Makes Web Sites Credible? A Report on a Large Quantitative Study." In Persuasive Technology Lab: Proceedings of the SIGCHI Conference on Human Factors in Computing Systems, 61–68. CHI '01. New York: ACM.

Freedman, Jonathan L., and Scott C. Fraser. 1966. "Compliance Without Pressure: The Foot-in-the-Door Technique." Journal of Personality and Social Psychology 4(2): 195–202. *https://doi.org/10.1037/h0023552.*

Gabaix, Xavier, and David Laibson. 2005. "Shrouded Attributes, Consumer Myopia, and Information Suppression in Competitive Markets." The Quarterly Journal of Economics 121 (May): 505–40. *http://doi.org/10.3386/w11755.*

Gabriel, Felice Miller. 2016. "App Makers: It's Time to Stop Exploiting User Addiction and Get Ethical." VentureBeat, April 2, 2016. *https://oreil.ly/899Pr.*

Gallwey, W. Timothy. 1997. The Inner Game of Tennis: The Classic Guide to the Mental Side of Peak Performance. Revised Edition. New York: Random House.

Garner, Randy. 2005. "Post-It Note Persuasion: A Sticky Influence." Journal of Consumer Psychology 15 (3): 230–237.

Gazzaniga, Michael S., and Roger W. Sperry. 1967. "Language After Section of the Cerebral Commissures." Brain 90 (1): 131–148.

Gerber, Alan S., and Todd Rogers. 2009. "Descriptive Social Norms and Motivation to Vote: Everybody's Voting and so Should You." The Journal of Politics 71 (01): 178–191.

Gigerenzer, Gerd. 2004. "Fast and Frugal Heuristics: The Tools of Bounded Rationality." Blackwell Handbook of Judgment and Decision Making (January): 62–88. *https://doi.org/10.1002/9780470752937.ch4.*

Gigerenzer, Gerd, and Peter M. Todd. 1999. "Fast and Frugal Heuristics: The Adaptive Toolbox." Evolution and Cognition: Simple Heuristics That Make Us Smart 3–34, Oxford University Press.

Gilbert, Daniel, and Timothy D. Wilson. 2011. "The Social Psychological Narrative, or, What Is Social Psychology, Anyway?" Edge.org, June 7, 2011. *https://oreil.ly/LVulI.*

Gladwell, Malcolm. 2005. Blink: The Power of Thinking Without Thinking. New York: Little, Brown and Company.

Gneezy, Uri, Stephan Meier, and Pedro Rey-Biel. 2011. "When and Why Incentives (Don't) Work to Modify Behavior." The Journal of Economic Perspectives 25 (4): 191–209.

Goel, Vindu. 2014. "Facebook Tinkers With Users' Emotions in News Feed Experiment, Stirring Outcry." The New York Times, June 29, 2014. *https://oreil.ly/EaxaF.*

Goldstein, Daniel. 2011. "The Battle Between Your Present and Future Self." TEDSalon NY2011, November 2011. *https://oreil.ly/pfxPd.*

Gollwitzer, Peter M. 1999. "Implementation Intentions: Strong Effects of Simple Plans." American Psychologist 54 (7): 493–503.

Gonzalez, Robbie. 2018. "It's Time For a Serious Talk About the Science of Tech 'Addiction.'" Wired, February 1, 2018. *https://oreil.ly/r1_iF.*

GovTrack. 2019. "Deceptive Experiences To Online Users Reduction Act (S. 1084)."

GovTrack.us. Last accessed June 29, 2019. *https://oreil.ly/5pN2B.*

Grier, Sonya, and Carol A. Bryant. 2005. "Social Marketing in Public Health." Annual Review of Public Health 26 (1): 319–39.

Gupta, Shubhankar. 2020. "Multi-Armed Bandit (MAB) – A/B Testing Sans Regret" Split Testing Blog. *https://oreil.ly/BMjIW.*

Guynn, Melissa J., Mcdaniel, Mark A., and Einstein, Gilles O. 1998. "Prospective Memory: When Reminders Fail." Memory & Cognition 26 (2): 287-98.

Haidt, Jonathan. 2006. The Happiness Hypothesis: Finding Modern Truth in Ancient Wisdom. Cambridge, MA: Basic Books.

Hallsworth, Michael, John A. List, Robert D. Metcalfe, and Ivo Vlaev. 2017. "The Behavioralist as Tax Collector: Using Natural Field Experiments to Enhance Tax Compliance." Journal of Public Economics, Elsevier 148 (April): 14– 31.

Halpern, David. 2015. Inside the Nudge Unit: How Small Changes Can Make a Big Difference. New York: Random House.

Hamilton, Jon. 2008. "Think You're Multitasking? Think Again." NPR.org, October 2, 2008. *https://oreil.ly/90J55.*

Hammond, John S., Ralph L. Keeney, and Howard Raiffa. 2002. Smart Choices: A Practical Guide to Making Better Decisions. New York: Crown Business.

Hanov, Steve. 2012. "20 Lines of Code That Will Beat A/B Testing Every Time." Steve Hanov's Blog (blog). *https://oreil.ly/0VABH.*

Hayes, Lucy, Anish Thakrar, and William Lee. 2018. "Now You See It: Drawing Attention to Charges in the Asset Management Industry." Rochester, NY: Social Science Research Network. SSRN Scholarly Paper. *https://oreil.ly/mKkRk.*

Heath, Chip, and Dan Heath. 2010. Switch: How to Change Things When Change Is Hard. New York: Broadway Books (Crown Publishing).

Hernandez, Marco, Jonathan Karver, Mario Negre, and Julie Perng. 2019. "Promoting Tax Compliance in Kosovo with Behavioral Insights." World Bank, March 5, 2019.

Hershfield, Hal E., et al. 2011. "Increasing Saving Behavior Through Age-Progressed Renderings of the Future Self." Journal of Marketing Research 48 (SPL, November): S23–S37. *https://doi.org/10.1509/jmkr.48.SPL.S23.*

Hilgert, Marianne A., Jeanne M. Hogarth, and Sondra G. Beverly. 2003. "Household Financial Management: The Connection Between Knowledge and Behavior." Federal Reserve Bulletin 89: 309–22.

Hofmann, Wilhelm, Roy F. Baumeister, Georg F.rster, and Kathleen D. Vohs. 2012. "Everyday Temptations: An Experience Sampling Study of Desire, Conflict, and Self-Control." Journal of Personality and Social Psychology 102, no. 6 (June): 1318–35.

Hopkins, Anna, Jonathan Breckon, and James Lawrence. 2020. "The Experimenter's Inventory: A Catalogue of Excpriments for Decision-Makers and Professionals." Alliance for Useful Evidence, January, 2020. *https://oreil.ly/RgOfq*.

Ioannidis, John P. A. 2005. "Why Most Published Research Findings Are False." PLoS Medicine 2 (8): e124. *https://oreil.ly/PvCZz*.

Iyengar, Sheena S. 2010. The Art of Choosing. New York: Hachette Book Group.

Iyengar, Sheena S., and Mark R. Lepper. 2000. "When Choice Is Demotivating: Can One Desire Too Much of a Good Thing?" Journal of Personality and Social Psychology 79 (6): 995–1006.

Jachimowicz, Jon and Johannes Haushofer. 2020. "COVID-19 Italy Survey March 12 2020 (N = 2500)." OSF. *https://osf.io/4m2vh*.

Jachimowicz, Jon, Sandra Matz, and Vyacheslav Polonski. 2017. "The Behavioral Scientist's Ethics Checklist." Behavioral Scientist, October 23, 2017. *https://oreil.ly/qQkfx*.

Jarrett, Christian. 2016. "Ten Famous Psychology Findings That It's Been Difficult To Replicate." Research Digest, September 16, 2016. *https://oreil.ly/lkYwy*.

Janz, Nancy K., and Marshall H. Becker. 1984. "The Health Belief Model: A Decade Later." Health Education & Behavior 11 (1) (March): 1–47.

Jenkins Jr., G. Douglas, Atul Mitra, Nina Gupta, and Jason D. Shaw. 1998. "Are Financial Incentives Related to Performance? A Meta-Analytic Review of Empirical Research." Journal of Applied Psychology 83 (5): 777–787.

Johnson, Eric, and Daniel Goldstein. 2003. "Do Defaults Save Lives?" Science 302 (5649): 1338–39.

Johnson, Jeff. 2010. Designing with the Mind in Mind: Simple Guide to Understanding User Interface Design Rules. Burlington, MA: Morgan Kaufmann.

Johnson, Valen E. et al. 2017. "On the Reproducibility of Psychological Science." Journal of the American Statistical Association 112 (517): 1–10.

Kahneman, Daniel, Barbara L. Fredrickson, Charles A. Schreiber, and Donald A. Redelmeier. 1993. "When More Pain Is Preferred to Less: Adding a Better End." Psychological Science 4 (6): 401–5.

Kahneman, Daniel, and Amos Tversky. 1984. "Choices, Values, and Frames." American Psychologist 39 (4): 341–50.

Kahneman, Daniel, Jack L. Knetsch, and Richard H. Thaler. 1991. "Anomalies: The Endowment Effect, Loss Aversion, and Status Quo Bias." Journal of Economic Perspectives 5 (1): 193–206.

Kahneman, Daniel. 2011. Thinking, Fast and Slow. New York: Farrar, Straus and Giroux.

Kaldestad, .yvind H. 2018. "Report: Deceived by Design." Forbrukerr.det, June 27, 2018. *https://oreil.ly/Wj0ZP.*

Kantrowitz, Mark. 2018. "Millions of Students Still Fail to File the FAFSA Each Year." SavingForCollege.com, September 17, 2018. *https://oreil.ly/MND3w.*

Karlan, Dean, and Jacob Appel. 2011. More Than Good Intentions: Improving the Ways the World's Poor Borrow, Save, Farm, Learn, and Stay Healthy. New York: Penguin.

Karlan, Dean, and Rebecca Mann, Jake Kendall, Rohini Pande, Tavneet Suri, and Jonathan Sinman. 2016. "Making Microfinance More Effective." Harvard Business Review, October 5, 2016. *https://oreil.ly/BIkbY.*

Karlan, Dean S., Margaret McConnell, Sendhil Mullainathan, and Jonathan Zinman. 2011. "Getting to the Top of Mind: How Reminders Increase Saving." (working paper 16205, National Bureau of Economic Research). *https://oreil.ly/Ph04g.*

Kearon, Ewing, and Wood. 2017. "System1: Unlocking Profitable Growth." United States System1 group. *https://www.system1group.com.*

Kirby, Kris N. 1997. "Bidding on the Future: Evidence Against Normative Discounting of Delayed Rewards." Journal of Experimental Psychology: General 126 (1): 54–70. *https://doi.org/10.1037/0096-3445.126.1.54.*

Klein, Gary. 2007. "Performing a Project Premortem." Harvard Business Review, September 2007. *https://oreil.ly/n3RrN.*

Kolko, Jon. 2011. Thoughts on Interaction Design a Collection of Reflections. Second Edition. Burlington, MA: Morgan Kaufmann.

Kolotkin, Ronette L., Martin Binks, Ross D. Crosby, Truls .stbye, Richard E. Gress, and Ted D. Adams. 2006. "Obesity and Sexual Quality of Life." Obesity 14 (3): 472–479.

Kramer, Adam D. I., Jamie E. Guillory, and Jeffrey T. Hancock. 2014. "Experimental Evidence of Massive-Scale Emotional Contagion Through Social Networks." Proceedings of the National Academy of Sciences 111 (24): 8788–90.

Krug, Steve. 2006. Don't Make Me Think: A Common Sense Approach to Web Usability. Berkeley, CA: New Riders.

Krulwich, Robert. 2009. "There's a Fly in My Urinal." NPR.org, December 19, 2009. *https://oreil.ly/D_iSB*.

Kühberger, Anton, and Carmen Tanner. 2010. "Risky Choice Framing: Task Versions and a Comparison of Prospect Theory and Fuzzy-Trace Theory." Journal of Behavioral Decision Making 23 (3): 314–29.

Kwon, Diana. 2020. "Near Real-Time Studies Look for Behavioral Measures Vital to Stopping Coronavirus." Scientific American, March 19, 2020. *https://oreil.ly/GwXA4*.

Laibson, David. 1997. "Golden Eggs and Hyperbolic Discounting." Quarterly Journal of Economics 112 (2): 443–77.

Lally, Phillippa, Cornelia H. M. van Jaarsveld, Henry W. W. Potts, and Jane Wardle. 2010. "How Are Habits Formed: Modelling Habit Formation in the Real World." European Journal of Social Psychology 40 (6): 998–1009.

Lanaria, Vincent. 2019. "Apple Wants to Prevent Apps from Tricking Users into Signing up for Subscriptions." Tech Times, January 28, 2019. *https://oreil.ly/_jTa4*.

Langer, Ellen J., Arthur Blank, and Benzion Chanowitz. 1978. "The Mindlessness of Ostensibly Thoughtful Action: The Role of 'Placebic' Information in Interpersonal Interaction." Journal of Personality and Social Psychology 36 (6): 635–42.

Latan., Bibb, and John M. Darley. 1970. The Unresponsive Bystander: Why Doesn't He Help? New York: Appleton-Century-Crofts.

Leach, Will. 2018. Marketing to Mindstates: The Practical Guide to Applying Behavior Design to Research and Marketing. Lioncrest Publishing.

Lewis, Chris. 2014. Irresistible Apps: Motivational Design Patterns for Apps, Games, and Web-Based Communities. New York: Apress.

Lieb, David. 2013. "Cognitive Overhead, Or Why Your Product Isn't As Simple As You Think." TechCrunch, April 20, 2013. *https://oreil.ly/eXo8c*.

List, John A., Sally Sadoff, and Mathis Wagner. 2010. "So You Want to Run an Experiment, Now What? Some Simple Rules of Thumb for Optimal Experimental Design." (working paper 15701, National Bureau of Economic Research). *http://doi.org/10.3386/w15701*.

Litvak, Paul M., Jennifer S. Lerner, Larissa Z. Tiedens, and Katherine Shonk. 2010. "Fuel in the Fire: How Anger Impacts Judgment and Decision-Making." International Handbook of Anger: Constituent and Concomitant Biological, Psychological, and Social Processes, eds. Michael Potegal, Gerhard Stemmler, and Charles Spielberger. New York, NY: Springer, 287–310.

Lockton, Dan with David Harrison and Neville A. Stanton. 2010. "Design with Intent Toolkit." Requisite Variety. *https://oreil.ly/537E-*.

Lockton, Dan. 2013. "Design with Intent: A Design Pattern Toolkit for Environmental and Social Behaviour Change." PhD Thesis, Brunel University School of Engineering and Design.

Lusardi, Annamaria, and Olivia S. Mitchell. 2007. "Financial Literacy and Retirement Preparedness: Evidence and Implications for Financial Education." Business Economics 42 (1) (January): 35–44.

Lyons, Angela C., Lance Palmer, Koralalage S. U. Jayaratne, and Erik Scherpf. 2006. "Are We Making the Grade? A National Overview of Financial Education and Program Evaluation." Journal of Consumer Affairs 40 (2): 208–235.

Maier, Steven F., and Martin E. Seligman. 1976. "Learned Helplessness: Theory and Evidence." Journal of Experimental Psychology: General 105 (1): 3–46.

Mandell, Lewis, and Linda Schmid Klein. 2009. "The Impact of Financial Literacy Education on Subsequent Financial Behavior." Journal of Financial Counseling and Planning Volume 20 (1): 16–26.

Manis, Melvin, Jonathan Shedler, John Jonides, and Thomas E. Nelson. 1993. "Availability Heuristic in Judgments of Set Size and Frequency of Occurrence." Journal of Personality and Social Psychology 65 (3): 448–57.

Martin, Neale. 2008. Habit: The 95% of Behavior Marketers Ignore. Upper Saddle River, NJ: FT Press.

Mathur, Arunesh, et al. 2019. "Dark Patterns at Scale: Findings from a Crawl of 11K Shopping Websites." Draft, June 25, 2019. 1–32.

McAdam, Doug, Sidney Tarrow, and Charles Tilly. 2001. Dynamics of Contention. New York: Cambridge University Press.

McNeil, Barbara J., Stephen G. Pauker, Harold C. Sox, and Amos Tversky. 1982. "On the Elicitation of Preferences for Alternative Therapies." New England Journal of Medicine 306 (21) (May 27): 1259–62.

McNeil Jr., Donald G. 2006. "In Raising the World's I.Q., the Secret's in the Salt." The New York Times, December 16, 2006. *https://oreil.ly/EmZdB*.

Meyer, David. 2018. "Google Is Accused of 'Tricking' Users into Sharing Location Data Under the EU's Strict New Privacy Laws." Yahoo Finance. November 27, 2018. *https://oreil.ly/4Nei3*.

Michie, Susan, Maartje M. van Stralen, and Robert West. 2011. "The Behaviour Change Wheel: A New Method for Characterising and Designing Behaviour Change Interventions." Implementation Science: IS 6 (April): 42.

Milkman, Katherine L., Julia A. Minson, and Kevin Volpp. 2013. "Holding the Hunger Games Hostage at the Gym: An Evaluation of Temptation Bundling." SSRN Scholarly Paper ID 2183859. Rochester, NY: Social Science Research Network. *https://oreil.ly/FR55W*.

Miller, George A. 1956. "The Magical Number Seven, Plus or Minus Two: Some Limits on Our Capacity for Processing Information." The Psychological Review 63 (2): 81–97.

Miltenberger, Raymond G. 2011. Behavior Modification: Principles and Procedures. 5 ed. Australia; Belmont, CA: Wadsworth Publishing.

Monaghan, Angela. 2019. "Hotel Booking Sites Forced to End Misleading Sales Tactics." The Guardian, February 6, 2019. *https://oreil.ly/BoQwW*.

Murgia, Madhumita. 2019. "When Manipulation Is the Digital Business Model." Financial Times. *https://oreil.ly/skPIF*.

Murphy, Anne L. 2005. "Lotteries in the 1690s: Investment or Gamble?" Financial History Review 12 (2): 227–46.

Nessmith, William E., Stephen P. Utkus, and Jean A. Young. 2007. "Measuring the Effectiveness of Automatic Enrollment." (working paper, Vanguard Center for Retirement Research, Valley Forge, PA).

Nisbett, Richard E., and Timothy D. Wilson. 1977. "The Halo Effect: Evidence for Unconscious Alteration of Judgments." Journal of Personality and Social Psychology 35 (4): 250–6.

Nisbett, Richard E., and Timothy D. Wilson. 1997b. "Telling More than We Can Know: Verbal Reports on Mental Processes." Psychological Review 84 (3): 231–59.

Noar, Seth M., Christina N. Benac, and Melissa S. Harris. 2007. "Does Tailoring Matter? Meta-Analytic Review of Tailored Print Health Behavior Change Interventions." Psychological Bulletin 133 (4): 673–93.

Norman, Donald A. 1988. The Design of Everyday Things. New York: Basic Books.

Norton, Michael I., Daniel Mochon, and Dan Ariely. 2011. "The 'IKEA Effect': When Labor Leads to Love." SSRN Scholarly Paper ID 1777100. Rochester, NY: Social Science Research Network. *https://oreil.ly/nPot9.*

Nusca, Andrew. 2019. "Facebook Exec: 'There Is No Such Thing as Neutral Design.'" Fortune, March 5, 2019. *https://oreil.ly/WBYQo.*

O'Donoghue, Ted, and Matthew Rabin. 2015. "Present Bias: Lessons Learned and to Be Learned." American Economic Review 105 (5): 273–79.

Oracle. 2020. "Oracle Utilities Measurement and Verification Reports of the Opower." January 19, 2020. *https://oreil.ly/3YDYM.*

Ouellette, Judith A., and Wendy Wood. 1998. "Habit and Intention in Everyday Life: The Multiple Processes by Which Past Behavior Predicts Future Behavior." Psychological Bulletin 124 (1): 54.

Pease, Edward C., and Everette E. Dennis. 1995. Radio: The Forgotten Medium. New Brunswick, New Jersey: Transaction Publishers.

Piacentini, John, et al. 2010. "Behavior Therapy for Children with Tourette Disorder: A Randomized Controlled Trial." JAMA 303 (19) (May): 1929–37.

Pomeroy, Ross. 2013. "Don't Be Afraid to Stereotype Strangers." RealClearScience, February 25, 2013. https://oreil.ly/OqOhl.

Pontefract, Dan. 2018. "The Foolishness Of Fail Fast, Fail Often." Forbes, September 15, 2018. *https://oreil.ly/wXBcD.*

Prochaska, James O., and Wayne F. Velicer. 1997. "The Transtheoretical Model of Health Behavior Change." American Journal of Health Promotion 12 (1) (September): 38–48

Resnick, Brian. 2018. "More Social Science Studies Just Failed to Replicate. Here's Why This Is Good." Vox, August 27, 2018. *https://oreil.ly/sszd9.*

Reuters. 2019. "U.S. Senators Introduce Social Media Bill to Ban 'Dark Patterns' Tricks." Reuters, April 9, 2019. *https://oreil.ly/6ARpC.*

Riet, Jonathan van't, Siet J. Sijtsema, Hans Dagevos, and Gert-Jan De Bruijn. 2011. "The Importance of Habits in Eating Behaviour. An Overview and Recommendations for Future Research." Appetite 57 (3): 585–96.

Roberts, Jeff John. 2015. "LinkedIn Will Pay $13M for Sending Those Awful Emails." Fortune, October 5, 2015. *https://oreil.ly/MhDyd.*

Rogers, Todd, Katherine L. Milkman, and Kevin G. Volpp. 2014. "Commitment Devices: Using Initiatives to Change Behavior." JAMA 311 (20): 2065–66.

Rolls, Barbara J. 2005. The Volumetrics Eating Plan: Techniques and Recipes for Feeling Full on Fewer Calories. New York: Harper Collins.

Roozenbeek, Jon, and Sander van der Linden. 2019. "Fake News Game Confers Psychological Resistance Against Online Misinformation." Nature, June 25, 2019. *https://oreil.ly/24kS_*.

Russo, J. Edward, and Paul J. H. Schoemaker. 2002. Winning Decisions: Getting It Right the First Time. New York: Crown Publishing Group.

Ryan, Richard M., and Edward L. Deci. 2000. "Intrinsic and Extrinsic Motivations: Classic Definitions and New Directions." Contemporary Educational Psychology 25 (1): 54–67.

Samuelson, William, and Richard Zeckhauser. 1988. "Status Quo Bias in Decision Making." Journal of Risk and Uncertainty 1 (1): 7–59.

Schechner, Mark, and Sam Secada. 2019. "You Give Apps Sensitive Personal Information. Then They Tell Facebook." Wall Street Journal, February 22, 2019. *https://oreil.ly/Vt_Rg*.

Schüll, Natasha Dow. 2012. Addiction by Design: Machine Gambling in Las Vegas. Princeton, NJ: Princeton University Press.

Schultz, P. Wesley, Jessica M. Nolan, Robert B. Cialdini, Noah J. Goldstein, and Vladas Griskevicius. 2007. "The Constructive, Destructive, and Reconstructive Power of Social Norms." Psychological Science 18 (5) (May): 429–34.

Schwartz, Barry. 2004. The Paradox of Choice: Why More Is Less. New York: Harper Perennial.

Schwartz, Barry. 2014. "Is the Famous 'Paradox of Choice' a Myth?" PBS NewsHour, January 29, 2014. *https://oreil.ly/iVV7f*.

Service, Owain et al. 2014. EAST: Four Simple Ways to Apply Behavioural Insights. London: The Behavioural Insights Team. *https://oreil.ly/3pe0O*.

Shapiro, Shauna L., Linda E. Carlson, John A. Astin, and Benedict Freedman. 2006. "Mechanisms of Mindfulness." Journal of Clinical Psychology 62 (3): 373–86.

Shariat, Jonathan, and Cynthia Savard Saucier. 2017. Tragic Design: The Impact of Bad Product Design and How to Fix It. Sebastopol, CA: O'Reilly Media.

Silver, Brian D., Barbara A. Anderson, and Paul R. Abramson. 1986. "Who Overreports Voting?" The American Political Science Review 80 (2) (June): 613–24.

Sin, Ray, Ryan Murphy, and Samantha Lamas. 2018. "Mining for Goals." Morningstar.

Singler, Eric. 2018. "The First Nudge Building in Paris." Research World, October 23, 2018.

Soll, Jack B., Katherine L. Milkman, and John W. Payne. 2015. "A User's Guide to Debiasing." The Wiley Blackwell Handbook of Judgment and Decision Making II, John Wiley & Sons, Ltd, 924–51.

Soman, Dilip. 2015. The Last Mile: Creating Social and Economic Value from Behavioral Insights. Toronto: Rotman-UTP Publishing.

Strack, Fritz, Leonard L. Martin, and Norbert Schwarz. 1988. "Priming and Communication: Social Determinants of Information Use in Judgments of Life Satisfaction." European Journal of Social Psychology 18 (5): 429–42.

Strauss, Valerie. 2012. "Mega Millions: Do Lotteries Really Benefit Public Schools?" The Washington Post (blog), March 30, 2012. *https://oreil.ly/_Das-*.

Sussman, Abigail B., and Christopher Y. Olivola. 2011. "Axe the Tax: Taxes Are Disliked More than Equivalent Costs." Journal of Marketing Research 48 (SPL): S91–101.

Syed, Matthew. 2015. Black Box Thinking: Why Most People Never Learn from Their Mistakes—But Some Do. New York: Portfolio.

Thaler, Richard H., and Cass R. Sunstein. 2008. Nudge: Improving Decisions About Health, Wealth, and Happiness. New Haven, Connecticut: Yale University Press.

Thaler, Richard H. 2018. "Nudge, Not Sludge." Science 361 (6401): 431–431.

Toft, Emma. 2017. "Trods Regler Om 48 Timers T.nkepause: Du Kan Stadig L.ne Penge Her Og Nu." DR, September 15, 2017. *https://oreil.ly/d45vv*.

Tufano, Peter. 2008. "Saving Whilst Gambling: An Empirical Analysis of UK Premium Bonds." The American Economic Review 98 (2): 321–26.

Tversky, Amos, and Daniel Kahneman. 1973. "Availability: A Heuristic for Judging Frequency and Probability." Cognitive Psychology 5 (2) (September): 207–32.

Tversky, Amos, and Daniel Kahneman. 1981. "The Framing of Decisions and the Psychology of Choice." Science 211 (4481) (January): 453–58.

UK Behavioural Scientists. 2020. "Open Letter to the UK Government Regarding COVID-19." *https://oreil.ly/XwQgN*.

Valentino-DeVries, Jennifer. 2019. "How E-Commerce Sites Manipulate You Into Buying Things You May Not Want." The New York Times, June 24, 2019. *https://oreil.ly/M9dgE*.

van Caster, Sarah. 2017. "Data Science Meets Behavioral Science." Datanami, February 20, 2017. *https://oreil.ly/0I3Ls.*

Verba, Sidney, Kay Lehman Schlozman, and Henry E. Brady. 1995. Voice and Equality: Civic Voluntarism in American Society. Cambridge, MA: Harvard University Press.

Vinh, Khoi. 2018. "Design Is Never Neutral." Fast Company, August 15, 2018. *https://oreil.ly/QzGpN.*

Wallaert, Matt. 2019. Start at the End: How to Build Products That Create Change. New York: Portfolio (Penguin Random House).

Warren, Matthew. 2018. "First Analysis of 'Pre-Registered' Studies Shows Sharp Rise in Null Findings." Nature, October 24, 2018. *https://oreil.ly/h_BxX.*

Watson, P.C. 1960. "On the Failure to Eliminate Hypotheses in a Conceptual Task." Quarterly Journal of Experimental Psychology 12 (3): 129–40.

Webb, Thomas L., and Paschal Sheeran. 2006. "Does Changing Behavioral Intentions Engender Behavior Change? A Meta-analysis of the Experimental Evidence." Psychological Bulletin 132 (2): 249–68.

Wendel, Stephen. 2019. Spiritual Design. Oak Park, IL: Northeast Press.

Wilson, Timothy D. 2002. Strangers to Ourselves: Discovering the Adaptive Unconscious. Cambridge, MA: Belknap Press.

Wilson, Timothy D. 2011. Redirect: The Surprising New Science of Psychological Change. New York: Little, Brown and Company.

Wilson, Timothy D, and Daniel T Gilbert. 2005. "Affective Forecasting." Advances in Experimental Social Psychology 14 (3): 345–411.

Wilson, Timothy D., and Suzanne J. LaFleur. 1995. "Knowing What You'll Do: Effects of Analyzing Reasons on Self-Prediction." Journal of Personality and Social Psychology 68 (1): 21–35.

Wood, Wendy, and David T. Neal. 2007. "A New Look at Habits and the Habit-Goal Interface." Psychological Review 114 (4): 843–63.

Wood, Wendy, Jeffrey M. Quinn, and Deborah A. Kashy. 2002. "Habits in Everyday Life: Thought, Emotion, and Action." Journal of Personality and Social Psychology 83 (6): 1281–97.

Wood, Wendy, Leona Tam, and Melissa Guerrero Witt. 2005. "Changing Circumstances, Disrupting Habits." Journal of Personality and Social Psychology 88 (6): 918–33.

Wood, Wendy. 2019. Good Habits, Bad Habits: The Science of Making Positive Changes That Stick. New York: Farrar, Straus and Giroux.

Yates, Tony. 2020. "Why Is the Government Relying on Nudge Theory to Fight Coronavirus?" The Guardian. March 13, 2020. *https://oreil.ly/KdYx2*.

Zajonc, Robert B. 1968. "Attitudinal Effects of Mere Exposure." Journal of Personality and Social Psychology 9 (2, Pt.2): 1–27.

索引

※ 提醒您：由於翻譯書排版的關係，部分索引名詞的對應頁碼會和實際頁碼有一頁之差。

focusing on outcomes instead of actions 關注結果而不是行動 , 107, 111

importance of clear definition 清晰定義的重要性 , 111

narrowing scope of 縮小範圍 , 109

prioritizing/combining multiple outcomes 優先 / 組合多個結果 , 106, 110

states of mind versus observable outcomes 心態與可觀察的結果 , 105, 109

working with company-centric goals 以公司為中心的目標 , 110-112, 114-116

P

panel data analysis（面板數據分析）, 273

paradox of choice（選擇的悖論）, 9

Paris Nudge Building（法國的推力建築）, 293

Paulin, Ingrid Melv.r, 296

Payne, John W., 6'7

peer comparisons（同儕比較）, 186, 207

personal appeals（個人訴求）, 187-189

personal finance applications（個人理財申請）, 162

personas（人物誌）, 339

(see also behavioral personas)（另參見行為人物誌）

physical environment（物理環境）, 20

power calculation（功率計算）, 250

Power of Habit, The (Duhigg), 18, 63, 225

pre-post analysis（前、後測分析）, 271-273

present bias（當前偏見）, 15

prior experience（以往的經驗）, 47, 211-214

(see also experience) 另參見經驗

checking in with same person at later time 以後與同一個人簽到 , 207, 214

handling 處理 , 211-214

making intentionally unfamiliar 故意不熟悉 , 213

story editing 故事編輯法 , 212-213

use fresh starts 重新開始 , 211

using techniques to support better decisions 使用技術來支持更好的決策 , 206, 213

prioritizing（優先）

improvements 改善 , 284

multiple outcomes 多種結果 , 110

Prius effect, 65

privacy rights（隱私權）, 72

professionalism, of site（專業的現場）, 189

profits, increased（利潤增加）, 80

ProPublica, 73

Python, 250, 257

Q

qualitative tests（定性測試）, 288

quirks of action（動作怪癖）, 24

quirks of decision-making（決策的怪癖）, 22-24

R

R (package)

power calculation function 功率計算功能 , 250

statistical significance testing 統計顯著性檢驗 , 257

Radicalise game（激進遊戲）, 58

random assignment（隨機分配）, 255

random rewards（隨機獎勵）, 19, 225

random selection（隨機遊戲）, 255

randomization, in experiment design（實驗設計中的隨機化）, 249

randomized control trials (RCTs)（隨機對照試驗（RCT））, 247-249

reaction (CREATE Action Funnel stage)（反應（創建動作渠道階段））, 38-40

defined 定義的 , 339

關於作者

Stephen Wendel 博士是一位行為科學家,致力於研究數位產品如何幫助個人更有效地理財。他目前擔任獨立投資商公司 Morningstar 的首席行為科學家。在 Morningstar,他帶領一個行為科學和實踐團隊,對儲蓄和投資行為進行原創性研究。將行為洞察帶入 Morningstar 的產品和服務中,並經常就這些相關主題發表演說。

Stephen 撰寫了三本書關於行為科學:《*Designing for Behavior Change*》(2013 年 11 月)、《*Improving Employee Benefit*》(2014 年 9 月)和《*Spiritual Design*》(2019 年 10 月)。在工作之餘,他還是非營利組織 Action Design Network 的主席和創辦人,每個月在北美 15 個城市舉辦活動,幫助 15,000 多名從業者將行為研究應用於產品開發中。

Stephen 擁有加州大學柏克萊分校學士、約翰斯霍普金斯大學碩士和馬里蘭大學博士的文憑,他分析了行為會隨著時間而改變。他有一個妻子和兩個很棒的小孩,但他們始終不關心行為科學。

你可以在 LinkedIn 或 Twitter 用帳號 @sawendel 聯繫他,或是透過網站 *https://www.behavioraltechnology.co*。

出版紀事

《行為改變科學的實務設計》的封面是多種類珊瑚組成的珊瑚礁。珊瑚是屬於珊瑚蟲綱的海洋無脊椎動物,過去研究人員曾認為牠們是礦物質或植物,而事實上,珊瑚礁由數千種水螅狀的微小無柄生物組成。牠們在熱帶和亞熱帶水域繁衍生息,最著名的是澳大利亞海岸附近的大堡礁。

這些生態系統規模龐大、年代悠久,與地球上最古老的森林相比,甚至更大、更久遠,也極具生物多樣性。牠們特有的、令人讚嘆的顏色來自於與之共生的藻類。珊瑚遭受不斷上升的水溫和酸化的海洋環境影響,而危及牠們自身以及仰賴牠們所生的生命,包括大多數海洋生物和所有依賴海洋的生物。O'Reilly 封面上的許多動物都瀕臨滅絕,這些動物對全世界都很重要。

封面插圖由 Karen Montgomery 繪製,來自於 Meyers Kleines Lexicon 的黑白版畫。

行為改變科學的實務設計｜活用心理學與行為經濟學 第二版

作　　者：Stephen Wendel
譯　　者：林玠里
企劃編輯：蔡彤孟
文字編輯：詹祐甯
設計裝幀：陶相騰
發 行 人：廖文良

發 行 所：碁峰資訊股份有限公司
地　　址：台北市南港區三重路 66 號 7 樓之 6
電　　話：(02)2788-2408
傳　　真：(02)8192-4433
網　　站：www.gotop.com.tw
書　　號：A636
版　　次：2022 年 01 月初版
建議售價：NT$680

國家圖書館出版品預行編目資料

行為改變科學的實務設計：活用心理學與行為經濟學 ／ Stephen
　Wendel 原著；林玠里譯. -- 初版. -- 臺北市：碁峰資訊, 2022.01
　　面；　公分
　譯自：Designing for behavior change : applying psychology
and behavioral economics, 2nd ed.
　ISBN 978-986-502-919-7(平裝)
　1.行為科學　2.產品設計
501.9　　　　　　　　　　　　　　　　　　110012710

讀者服務

- 感謝您購買碁峰圖書，如果您
  對本書的內容或表達上有不清
  楚的地方或其他建議，請至碁
  峰網站：「聯絡我們」\「圖書問
  題」留下您所購買之書籍及問
  題。(請註明購買書籍之書號及
  書名，以及問題頁數，以便能
  儘快為您處理)
  http://www.gotop.com.tw

- 售後服務僅限書籍本身內容，
  若是軟、硬體問題，請您直接
  與軟體廠商聯絡。

- 若於購買書籍後發現有破損、
  缺頁、裝訂錯誤之問題，請直
  接將書寄回更換，並註明您的
  姓名、連絡電話及地址，將有
  專人與您連絡補寄商品。